Gesa Birnkraut, Rainer Lisowski,
Stefanie Wesselmann, Rolf Wortmann (Hg.)

# Jahrbuch für Management in Nonprofit-Organisationen

## Nonprofit Management Yearbook

2012

# Jahrbuch für Management in Nonprofit-Organisationen

# Nonprofit Management Yearbook

herausgegeben von / edited by

Prof. Dr. Gesa Birnkraut
(Hochschule Osnabrück)
Dr. Rainer Lisowski
(Hochschule Osnabrück)
Prof. Dr. Stefanie Wesselmann
(Hochschule Osnabrück)
Prof. Dr. Rolf Wortmann
(Hochschule Osnabrück)

Band / volume 1

LIT

Gesa Birnkraut, Rainer Lisowski,
Stefanie Wesselmann, Rolf Wortmann (Hg.)

# Jahrbuch für Management in Nonprofit-Organisationen

# Nonprofit Management Yearbook

## 2012

LIT

Wissenschaftliche Mitarbeit: Samuel Giles, Johannes Zenke

∞

Gedruckt auf alterungsbeständigem Werkdruckpapier entsprechend
ANSI Z3948 DIN ISO 9706

**Bibliografische Information der Deutschen Nationalbibliothek**
Die Deutsche Nationalbibliothek verzeichnet diese Publikation in der Deutschen Nationalbibliografie; detaillierte bibliografische Daten sind im Internet über http://dnb.d-nb.de abrufbar.

ISBN 978-3-643-11644-4



Verlagskontakt:
Fresnostr. 2 D-48159 Münster
Tel. +49 (0) 2 51-620320 Fax +49 (0) 2 51-23 19 72
e-Mail: lit@lit-verlag.de http://www.lit-verlag.de

**Auslieferung:**
Deutschland: LIT Verlag Fresnostr. 2, D-48159 Münster
Tel. +49 (0) 2 51-620 32 22, Fax +49 (0) 2 51-922 60 99, e-Mail: vertrieb@lit-verlag.de
Österreich: Medienlogistik Pichler-ÖBZ, e-Mail: mlo@medien-logistik.at
Schweiz: B + M Buch- und Medienvertrieb, e-Mail: order@buch-medien.ch

# INHALTSVERZEICHNIS

*Reflexionen aus Theorie und Forschung*

# Vorwort

Bankenkrise, Schuldenkrise, Rezession – in Europa und der Welt scheint sich alles nur noch um die Wirtschaft zu drehen. Dabei wird häufig ein gegenläufiger Trend übersehen: Das Erstarken von Nonprofit-Organisationen, sei es als Arbeitgeber, als Anwalt für diejenigen ohne Stimme oder auch als Schrittmacher und Innovator für die Politik.

Die zunehmende Bedeutung des Nonprofit-Sektors und der Zivilgesellschaft hat 2005 zur Gründung des Masterstudiengangs Management in Nonprofit-Organisationen an der Hochschule Osnabrück geführt. Der DAAD unterstützt mit dem Programm „Public Policy and Good Governance (PPGG)“ die Hälfte unserer Studenten aus Asien, Afrika und Lateinamerika mit einem Master-Stipendium und fördert damit die wachsende Internationalisierung des Studiengangs

Analog zum Anspruch unseres Masterstudiengangs möchten wir mit diesem Jahrbuch Nonprofit-Management Impulse für die Diskussion zwischen Theorie und Praxis geben. Dabei handelt es sich weder um ein Praktiker-Handbuch mit Checklisten noch ist es eine Plattform für den rein theoretischen Diskurs. Wir verorten uns gerade an der Schnittstelle zwischen Theorie und Praxis und möchten ein Forum für den Austausch bieten: Was gibt es Neues? Worüber lohnt es sich nachzudenken? Womit beschäftigen sich Kollegen und Kolleginnen in Wissenschaft und Praxis?

Wir bedanken uns bei allen Autoren für die interessanten Artikel und die fruchtbaren Diskussionen. Wir wünschen unseren Lesern eine inspirierende Lektüre und freuen uns über Anregungen und Rückmeldungen.

Die Herausgeber — Osnabrück, im Oktober 2012

Gesa Birnkraut
Rainer Lisowski
Stefanie Wesselmann
Rolf Wortmann

# EINLEITUNG

Mit den beiden Schwerpunktthemen „Evaluation" und „Finanzierung" greift der 1. Band des Jahrbuchs Nonprofit-Management zwei „Dauerbrenner" der NPO-Forschung und Praxis auf, die unmittelbar zusammenhängen, denn immer öfter gilt: Ohne Evaluationsergebnisse keine Finanzmittel und ohne Finanzmittel keine professionelle Evaluation! Dabei steht nicht mehr nur die Kontrolle der ordnungsgemäßen Mittelverwendung im Blickfeld, sondern vermehrt verlangen die Finanzgeber einen Nachweis über die langfristigen Wirkungen der von ihnen finanzierten Maßnahmen und machen diesen Nachweis zur Voraussetzung für die Anschlussförderung.

Im ersten Schwerpunkt „Evaluation" gibt Vera Hennefeld („Evaluation als Steuerungsinstrument für Nonprofit-Organisationen") einen einführenden Überblick über die verschiedenen Dimensionen der Evaluationsforschung und über mögliche Einsatzbereiche im Nonprofit-Sektor. Nach ihrer Einschätzung sind Evaluationsergebnisse für NPO als Steuerungsinstrumente besser geeignet als die formalisierten Modelle des Qualitätsmanagements (DIN EN ISO 9000-9004), die primär im privatwirtschaftlichen Bereich Anwendung finden. Da die komplexen Zielsysteme bei NPO eine Zurechnung langfristiger Wirkungen zu spezifischen Interventionen erschweren, stellen sie hohe Anforderungen an die Evaluationsmethoden.

Mit der Verschiebung zur Wirkungsmessung wird die Entwicklung von leistungsfähigen Kennzahlen zunehmend diskutiert. Gabriele Buchholz und Andreas Lasar stellen den Social Return on Investment (SROI) als mögliche Kennzahl zur Wirkungsmessung in NPO vor („Wirkungsmessung in NPO durch den Social Return on Investment"). Der SROI erweitert die klassischen finanziellen Bewertungsmethoden um einen sozialökonomischen und umweltpolitischen Wert. Anhand von beispielhaften Berechnungen wird der Aufbau und Ablauf einer SROI-Analyse vorgestellt.

Gesa Birnkraut („Evaluation und Herausforderungen in der Praxis") nimmt den Faden an dieser Stelle auf und beschreibt in ihrem Beitrag anhand ganz konkreter Beispiele wie Instrumente der Evaluation mit minimalem Aufwand, aber großer Wirkung in der Praxis angewendet werden können.

Zum Abschluss des Schwerpunkts „Evaluation" beschreibt Jean Ellis, die namhafte englische Beraterin und Autorin vieler Bücher zum Thema Evaluation in NPO, welche Aspekte aus ihrer Forschungs- und Beratungsperspektive für erfolgreiche Evaluationsprojekte besonders wichtig sind („International Aspects of Evaluation: A Perspective from the UK").

Aber auch im Finanzierungsbereich gibt es einige Neuerungen; diese werden im zweiten Schwerpunkt vorgestellt. Die knappen Finanzmittel erfordern eine immer differenziertere Ansprache der Spender: weg vom „Gießkannen-Prinzip" hin zur differenzierten Ansprache. Tina Jansen und Stefanie Wesselmann stellen neue Formen der lebensstilorientierten Marktsegmentierung vor, die auch im Nonprofit-Sektor zunehmend Verbreitung finden („Was bewegt meine Spender? Optimierung der Spenderansprache mit den Sinus-Milieus"). Auf der Grundlage zweier Fallstudien aus dem kirchlichen Bereich werden die Einsatzmöglichkeiten der Sinus-Milieus zur Optimierung des Fundraising vorgestellt und kritisch diskutiert.

Die gezielte Analyse von Lebensstilen und des gesellschaftlichen Wertewandels hat auch zu neuen Formen der Anlass-Spenden geführt. Kai Fischer erläutert am Beispiel des so genannten Trailwalker von Oxfam Deutschland, wie eine sportliche Aktivität mit „Sinn aufgeladen" und zu einem innovativen Fundraising-Instrument entwickelt wird („Anlass-Spenden – ein traditioneller Klassiker im neuen Gewand"). Dem Gedanken des peer-to-peer-Fundraising folgend, verpflichten sich die Teilnehmer an dem sportlichen Event (in diesem Fall ein 100-Kilometer-Marsch in 30 Stunden), über ihr privates Netzwerk Spenden zu akquirieren. Fischer beleuchtet neben den Chancen dieses neuen Fundraising-Ansatzes auch die möglichen Risiken für die Nonprofit-Organisation.

Getreu der Erkenntnis, dass die Bedeutung Asiens auch im Nonprofit-Bereich zunimmt und sich aus den dortigen Entwicklungen interessante Erkenntnisse ableiten lassen, werfen Wenfeng Huang, Rainer Lisowski und Hanika Tjokroprajitno einen Blick auf die Fundraising-Praxis in Indonesien und China („Nonprofit Organizations in Asia. Fundraising Efforts in China and Indonesia"). Zunächst werden die Besonderheiten des Nonprofit-Sektors in den beiden Ländern im Allgemeinen dargestellt, um dann anhand von konkreten Projekten innovative Formen des (Online-)Fundraising vorzustellen, die auch für westeuropäische Gesellschaften Beispielcharakter haben könnten.

Der Schwerpunkt „Finanzierung" schließt mit einem Interview der Leiterin des Fundraising von Oxfam Germany, Sabine Weibel, zu neuen Formen des Online-Fundraising („Good online fundraising should be simple and humorous. What NPOs could learn from the Oxfam Germany case").

Es folgt der Abschnitt „Reflexionen aus Theorie und Forschung". Ein Anliegen dieses Jahrbuchs ist es, den z. T. sehr ambitionierten Forschungsprojekten in NPO-Studiengängen ein Forum zu bieten. Den Anfang machen Finke/Herberling/Schirm/Hohn von der HWR Berlin, die die Ergebnisse einer Studie zu Trainee-Programmen im Nonprofit-Sektor vorstellen („Trainee-Programme als Berufseinstieg in den Nonprofit-Sektor"). Die Studie analysiert die Erwartungen, die Studierende aus dem Masterstudiengang Nonprofit-Management und Public Governance an ein Trainee-Programm im Nonprofit-Sektor haben und vergleicht diese mit den Inhalten bereits existierender Trainee-Programme von NPO.

Studierende des Masters für Nonprofit-Management der Hochschule Osnabrück berichten anschließend über das Ergebnis eines gemeinsamen Forschungsprojektes („A Collective Research Project"). Es wurden in 6 Themenschwerpunkten Führungskräfte aus nationalen und internationalen NPOs interviewt, um die aktuellen Herausforderungen in der Praxis aufzuspüren und zu benennen.

Iris Thye räsoniert in ihrem Beitrag („Zwischen Gemeinschaft und Organisation – Nonprofit-Organisationen und der Risikodiskurs der Moderne") über die Bedeutung und Funktion von NPO in der modernen Risikogesellschaft aus systemtheoretischer Sicht.

Den Abschluss des Jahrbuches bildet in einer Art Tour d'Horizon die Sammelrezension von Rolf Wortmann über neuere Literatur zum Bürgerschaftlichen Engagement, zum Dritten Sektor sowie zu neuen Managementansätzen für NPO.

# EVALUATION

# Evaluation als Steuerungsinstrument für Nonprofit-Organisationen

Vera Hennefeld

*Zusammenfassung*

Der Artikel beschreibt die Vorteile der Evaluation als Steuerungsinstrument für Nonprofit-Organisationen im Vergleich zu formalisierten Modellen des Qualitätsmanagements. Zu diesem Zweck werden zunächst mögliche Funktionen und Aufgaben von Evaluationen herausgearbeitet und auf diese Weise potenzielle Anwendungsbereiche gezeigt. Anschließend werden Gemeinsamkeiten und Unterschiede von Profit- und Nonprofit-Organisationen analysiert, um die Probleme aufzuzeigen, die aus der Übertragung von für die Wirtschaft entwickelten Konzepten des Qualitätsmanagements in den Nonprofit-Bereich entstehen. Zuletzt wird der Nutzen der Evaluation als Steuerungsinstrument im Nonprofit-Sektor spezifiziert, und es werden Strategien angeboten, mit deren Hilfe sich die Nutzung von Evaluationsergebnissen in der Praxis befördern lässt.

# Evaluation as a Steering Tool for Non-Profit Organizations

*Abstract*

This article distinguishes the comparative advantage of evaluation as a steering tool for non-profit organizations over formalized models of quality management. For this purpose, possible functions and tasks of evaluations are outlined to demonstrate potential areas of application. Subsequently, similarities and differences between profit- and non-profit organizations are analyzed to reveal the problems that arise when private-sector quality management concepts are transferred to the non-profit sector. Finally, the benefits of evaluation as a steering tool for non-profit organizations are identified and strategies for stimulating the use of evaluation results in practice are presented.

# 1. Einführung

Evaluation ist ein gerade in den letzten Jahren viel gebrauchter und oftmals inflationär verwendeter Begriff, der für eine Fülle von Studien oder Verfahren verwendet wird, die mehr oder weniger gut wissenschaftlichen Kriterien und Ansprüchen gerecht werden. Nach Stockmann steht Evaluation „nicht nur für ein spezifisches Handeln, das sowohl die Gewinnung von Informationen als auch deren Bewertung zum Ziel hat, sondern auch für das Ergebnis dieses Prozesses. *Im wissenschaftlichen Kontext* – und darin unterscheidet sich Evaluation im Alltagshandeln – werden empirische Methoden zur Informationsgewinnung und systematische Verfahren zur Informationsbewertung anhand offen gelegter Kriterien verwendet, die eine intersubjektive Nachprüfbarkeit möglich machen." (Stockmann 2006: 65)

Während insbesondere in der Wirtschaft und damit in Profit-Organisationen zur Qualitätssicherung und Qualitätsentwicklung formalisierte Modelle des Qualitätsmanagements eingesetzt werden (z.B. gemäß der Normenreihe DIN EN ISO 9000-9004), ist die Anwendbarkeit solcher Modelle auf den Nonprofit-Sektor bislang weitgehend ungeklärt (vgl. ebd.: 44). Vor diesem Hintergrund ist es Ziel des Artikels, Möglichkeiten von Evaluation als Steuerungsinstrument in Nonprofit-Organisationen aufzuzeigen. Hierzu erfolgt zunächst eine Einführung in Funktionen und Aufgaben von Evaluationen. Anschließend werden wichtige Eigenschaften von Profit- und Nonprofit-Organisationen herausgearbeitet, um zu verdeutlichen, weshalb die Anwendung von für die Wirtschaft entwickelten Konzepten des Qualitätsmanagements in diesem Bereich problematisch erscheint. Ausgehend davon werden der (potenzielle) Nutzen von Evaluationen im Nonprofit-Sektor aufgezeigt und Möglichkeiten zur Beförderung der Nutzung von Evaluationen in diesem Bereich dargestellt.

# 2. Funktionen und Aufgaben von Evaluationen

Im Gegensatz zur Grundlagenforschung, die primär dem Erkenntnis- bzw. Forschungsinteresse des Forschers verpflichtet ist, wird an Evaluationen der wichtige Anspruch gestellt, nützlich zu sein. Dieser potenzielle Nutzen von Evaluationen ist nicht per se festgelegt, sondern je nach Evaluationszusammenhang und -anlass ist zu spezifizieren, in welcher Weise und für wen eine Evaluation Nutzen stiften soll. Daher sollte zu Beginn eines Evaluationsvorhabens Klarheit über die jeweilige Funktion einer Evaluation erlangt werden. Stockmann identifiziert vier Leitfunktionen, die Evaluationen erfüllen können und die in der Praxis oftmals eng miteinander verbunden sind (vgl. Stockmann 2010: 72 ff.):

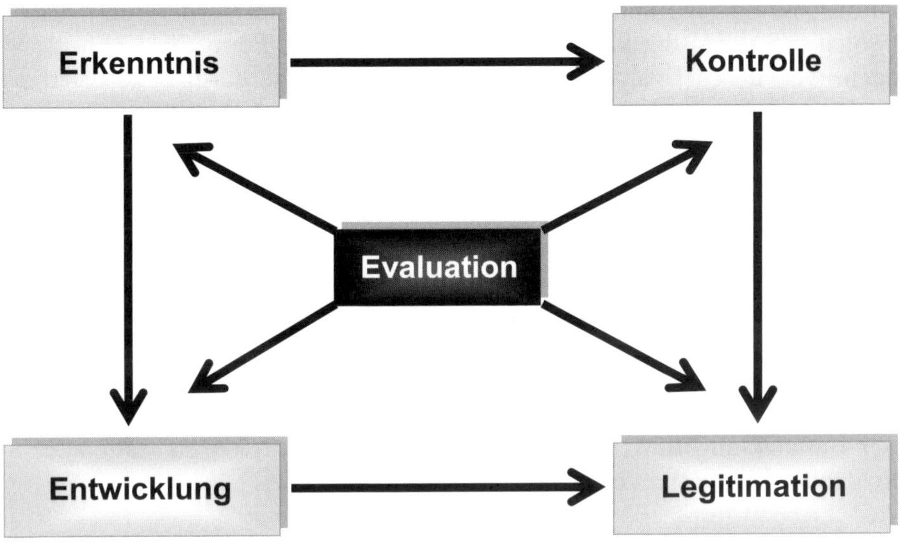


Abbildung 1. Leitfunktionen von Evaluation. Quelle: Stockmann 2010: 73.

Aufgabe von Evaluationen ist es, *Erkenntnisse* bereitzustellen, die beispielsweise als rationale Grundlage für Entscheidungen herangezogen werden können. So können Erkenntnisse über den Ablauf und die Steuerung von Maßnahmen, über die Zielerreichung von Programmen oder Projekten, über die mit Maßnahmen ausgelösten Veränderungen und Wirkungen und ihre Nachhaltigkeit genauso im Zentrum des Interesses stehen wie die Analyse organisationsstruktureller Merkmale und ihre Funktionalität im Hinblick auf eine spezifische Aufgabenerfüllung. Die Erkenntnisfunktion ist die wichtigste Aufgabe von Evaluationen, weil das Wissen um Prozesse, Strukturen und Rahmenbedingungen zentrale Voraussetzung für rationale und fundierte Steuerungsentscheidungen ist.

Oftmals steht bei Evaluationen aber auch die *Kontrolle* im Mittelpunkt: Der Argumentation Kromreys (2001) folgend kann Evaluation neben Rechtmäßigkeitskontrollen durch Gerichte, politischen Kontrollen durch Parlamente und

Wirtschaftlichkeitskontrollen durch Rechnungshöfe als weitere Kontrollform verstanden werden. Je nach Informationsbedarf ist zu entscheiden, anhand welcher Kriterien eine solche Kontrolle erfolgt. Solche Kriterien können z.B. die Planung und Steuerung von Maßnahmen sein, deren Zielerreichung und Wirksamkeit oder ihre Nachhaltigkeit (vgl. Kromrey 2001: 114 f.). Auch wenn die Kontrollfunktion im Rahmen einer Evaluation nicht im Vordergrund steht, ist mit solchen Studien direkt oder indirekt eine gewisse Form der Kontrolle verbunden, weil durch Evaluationen immer auch Befunde darüber generiert werden, ob alle an einer Maßnahme Beteiligten ihre Aufgaben erfüllen, ihren Verpflichtungen nachkommen etc.

Da durch Evaluationen immer Erkenntnisse zu einem Untersuchungsgegenstand generiert werden, können diese für die (Weiter-)*Entwicklung* von Vorhaben eingesetzt werden. So können die Evaluationsergebnisse als Basis für den Dialog der am Untersuchungsgegenstand Beteiligten (z.B. Geldgeber, Maßnahmenverantwortliche, Zielgruppen) dienen. Eine solche Entwicklung kann sich auf die Optimierung des Untersuchungsgegenstands selbst beziehen oder auch in die Planung und Konzeption neuer, ähnlicher Maßnahmen einfließen. Mit dieser Entwicklungsfunktion sind also Lernprozesse auf organisationaler und individueller Ebene eng verknüpft.

Die vierte Leitfunktion von Evaluationen spricht die *Legitimation* an, die gerade im Rahmen öffentlich finanzierter Vorhaben von besonderer Bedeutung ist: So bieten Evaluationen eine wissenschaftlich fundierte Datenbasis darüber, mit welchem Input (insbesondere mit welchen personellen und finanziellen Ressourcen) ein bestimmter Output, d. h. spezifische Leistungen wie z. B. Beratungs- oder Bildungsangebote, sowie intendierte (oder auch nicht-intendierte) Wirkungen erreicht wurden. Gerade wenn Entscheidungen darüber zu fällen sind, welche Maßnahmen weitergeführt und möglicherweise sogar intensiviert werden oder aber einzustellen sind, können legitimierende Evaluationsergebnisse, die z. B. Auskunft über die Effektivität, Effizienz und Nachhaltigkeit von Vorhaben geben, eine wichtige Rolle einnehmen. Eine Voraussetzung für die Legitimationsfunktion einer Evaluation ist allerdings die Veröffentlichung der Evaluationsergebnisse, die gerade in der bundesdeutschen Praxis leider oftmals nicht erfolgt.

Das mit einer Evaluation verbundene Erkenntnisinteresse und die damit vorrangige Evaluationsfunktion bestimmen die Konzeption und methodische Ausgestaltung einer Evaluation in hohem Maße: Grundsätzlich kann zwischen *formativen* und *summativen Evaluationen* differenziert werden (vgl. z. B.

Rossi/Lipsey/Freeman 2004: 34 ff.; Bank 2000: 57). Bei formativen Evaluationen steht der gestaltende Charakter im Vordergrund („Evaluative activities undertaken to furnish information that will guide program improvement“ (ebd.: 63)), während summative Evaluationen primär bilanzierend sind („Evaluative activities undertaken to render a summary judgment on certain critical aspects of the program's performance, for instance, to determine if specific goals and objectives were met) “ (ebd.: 65)). In der Evaluationsliteratur wird diese grundlegende Unterteilung in formative und summative Evaluationen noch verfeinert;; diese genaueren Definitionen stellen unterschiedliche Aspekte oder Charakteristika in den Vordergrund stellen. Stockmann greift in einer zusammenfassenden Darstellung verschiedene Aspekte auf und arbeitet auf dieser Basis folgende Dimensionen der Evaluationsforschung aus:

| **Phasen des Programmprozesses** | **Analyse-perspektive** | **Erkenntnis-interesse** | **Evaluationskonzepte** |
|---|---|---|---|
| Programmformulierung/ Planungsphase | ex-ante | „analysis for policy“ „science for action“ | preformativ/formativ: aktiv gestaltend, prozessorientiert, konstruktiv |
| Implementationsphase | on-going | beides möglich | formativ/summativ: beides möglich |
| Wirkungsphase | ex-post | „analysis of policy“ „science for knowledge“ | summativ: zusammenfassend, bilanzierend, ergebnisorienticrt |

Abbildung 2: Dimensionen der Evaluationsforschung.
Quelle: Stockmann 2007: 34.

*Ex-ante Evaluationen* finden in der Phase der Programmentwicklung statt und legen das Hauptaugenmerk auf eine Analyse jener Bedingungen, unter denen ein Vorhaben implementiert werden soll. Es geht also darum, auf Basis der Evaluationsergebnisse die Rahmenbedingungen so zu beeinflussen und das Programm so zu konzipieren, dass ein Vorhaben die gewünschten Ziele und Wirkungen erreichen kann. *On-going Evaluationen* begleiten ein Vorhaben während der Implementierung, unterstützen also vor allem die Steuerung durch das Management. Aufgabe ist es einerseits, rückblickend summative Bewertungen des bereits Umgesetzten vorzunehmen, um andererseits darauf aufbauend für die weitere formative Gestaltung zu lernen, dies frühzeitig in Steuerungsentscheidungen einfließen zu lassen und Maßnahmen so zu optimieren. Nach dem formalen Abschluss einer Maßnahme tritt diese in die Wirkungsphase ein; in dieser Phase spricht man von *ex-post Evaluationen.* Aufgabe solcher Studien ist es, die Zielerreichung und Wirkungen (sofern schon welche eingetreten sind bzw. eingetreten sein können) sowie die Nachhaltigkeit eines Vorhabens zu erfassen und zu bewerten. Wünschenswert ist darüber hinaus, wenn im Rahmen von ex-post Evaluationen auch die Frage nach Ursachen und Wirkungen (Stichwort Kausalität) beantwortet werden kann.

Anhand dieser kurzen Einführung in die Funktionen und Aufgaben von Evaluationen wird deutlich, dass es sich bei Evaluation um ein äußerst flexibles Instrument der Qualitätssicherung handelt[1]. Die konzeptionelle und methodische Ausgestaltung einer Evaluation erfolgt je nach Erkenntnisinteresse, Evaluationsgegenstand und Rahmenbedingungen individuell angepasst. Dies impliziert, dass auch die Evaluationskriterien im Rahmen eines Evaluationsprozesses individuell festgelegt bzw. zwischen den Beteiligten ausgehandelt werden können (vgl. hierzu u. a. Schneider 2008: 21; Meyer 2007). Darüber hinaus können die erforderlichen finanziellen Ressourcen im Prinzip dem jeweils verfügbaren Budget angepasst werden – wenn dies für den Einzelfall natürlich auch eine Beschränkung der zu beantwortenden Evaluationsfragen mit sich bringt, ist eine sich auf wenige Fragen konzentrierende, fundierte Evaluation keiner Evaluation jedoch allemal vorzuziehen.

---

[1] Diese Flexibilität lässt sich beispielsweise an wichtigen Ansätzen und Aspekten der Evaluationsforschung verdeutlichen, wie sie von Donaldson und Scriven im Vorwort zu einem Tagungsband gelistet werden: „Drawing on the knowledge and experience of some of the most well-traveled and well-known evaluators in the world today, it incorporates „bleeding-edge“ perspectives on evaluation as a transdiscipline, results-oriented management, empowerment evaluation, fourth-generation evaluation, inclusive evaluation, theory driven evaluation, cultural competency in evaluation, and frameworks for integrating diverse visions for evaluation." (Donaldson/Scriven 2003: ix). Diese Aufzählung weist auf die große Spannweite der Evaluationsforschung hin, und überdies lässt sich an den Bezeichnungen der einzelnen Ansätze gut ablesen, dass sie jeweils sehr unterschiedliche inhaltliche und methodische Schwerpunkte und Prinzipien für Evaluationen in den Vordergrund stellen.

Gerade für den Nonprofit-Bereich hat diese Flexibilität der Evaluation den Vorteil, dass gezielt Bereiche untersucht werden können, in denen z. B. besonderer Handlungsbedarf gesehen wird oder die aus strategischen Gründen bedeutsam sind. Im Gegensatz dazu sind Qualitätsmanagementmodelle, die Normreihen wie z. B. der DIN EN ISO 9000-9004 folgen, in ihren Vorgaben sehr starr: Sowohl die zu untersuchenden Kriterien sind festgelegt und müssen eingehalten werden, als auch deren spezifische Definitionen.[2] Da solche Qualitätsmanagementmodelle speziell zur Qualitätssicherung in Unternehmen entwickelt wurden, ist im Folgenden zu untersuchen, welche Gemeinsamkeiten und Unterschiede Profit- und Nonprofit-Organisationen aufweisen und welche Konsequenzen dies für den Einsatz von Evaluation und formalisierten Qualitätssicherungssystemen in diesen beiden Bereichen hat.

# 3. Profit- und Nonprofit-Organisationen und ihr Qualitätsverständnis[3]

Aus organisationstheoretischer Perspektive weisen Profit- und Nonprofit-Organisationen wichtige Gemeinsamkeiten auf: Sie sind wirtschaftlich-finanzielle Einheiten, die unterschiedliche Rechtsformen aufweisen können, über institutionelle Regelungen verfügen und mit speziellen dauerhaften Zielen und Aufgaben ausgestattet sind, die durch ihre Mitglieder, also i. d. R. ihre Mitarbeiter, realisiert werden sollen (vgl. Kieser/Walgenbach 2007: 6). Mit Blick auf die Unterschiede dieser beiden Arten von Organisationen ist zunächst besonders bedeutsam, dass Nonprofit-Organisationen[4] im Gegensatz zu Profit-Organisationen jedoch gerade keine Gewinnerzielungs- und Gewinnmaximierungsabsicht verfolgen. Vielmehr sind NPO durch einen starken Gemeinnützigkeitscharakter gekennzeichnet, was sich unter anderem darin zeigt, dass sie neben den hauptamtlichen Mitarbeitern oftmals auch über ein hohes Maß an ehrenamtlichem Engagement verfügen.

---

[2] Die Prinzipien, auf die ein Qualitätsmanagement nach ISO aufbaut, können unter ISO (2012) eingesehen werden.

[3] Die nachfolgenden Ausführungen erfolgen in enger Anlehnung an die Analysen von Stockmann (vgl. Stockmann 2006: 44 ff.).

[4] Der Vollständigkeit halber sei darauf hingewiesen, dass Nonprofit-Organisationen weiter differenziert werden können bzw. je nach Kontext müssen: (a) staatliche und gemeinwirtschaftliche sowie (b) private Nonprofit-Organisationen (vgl. hierzu ausführlich Stockmann 2006: 45 f.). Im Folgenden werden unter Nonprofit-Organisationen alle Einrichtungen verstanden, die keine Gewinnorientierung aufweisen.

Stockmann identifiziert vier zentrale Unterschiede zwischen Profit- und Nonprofit-Organisationen, die sich auf deren Qualitätsverständnis auswirken:

(1) Die *vorhandene oder fehlende Gewinnorientierung* einer Organisation determiniert die Kriterien für Erfolg oder Qualität. So werden Erfolg und Qualität ausgehend von der Gewinnerzielungsabsicht in Profit-Organisationen oftmals in monetären Einheiten gemessen (z.B. Gewinn, Dividende). Der Erfolg eines Unternehmens kann also in relativ einfachen Maßzahlen dargestellt werden, und Unternehmen können auf dieser (zugegebenermaßen sehr vereinfachenden) Ebene auch direkt miteinander verglichen werden. Demgegenüber zeichnen sich Nonprofit-Organisationen durch mehr oder weniger komplexe Zielsysteme aus, anhand derer sich Aufgaben und Zielgruppen ableiten lassen, und diese Zielsysteme können sehr unterschiedlich sein: So können beispielsweise viele Museen und kulturelle Einrichtungen, Umwelt- und Verbraucherschutzverbände, Stiftungen, Organisationen in der Entwicklungszusammenarbeit oder Auswärtigen Kultur- und Bildungspolitik sowie auch Behörden zum Nonprofit-Sektor gezählt werden, die je nach Handlungsfeld spezifische Zielsetzungen verfolgen und unterschiedliche Anspruchsgruppen bedienen. Hieraus folgt, dass auch sehr unterschiedliche Kriterien zur Bestimmung von Erfolg und Qualität angelegt werden können, die für jede Organisation in Abhängigkeit von ihrem Zielsystem zu bestimmen sind.

(2) Neben der Gewinn- ist die *Wettbewerbsorientierung* ein wichtiges Unterscheidungsmerkmal von Profit- und Nonprofit-Organisationen: So offerieren letztere oftmals kostenlose oder subventionierte (Dienst-)Leistungen, die nicht an einem Markt im wirtschaftlichen Sinne angeboten werden, während Profit-Organisationen Produkte und Dienstleistungen anbieten, deren Inanspruchnahme durch Kunden (also durch Kauf) die Platzierung der Organisation am Markt determiniert. Werden Leistungen einer Profit-Organisation am Markt nicht nachgefragt, erzielt sie keinen Gewinn und kann langfristig nicht überleben. Aufgrund ihrer davon abweichenden Finanzierungsmechanismen sind Nonprofit-Organisationen einer solchen Marktlogik nicht ausgesetzt: Sie finanzieren sich häufig über Steuern, Beiträge und Spenden – also über kollektive Entgelte – und sind damit zunächst nicht direkt gezwungen, ihre finanziellen Ressourcen effizient einzusetzen. Darüber hinaus verfügen sie in einigen Bereichen auch über eine Monopolstellung: Ein Bürger hat zum Beispiel bei der Inanspruchnahme einer Dienstleistung einer Behörde keine Wahlfreiheit, kann sich also nicht an eine andere Behörde wenden, wenn er mit der Dienstleistung unzufrieden ist. In solchen Bereichen existiert kein freier Markt. Nach der Argumentation Stockmanns kann dies dazu führen, dass Nonprofit-Organisationen dieser

Art keinen Anlass zur Qualitätsverbesserung haben, weil kein Erfordernis besteht, Produkte und Dienstleistungen an den Bedürfnissen der Kunden zu orientieren und eine möglichst hohe Kundenzufriedenheit zu generieren (vgl. Stockmann 2006: 50).

(3) Nonprofit-Organisationen zeichnen sich des Weiteren dadurch aus, dass sie in der Regel *fast ausschließlich Dienstleistungen* erbringen. Dies bedeutet, dass eine immaterielle Leistung erbracht wird, an deren Erstellung der Kunde oft beteiligt ist (z.B. durch Offenlegung persönlicher Verhältnisse beim Arbeitsamt und durch seine Bereitschaft, auch unabhängig von seiner Qualifikation ein Jobangebot anzunehmen). Die Qualität der Dienstleistung (z.B. die erfolgreiche Vermittlung in ein Arbeitsverhältnis) wird daher nicht alleine durch den Anbieter, sondern zugleich durch eine externe Person bestimmt, auf die der Anbieter keinen direkten Einfluss ausüben kann. Dienstleistungen dieser Art zeichnen sich daher auch durch einen Prozesscharakter aus und können nicht – wie Produkte – unabhängig vom Kunden produziert und bevorratet werden. Im Nonprofit-Sektor kann eine sehr breite Palette von Dienstleistungen verortet werden: Von staatlichen über halbstaatliche bis hin zu sehr spezifischen, interessengeleiteten Aufgaben, die äußerst unterschiedliche Ausprägungen annehmen können, wie z.B. Beratungs-, Aufklärungs- und Bildungsangebote, Möglichkeiten der Freizeitgestaltung wie Theatervorstellungen und Konzerte oder auch internationale Aktivitäten, wie sie u. a. in der Entwicklungszusammenarbeit und Auswärtigen Kultur- und Bildungspolitik verortet sind.

(4) Aus diesen Ausführungen lässt sich der vierte wichtige Unterschied zwischen Profit- und Nonprofit-Organisationen ableiten: das *Verhältnis zwischen Organisation und Kunde*. Im Profit-Bereich ist der Kunde neben der Organisation (dem privatwirtschaftlichen Unternehmen) ein zentraler Akteur am Markt, weil er über seine souveräne Kaufentscheidung verfügt und (bis auf wenige Ausnahmen) zwischen Alternativen wählen kann. Diese wichtige Rolle des Kunden ist aufgrund der bereits beschriebenen Monopolstellung von Anbietern in einigen Bereichen des Nonprofit-Sektors dort nicht in diesem Maße gegeben. Auch erscheint der Kundenbegriff in diesem Zusammenhang oftmals nicht zutreffend, wenn zum Erhalt von Leistungen zum Beispiel eine Anspruchsberechtigung gegeben sein und nachgewiesen werden muss. Darüber hinaus können im Nonprofit-Bereich nicht nur die im privatwirtschaftlichen Sinne über ihre Kaufentscheidung als Kunden definierten Personen der Gruppe der Kunden zugerechnet werden: Vielmehr lassen sich hier auch andere Gruppen wie Geldgeber oder Auftraggeber identifizieren, die im weiteren Sinne ebenfalls den

Kunden einer Einrichtung zuzurechnen sind.[5] Daraus ergibt sich zugleich, dass diese unterschiedlichen Anspruchsgruppen von Nonprofit-Organisationen auch sehr unterschiedliche Bedürfnisse und Interessen haben, die sich direkt auf die Definition von Qualität auswirken. Qualität muss hier also an sehr unterschiedlichen Maßstäben gemessen werden, die zwischen verschiedenen Anspruchsgruppen stark differieren können, während im Profit-Sektor dem Kunden bei der Qualitätsbeurteilung eine zentrale Stellung zukommt.[6] Im Nonprofit-Bereich ist in einer gegebenen Bewertungssituation somit eine Entscheidung darüber zu treffen, welcher Anspruchsgruppe hinsichtlich ihrer Definition von Qualität Vorrang einzuräumen ist, bzw. es ist die grundsätzliche Frage zu stellen, ob die Qualitätsbeurteilung und Zufriedenheit einer spezifischen Gruppe überhaupt als zentraler Qualitätsmaßstab für eine Dienstleistung angemessen ist.

Vor dem Hintergrund der hier skizzierten Unterschiede zwischen Profit- und Nonprofit-Organisationen und den daraus resultierenden Konsequenzen für eine Definition des Qualitätsbegriffs wird deutlich, dass formalisierte und für die Privatwirtschaft entwickelte Modelle des Qualitätsmanagements nicht ohne Weiteres auf die besonderen Erfordernisse und Rahmenbedingungen des Nonprofit-Sektors übertragen werden können: Bedeutung und Stellenwert von Gewinn, Wettbewerb und Kunden differieren sehr stark, so dass hier keine vergleichbaren Maßstäbe für die Beurteilung von Leistungsfähigkeit und Qualität angelegt werden können. Darüber hinaus gestalten sich die Dienstleitungen des Nonprofit-Sektors so unterschiedlich, dass verallgemeinernde Konzepte des Qualitätsmanagements hier kaum zu einer sinnvollen und angemessenen Beurteilung führen können, die beispielsweise einen Vergleich unterschiedlicher Einrichtungen (z. B. von Behörden und Museen) erlauben würde.

Demgegenüber wurde im ersten Teil des Artikels gezeigt, dass Evaluationen aufgrund ihrer Offenheit und Flexibilität die Voraussetzung dafür mitbringen, individuell auf eine Einrichtung und ein spezifisches Erkenntnisinteresse zugeschnitten zu werden und so eine angemessene Beurteilung von Qualität ermöglichen, die auch den unterschiedlichen Anspruchsgruppen und ihren jeweiligen Bedürfnissen gerecht werden kann.

---

[5] Daher erscheint es sinnvoll, bei Nonprofit-Organisationen eher von Adressaten oder Zielgruppen zu sprechen.

[6] Stockmann spricht in diesem Zusammenhang auch von einer eindimensionalen Produzenten-Kunden-Beziehung im Profit-Sektor vs. mehrdimensionalen Ebenen-Beziehungen (u.a. Geldgeber, Auftraggeber, Produzenten, Adressaten) im Nonprofit-Sektor (Stockmann 2006: 60).

## 4. Zum Nutzen von Evaluation als Steuerungsinstrument für Nonprofit-Organisationen

Anhand welcher Kriterien kann nun also eine Qualitätsbeurteilung von Nonprofit-Organisationen erfolgen, auf deren Grundlage zugleich Qualitätsentwicklungsprozesse initiiert werden können? Wie bereits erwähnt zeichnen sich Nonprofit-Organisationen u. a. dadurch aus, dass sie über komplexe Zielsysteme verfügen, aus denen konkrete Aufgaben und Ziel- sowie Anspruchsgruppen abgeleitet werden können. Da sie sich zugleich meist aus kollektiven Entgelten wie Steuern, Beiträgen und Spenden finanzieren, steht die Frage der mit diesen Mitteln erzielten Wirkungen und (positiven) Veränderungen im Zentrum des öffentlichen Interesses: Aktivitäten und Leistungen von Nonprofit-Organisationen sollen also intendierte Wirkungen auslösen. Stockmann stellt hierzu fest: „Die *Qualitätsentwicklung* bei Nonprofit-Organisation[en] hat sich demnach an einer *zunehmenden Wirkungsoptimierung* zu orientieren. *Je umfassender die intendierten Wirkungen bei den Zielgruppen und in den Politikfeldern erreicht werden, in denen die Interventionen stattfinden, und je weniger diese Wirkungen durch nicht-intendierte negative Effekte konterkariert werden, umso höher kann die Qualität der Leistungen einer Nonprofit-Organisation bewertet werden.*“ (Stockmann 2006: 64).

Zugleich soll an dieser Stelle aber auch nicht verschwiegen werden, dass die Wirkungsmessung in der Praxis mit einer Reihe methodischer Herausforderungen verbunden ist, weil gerade die Zurechnung langfristiger Wirkungen zu einer spezifischen Intervention in komplexen Handlungsfeldern oftmals problematisch ist. Daher ist es erforderlich, im Rahmen von Evaluationen sicherzustellen, dass sowohl profundes methodisches Wissen als auch umfassende Sektorkenntnisse in die Konzeption und Durchführung von Evaluationen einfließen und den Rahmenbedingungen adäquate Evaluationsdesigns Anwendung finden.

Aufgrund des heute oftmals inflationären Gebrauchs des Begriffs Evaluation hegen viele Akteure gerade des Nonprofit-Sektors Vorbehalte gegenüber diesem Instrument. Diese sind auch deshalb häufig gerechtfertigt, als sich viele Studien als Evaluationen bezeichnen, die den Ansprüchen einer guten und nützlichen Evaluation nicht gerecht werden.[7] Folgende Aspekte sollten daher bei der Planung und Durchführung von Evaluationen beachtet werden, um deren Akzeptanz zu steigern und damit auch die Nutzung von Evaluationsergebnissen zu

---

[7] Vgl. hierzu auch die Standards für Evaluation der Gesellschaft für Evaluation – DeGEval, die jede Evaluation erfüllen sollte (DeGEval).

befördern (vgl. hierzu u. a. Brandt 2007: 193; Carter 1994; Schneider/Meiers 2007; Rossi/Lipsey/Freeman 2004: 414 ff.):

- Für die Entscheidungsträger sowie ggf. weitere Akteure sollte die Relevanz einer Evaluation gegeben sein.

- Alle Beteiligten sollten in die Planung, Konzeption und Berichtsphase einer Evaluation eingebunden sein, um sicherzustellen, dass diese deren Bedürfnissen und Erwartungen gerecht wird (Partizipation).

- Den Beteiligten sollten die Möglichkeiten und Grenzen einer Evaluation offengelegt werden, um realistische Erwartungshaltungen zu erzeugen.

- Evaluationsergebnisse sollten rechtzeitig und adressatengerecht aufbereitet und kommuniziert werden.

- Aus den Evaluationsergebnissen sollten konkrete und umsetzbare Handlungsempfehlungen abgeleitet werden. Darüber hinaus sollte überlegt werden, welche weiteren organisationsinternen Mechanismen im Sinne der Qualitätsentwicklung genutzt oder initiiert werden können (z.B. Aufbau eines systematischen Monitoring- und Evaluationssystems, Institutionalisierung der Nutzung des Wissens z. B. durch Berücksichtigung bei der Planung neuer Vorhaben, Initiierung interner Follow-up-Workshops im Anschluss an eine Evaluation, um die aus der Evaluation zu ziehenden Konsequenzen zu konkretisieren).

Grundlegende Voraussetzung zur Nutzung von Evaluationsergebnissen ist allerdings deren Verbreitung. Organisationsintern kann dies z.B. geschehen durch Workshops und Berichtspräsentationen und -diskussionen für alle am Evaluationsgegenstand Beteiligten sowie die interne Verbreitung des gesamten Berichts. Darüber hinaus ist es wünschenswert, wenn durch die Publikation von Evaluationsberichten auch eine über die Organisation hinausgehende Transparenz geschaffen wird, so dass die interessierte Öffentlichkeit gerade bei mit öffentlichen Mitteln finanzierten Einrichtungen und Maßnahmen Einblick in deren Wirksamkeit erhält.

## Literatur

Bank, Volker (2000). Evaluationswissenschaft in methodischer Rekonstruktion. In: Bank, Volker; Lames, Martin: *Über Evaluation.* Kiel: bajOsch-Hein Verlag für Berufs- und Wirtschaftspädagogik, S. 49-83.

Brandt, Tasso (2007). Sozialer Kontext der Evaluation. In: Stockmann, Reinhard (Hg.): *Handbuch zur Evaluation. Eine praktische Handlungsanleitung.* Münster u. a.: Waxmann, S.164-194.

Carter, Reginald (1994). Maximizing the Use of Evaluation Results. In: Wholey, Joseph S.; Hatry, Harry P.; Newcomer, Kathryn E. (Hg.): *Handbook of Practical Program Evaluation.* San Francisco: Jossey-Bass, S. 576-589.

Donaldson, Stewart I.; Scriven, Michael (2003). Preface. In: Donaldson, Stewart I.; Scriven, Michael (Hg.): *Evaluating Social Programs and Problems. Visions for the New Millennium.* Mahwah u.a.: Lawrence Erlbaum Associates, Publishers, S. ix-x.

Kieser, Alfred; Walgenbach, Peter (2007). *Organisation.* 5., überarb. Auflage. Stuttgart: Schäffer-Poeschel.

Kromrey, Helmut (2001). Evaluation – ein vielschichtiges Konzept. Begriff und Methodik von Evaluierung und Evaluationsforschung. Empfehlungen für die Praxis. In: *Sozialwissenschaften und Berufspraxis*, 24 (2), S. 105-131.

Meyer, Wolfgang (2007). Messen: Indikatoren – Skalen – Indizes – Interpretationen. In: Stockmann, Reinhard (Hg.): *Handbuch zur Evaluation. Eine praktische Handlungsanleitung.* Münster u. a.: Waxmann, S.195-222.

Rossi, Peter H.; Lipsey, Mark W.; Freeman, Howard E. (2004). *Evaluation. A Systematic Approach.* 7th Edition. Thousand Oaks u. a.: Sage.

Schneider, Vera (2008). Evaluation: Theoretische und praktische Fragen zur Entwicklung im Kulturbereich. In: Ermert, Karl (Hg.): *Evaluation als Grundlage und Instrument kulturpolitischer Steuerung.* Wolfenbüttel, S. 19-27.

Schneider, Vera; Meiers. Ralph (2007). Reporting. In: Stockmann, Reinhard (Hg.): *Handbuch zur Evaluation. Eine praktische Handlungsanleitung.* Münster u. a.: Waxmann, S.314-339.

Stockmann, Reinhard (2006). *Evaluation und Qualitätsentwicklung. Eine Grundlage für wirkungsorientiertes Qualitätsmanagement.* Münster u. a.: Waxmann.

Stockmann, Reinhard (2007). Einführung in die Evaluation. In: Stockmann, Reinhard (Hg.): *Handbuch zur Evaluation. Eine praktische Handlungsanleitung.* Münster u. a.: Waxmann, S. 24-70.

Stockmann, Reinhard (2010). Wissenschaftsbasierte Evaluation. In: Stockmann, Reinhard; Meyer, Wolfgang: *Evaluation. Eine Einführung.* Opladen; Farmington Hills, MI: Barbara Budrich (UTB 8337), S. 55-100.

*Internetquellen*

ISO (2012). Quality Management Principles. [http://www.iso.org/iso/qmp_2012.pdf] (30.07.2012).

DeGEval. Standards für Evaluation. [http://www.degeval.de/degeval-standards/standards] (30.07.2012).

# Wirkungsmessung in NPO durch den Social Return on Investment (SROI)

Gabriele Buchholz, Andreas Lasar

*Zusammenfassung*

Die Frage nach dem Erfolg von Maßnahmen und Projekten von NPO wird in den letzten Jahren immer drängender gestellt. Insbesondere sozialwirtschaftliche Organisationen als wichtiger Bestandteil des Dritten Sektors sehen sich aufgrund knapper werdender öffentlicher Kassen in zunehmende Maße der Anforderung gegenüber, nachzuweisen welche Wirkungen sie durch ihre Aktivitäten erzielen. Anders als im „Profitsektor“ fehlt ein allgemein akzeptiertes Verfahren der Erfolgsmessung für NPO. Mit dem Verfahren des SROI liegt ein Ansatz der Wirkungsforschung vor, der die gesellschaftlichen Zusatzkosten und -erträge bei der Ermittlung des Wertes einer Dienstleistung einer NPO berücksichtigt und eine Wirkungsmessung ermöglicht. Die praktische Anwendung des SROI ist noch in den Anfängen. In der Forschung gibt es weiteren Entwicklungsbedarf.

# Assessing Effectiveness in NPOs with Social Return on Investment (SROI)

*Abstract*

In the past few years, questions regarding the effectiveness of NPO methods and projects have been ever more insistent. Socio-economic organizations, integral components of the third sector, are particularly pressed to verify their effectiveness in the face of tighter public finances. As opposed to the “profit sector,” a generally accepted procedure for measuring success in NPOs is lacking. SROI presents an approach to effectiveness research that accounts for additional societal costs and returns in the appraisal of the value of an NPO’s services, making possible a measurement of effectiveness. The practical application of SROI is still in its early stages. There is a need for further research development.

# 1. Einleitung

Öffentliche und private Geldgeber geben sich in zunehmendem Maße nicht mehr damit zufrieden, dass die von ihnen finanzierten gemeinnützigen und gemeinwohlorientierten Organisationen die Ordnungsmäßigkeit der Mittelverwendung nachweisen. Sie fordern verstärkt einen Beleg über Effektivität und Effizienz der Ressourcenverwendung und machen diesen zur Voraussetzung, weitere soziale Maßnahmen zu fördern (vgl. Kehl/Then/Münscher 2012: 313). In erwerbswirtschaftlichen Unternehmen ist mit der Gewinnmaximierung ein relativ eindeutig definiertes Oberziel gegeben. Der Erfolg kann mit der Rentabilität als hinreichend geeignete zentrale Größe gemessen werden. Im Mittelpunkt des Handelns von NPO stehen beabsichtigte Wirkungen im Hinblick auf die Behebung gesellschaftlicher Probleme und Missstände bzw. zur Verbesserung der Lebenssituation Einzelner. Dieses Ziel – allgemein ausgedrückt: die Förderung des Gemeinwohls ist komplex und nicht klar definiert. Es fehlt eine allgemein akzeptierte Spitzenkennzahl zur Wirkungsmessung (vgl. Halfar 2009: 200). Seit Mitte der 1990er Jahre wird versucht, mittels der Kennzahl SROI das Verhältnis zwischen den Investitionen in soziale Dienstleistungen und dem sozialen Mehrwert, der durch die NPO generiert wird, zu bewerten. Der SROI ist zunächst für sozialwirtschaftliche Organisationen bzw. Anbieter von sozialen Dienstleistungen entwickelt worden, die deshalb als besondere Ausprägung von NPO nachfolgend in den Fokus der Betrachtung rücken. Das Konzept des SROI kann aber einerseits grundsätzlich auf alle Dienstleistungen anderer NPO übertragen werden, andererseits ist es anwendbar von Produzenten von sozialen Dienstleistungen auch außerhalb des Dritten Sektors.

Nach der Einleitung im 1. Kapitel werden im 2. Kapitel die grundlegenden ökonomischen Rahmenbedingungen von NPO, insbesondere von sozialwirtschaftlichen Organisationen, betrachtet. Im 3. Kapitel werden die einzelnen Phasen der Wertschöpfung in NPO dargestellt und anschließend die Probleme der Messung von Wirkungen und die Ansätze zu deren Lösung beschrieben. Im 4. Kapitel werden der Begriff und der Entwicklungsstand des SROI erläutert. Es folgt eine ausführliche Darstellung des Aufbaus und des Ablaufes einer SROI-Analyse. Abschließend erfolgt im 5. Kapitel ein Ausblick und eine Skizzierung des zukünftigen Entwicklungsbedarfs.

## 2. Ökonomische Betrachtung sozialer Dienstleistungen von NPO

Die Handlungsfelder, in denen NPO tätig werden, sind ebenso wie andere Bereiche ökonomischen Bedingungen unterworfen und eingebunden in das ökonomische Austauschsystem (vgl. Schellberg 2011: 16). Die Ethik einer NPO muss darauf ausgerichtet sein, die Gesellschaft durch die eigene Tätigkeit nicht übermäßig zu belasten und die eigene Existenz nachhaltig zu sichern. Dies geschieht durch wirtschaftliche Verhaltensweisen. Die Ökonomisierung sozialer Dienstleistungen wird durch die Krisen öffentlicher Haushalte forciert. Die Angebote an sozialen Dienstleistungen werden hinsichtlich ihrer Effizienz und Effektivität zunehmend intensiver durch öffentliche Träger im Rahmen der Finanzierung geprüft. Sozialwirtschaftliche Organisationen als wichtige Bestandteile der Gruppe der NPO stehen zunehmend unter wirtschaftlichem Druck.

Auch wenn NPO insbesondere tätig werden, wo der Markt versagt, stehen sie in vielfältiger Weise im Wettbewerb. Sie konkurrieren mit anderen Institutionen um Spendengelder, um ehrenamtliche und freiwillige Helfer, um Fachpersonal, um öffentliche Zuschüsse und Kunden (Meyer 2007: 59). Sie konkurrieren bei der Verteilung gesellschaftlicher Ressourcen mit den Zwecken anderer Systeme, die ebenfalls auf politische Allokationsentscheidungen angewiesen sind (vgl. Halfar 1999: 21).

In diesem verstärkten Anbieterwettbewerb, der zudem durch die knapper werdenden finanziellen Mittel des Sozialstaats verschärft wird, können die Organisationen langfristig nur existieren und ihre Mission verfolgen, wenn sie in der Lage sind, ein innovatives und bedarfsgerechtes Angebot effizient zu erstellen. Damit dies gelingen kann, ist eine zunehmende Professionalisierung in zweifacher Hinsicht erforderlich: Die ökonomischen Kompetenzen der Leitungsebene, aber auch der Mitarbeiterinnen und Mitarbeiter, die die sozialen Leistungen erstellen, müssen erweitert werden.

## 3. Wertschöpfung und wirkungsorientierte Steuerung von NPO

Non-Profit-Organisationen stellen oftmals den Kostenpreis ihrer Dienstleistungen in Rechnung, wobei sie dazu nicht zuletzt von ihren öffentlichen Geldgebern angehalten werden. In der Praxis bedeutet dies, dass die Tarife, die Nonprofit-Organisationen zur Anwendung bringen, zwar eine korrekte Wiedergabe der Kosten sind oder sein können, jedoch wenig Aussagekraft über den Wert des Produkts oder der Dienstleistung für den Käufer besitzen (vgl. Mildenberger/Münscher 2009: 1). Dieser Wert ist eine eher subjektive Größe. Zudem bleibt der gesamtgesellschaftliche Wert der erbrachten Leistungen außer Acht: Die Haushaltssicht der öffentlichen Träger greift zu kurz, um die wirtschaftlich relevanten Wirkungen sozialer Dienstleistungen zu erkennen. Die vermiedenen gesellschaftlichen Kosten stehen nicht im Blickpunkt der Mittelverantwortlichen. Es müssen aber alle Wirkungen einbezogen werden. Geldströme, die in eine NPO fließen, sind über Entgeltzahlungen, Kostenübernahmen und Zuschüsse leicht auszumachen. Doch Rückflüsse durch höhere Steuern, Abgaben, Einsparungen in anderen Bereichen oder induzierte wirtschaftliche Effekte kommen nur auf Umwegen oder an anderer Stelle bei der öffentlichen Hand an (vgl. Wagner/Tränkle 2011: 25).

Soziale Dienstleistungen und deren Wirkungen stehen am Ende der Wertschöpfungskette von NPO. Wertschöpfung ist die Summe der in einem Unternehmen bzw. einer Organisation oder einer Volkswirtschaft während einer Periode geschaffenen wirtschaftlichen Werte. Dies ist die Differenz zwischen dem Ressourcenverbrauch von Vorleistungssystemen und dem Verkaufswert an Abnehmersysteme.

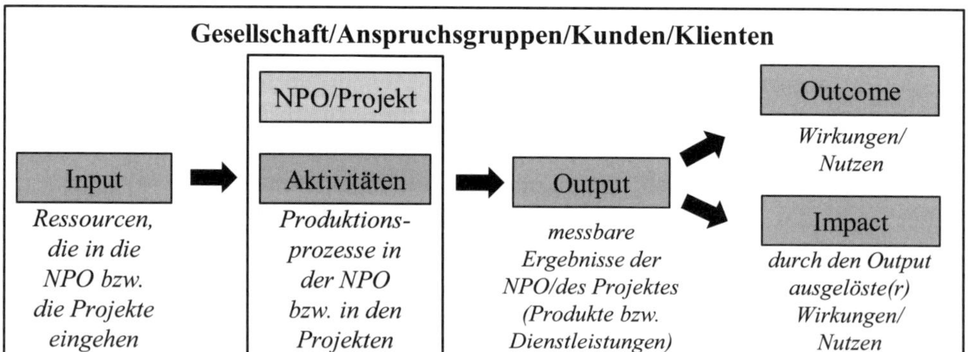


Abbildung 1. Wertschöpfungskette in NPO (vgl. Clark u. a. 2004: 7; vgl. Franssen/Scholten 2008: 48; vgl. Reichelt 2009: 21).

Die Ressourcen[1], die notwendig sind, um die Aktivitäten einer NPO durchzuführen, werden als Inputs bezeichnet. Im Ergebnis dieser Aktivitäten und unter dem Einsatz der beschriebenen Ressourcen entstehen direkt messbare und auf die Aktivitäten zurückzuführende Outputs. In- und Outputs können direkt durch die Organisation beeinflusst werden. Der Output sind die gemessenen Resultate, d. h. die produzierten sozialen Dienstleistungen, die oft in Mengenangaben, wie z. B. Anzahl der Teilnehmer, angegeben werden und die aufgrund von Aktivitäten einer Organisation entstehen sowie durch den öffentlichen Träger abgegolten werden, sodass der Input finanziert werden kann. Mit den Outputs in Form einer sozialen Dienstleistung sollen Outcome und Impact erzielt werden. Der Outcome beschreibt die langfristigen Wirkungen von Input, Aktivitäten und Output. Man kann den Outcome also als Veränderungseffekt des Output charakterisieren, der sowohl positiv als auch negativ sein kann. Zieht man von dem Outcome, der von einer Organisation geschaffen wurde, jenen Outcome ab, der auch ohne die Aktivitäten der Organisation eingetreten wäre, so erhält man den Impact (vgl. Franssen/Scholten 2008: 32 u. 179; vgl. Reichelt 2009: 21). Faktisch besteht der Impact einer Organisation aus dem von ihm geschaffenen Mehrwert.

In erwerbswirtschaftlichen Unternehmen liegt mit der Rentabilität eine universell geltende Zielgröße für die Messung von Erfolg vor (Halfar 2009: 6). Der Wert eines Produktes wird in marktwirtschaftlich organisierten Wirtschaftszweigen durch den sich bildenden Marktwert ausgedrückt. Aufgabe von NPO ist das Generieren von Problemlösungen, die zu einem besseren Zustand des Einzelnen und der Gesellschaft führen. In diesem Sinne hat „Wertschöpfung“ in der Sozialwirtschaft eine andere Bedeutung als in der übrigen Wirtschaft (Wendt 2010: 7). Gemeinwohlorientierte Organisationen verknüpfen in ihrer täglichen Arbeit ökonomische und soziale Wertschöpfung (Kehl/Then 2010: 14). Nicht nur Einzelpersonen, sondern auch die Gesellschaft zieht Nutzen aus sozialen Dienstleistungen. Die Wertschöpfung und Rendite besteht im Wesentlichen in einem Gewinn an Lebensqualität und an Humanvermögen. Für NPO bilden Wirkungen, d. h. Outcome und Impact, also das eigentliche Ziel (vgl. Halfar 2009: 6).

Die Messung von Wirkungen sozialer Dienstleistungen ist schwierig. Soziale Dienstleistungen entziehen sich einer ausschließlich quantitativen Steuerungslogik und fokussieren auf qualitative Aspekte (Deutscher Städte-

[1] Ressourcen i. w. S. können dabei Geld, Menschen, Einrichtungen und Ausrüstung sein.

tag/Arbeitsgemeinschaft für Jugendhilfe 1999: 8). Insbesondere die Effekte auf individuelle Leistungsempfänger im Hinblick auf die Verbesserung der Lebensumstände in Bezug auf Glück und Zufriedenheit sind nur qualitativ messbar (Mildenberger/Münscher 2009: 5). Viele soziale Dienstleistungen sind komplexe Dienstleistungen, die auch durch den jeweiligen Koproduzenten, den Klienten als externen Produktionsfaktor im Rahmen der Wertschöpfungskette, miterbracht werden. Die erzielten Wirkungen sind nicht allein von der Qualität und dem Umfang der eingesetzten Dienstleistungen abhängig (Spier 2010: 23). Eine Messung der Wirkung ist nur durch eine gemeinsame Beauftragung aller Beteiligten und eine klare Definition von Indikatoren, anhand derer die Wirkung gemessen werden soll, möglich. Die Beziehungen zwischen Produkten der NPO und der Entwicklung der individuellen oder gesellschaftlichen Lebensverhältnisse in der Gesellschaft sind in den seltensten Fällen – wenn überhaupt – linear, sondern meist durch eine Vielzahl von Einflussgrößen (intervenierende Variable) geprägt. Ein weiteres Problem besteht darin, Wirkungen einer bestimmten Intervention im Rahmen einer Interventionskette zuzuordnen. Es können keine externen Einflüsse ausgeschlossen werden, die oftmals eine nicht zu erkennende Bedeutung haben. Es kann lediglich die Situation vor und nach einer Intervention erfasst werden.

Zur quantitativen Abbildung von Outcome und Impact sozialer Dienstleistungen werden Indikatoren, die als Kennzahlen formuliert werden, eingesetzt (vgl. Kehl/Then 2010: 14). Gesellschaftspolitische Ziele werden messbar, wenn geeignete Indikatoren zur Verfügung stehen. Der Begriff des Indikators ist somit unmittelbar mit der Messbarkeit von gesellschaftspolitischen Zielen, wie z. B. soziale Sicherheit, Chancengerechtigkeit, Wohlfahrt, Nachhaltigkeit, Integration, Inklusion verknüpft. Indikatoren sind geeignet, Sachverhalte zu quantifizieren, die nicht unmittelbar und eindeutig gemessen werden können. Sie sind (quantitative) Hilfsmittel zur Beschreibung der (sozialen) Realität. Beispiel: Das Ausmaß der Chancengerechtigkeit kann nicht unmittelbar gemessen werden, sondern muss über Hilfsgrößen wie Schulabschlussquoten unterschiedlicher Bevölkerungsgruppen erschlossen werden. Die Wahl der richtigen Indikatoren hängt vom Ziel ab, für das man diese verwenden möchte. Weil sie oft nicht direkt und kausal mit den Wirkungen verknüpft sind, eröffnen sie Räume für Interpretationen, die fachliche Kenntnisse und Erfahrungen voraussetzen (Bono 2010: 19). Zusätzlich vergrößert wird die Messproblematik, wenn der Leistungsempfänger mehrere soziale Dienstleistungen von verschiedenen NPO erhält (Mildenberger/Münscher 2009: 5).

Kennzahlen bilden Sachverhalte in quantitativer und verdichteter Form ab. Sie sind besonders geeignet, Beziehungen herzustellen (z. B. Kennzahl: Anteil der Beschäftigten ohne Berufsausbildung an allen Beschäftigten zum Stichtag y) und damit steuerungsrelevante Aspekte schlaglichtartig zu beleuchten, Fragen auszulösen, Analysen anzuregen, Entscheidungen vorzubereiten. Da Kennzahlen betriebliche Sachverhalte stark verdichten, ist es zweckmäßig, zusammenhanglos nebeneinanderstehende Kennzahlen in Systeme gegenseitig abhängiger und sich ergänzender Kennzahlensysteme zusammenzufassen (vgl. Greiling 2009: S. 87).

# 4. Der Social Return on Investment (SROI)

## 4.1 Begriff des SROI

Der SROI ordnet sich in eine ganze Reihe neuer und neuerer Ansätze ein, die sich mit der Bewertung von geschaffenen (insbesondere sozialen) Werten (Values) und Effekten (Impacts) auf die Gesellschaft befassen. Einen guten Überblick über die momentan bestehenden Methoden zur Bewertung des sozialen Impacts findet sich im „Double Bottom Line Project Report“ (Clark u. a. 2004). Die SROI-Methode versucht, die Wirkungen von Investitionen in soziale Projekte oder Organisationen messbar zu machen. Der SROI geht davon aus, dass jeder Beitrag eines Stakeholders einer NPO für eine soziale Dienstleistung letztlich eine Investition darstellt und als solche beurteilt werden kann. Ergebnisse sind immer die Folge einer (finanziellen) Investition. Indem die Ergebnisse genauso wie die Aufwendungen bzw. Kosten monetarisiert werden, kann beurteilt werden, ob und in welchem Ausmaß diese Investition eine Rendite abwirft oder abgeworfen hat (vgl. Reichelt 2009: 7). Ähnlich wie in der Kosten-Nutzen-Analyse sollte gemessen werden, ob der Nutzen der NPO tatsächlich deren Kosten rechtfertigt. Der SROI verfolgt aber einen anderen Ansatz als die traditionelle Kosten-Nutzen-Analyse bzw. nimmt eine andere Perspektive ein: Kosten-Nutzen-Analysen berücksichtigen im erweiterten Verständnis zwar durchaus ebenso nicht-monetäre Größen wie der SROI, setzen diese aber im Wesentlichen in Beziehung zu den Investitionen und Interessen des Leistungsanbieters und nicht der Stakeholder oder dem Gemeinwohl (vgl. Kehl/Then/Münscher 2012: 313 u. 315 f.).

Basis des SROI ist die in der BWL zur Bewertung des Erfolgs erwerbswirtschaftlicher Unternehmen prominente Kennzahl „Return on Investment (ROI)", die das Verhältnis von Investitionen und Gewinn mathematisch ausdrückt (vgl. Kehl/Then 2010: 14). Der SROI erweitert die klassischen finanziellen Bewertungsmethoden um einen sozialökonomischen und umweltpolitischen Wert (vgl. Lorenz/Schwarz 2005: 32) und ist damit insbesondere für NPO anwendbar. Der soziale Ertrag ist der gesamte Mehrwert, der für die Gesellschaft entsteht. Der SROI lässt sich wie folgt rechnerisch ermitteln:

$$SROI = \frac{Kapitalwert\ der\ Erträge\ (Return)}{Kapitalwert\ der\ Investitionen\ (Investment)}$$ (vgl. Reichelt 2009: 16)[2]

Der SROI muss mindestens 1 betragen, um eine Investition als gewinnbringend einzustufen. In diesem Fall sind die geschaffenen Werte genauso hoch wie die Kosten der Investition. Ist der SROI größer als 1, entstehen zusätzliche Werte für die Gesellschaft; ist der Wert kleiner als 1, sollte von der Investition abgesehen werden, denn die Kosten übersteigen den Nutzen der Investition.

Die Monetarisierung des sozialen Wertes weist unterschiedliche, praktische Vorteile auf. Zunächst besitzt der in Geld ausgedrückte Wert eine Aussagekraft über den Umfang eines gesellschaftlichen Resultats. Die Kombination und Integration von Leistungsmanagementsystemen mit Finanzmanagementsystemen wird erleichtert. Bei der Interpretation des finanziellen Mehrwerts als solchem müssen aber Einschränkungen berücksichtigt werden. Die Beurteilung beziehungsweise das Verständnis des SROI ist ohne die Kenntnis der Prozesse, mit denen diese Zahlen berechnet wurden, nicht möglich. Daher wird bei der Ermittlung des SROI zwischen der eigentlichen SROI-Zahl und der SROI-Analyse unterschieden. Letztere umfasst Informationen über den Prozess, mit dem die Zahl berechnet wurde, Kontextinformationen zur genauen Interpretation dieser Zahl und zusätzliche nicht monetarisierbare soziale Werte und Informationen über Inhalt und Kontext. Es ist nicht möglich, die SROI-Zahl ohne den Zusammenhang der Berechnung zu beurteilen oder zu begreifen (vgl. Franssen/Scholten 2008: 150).

---

[2] Dazu kritisch Bonato/Osterbauer/Jarre/Ostermann 2012: 15.

## 4.2 Entwicklungsstand des SROI

Der SROI ist Ende der 1990er Jahre in den USA vom Roberts Enterprise Development Fund (REDF) entwickelt worden.[3] Ausgehend von der klassischen Kosten-Nutzen-Analyse entwickelte der REDF eine Methodik, die auf Standardinstrumente der Investitionsrechnung zurückgreift, und erweiterte diese, um die durch sozialwirtschaftliche Organisationen generierten Auswirkungen (Impacts) mess-, quantifizier- und monetarisierbar zu machen (vgl. Chun u. a. 2001). Das REDF-SROI-Modell vereint ökonomische und soziale Werte, die durch eine Organisation oder ein Projekt geschaffen werden. Seitdem wurde das REDF-SROI-Modell von mehreren Organisationen aufgenommen, weiterentwickelt und verfeinert, insbesondere vor dem Hintergrund, dass der REDF sein Modell vorrangig für eine spezielle Art der NPO entwickelte, nämlich Organisationen, die ihren Kunden marktorientierte Produkte und Dienstleistungen anbieten und damit gleichzeitig Qualifizierung sowie eine Arbeitsumgebung für benachteiligte Zielgruppen zur Verfügung stellen, die ihr Leben verbessern wollen (vgl. Aeron-Thomas u. a. 2004: 6). Dieses Modell eignete sich daher nur bedingt für die SROI-Analyse anderer NPO, denn nicht alle Organisationen produzieren Güter oder bieten Dienstleistungen auf dem freien Markt an, mit denen sie dann auch Geld verdienen. Hinzu kommt, dass das REDF-Modell schwerpunktmäßig als ein „Investmenttool" konzipiert wurde, also einen Ansatz verfolgt, den andere NPO nur bedingt adaptieren können (Reichelt 2009: 27).

Eine wesentliche Weiterentwicklung des REDF-Ansatzes erfolgte durch die new economics foundation (nef) aus Großbritannien, die den REDF-Ansatz aufgegriffen und auf die eigenen Bedürfnisse angepasst hat. Insbesondere wurde der Fokus auf die praktische Umsetzbarkeit gelegt. Die vier Kernelemente des nef-Ansatzes, die ihn vom REDF-Ansatz unterscheiden, sind die Stakeholderbetrachtung, die Initiierung sozialer Änderungen, das Prinzip der Wesentlichkeit und die Einbeziehung des Nutzens ohne soziale Dienstleistung. Die nef-SROI-Analyse legte damit den Fokus auf die Stakeholder einer Organisation, da die Stakeholder und ihr Engagement aus Sicht der nef in einer Organisation kritisch für deren Erfolg oder Misserfolg sind. In die SROI-Analyse fließen dann ausschließlich die von den Stakeholdern vorgegebenen Ziele für die Organisation ein und dienen als Grundlage der Berechnung. Das SROI-Modell der nef liefert einen wichtigen Ansatz, um eine exaktere Berechnung des SROI durchführen zu können, d. h. die nef liefert eine Methode, wie sich der Nutzen (Benefit), der

[3] Zur Entwicklung des SROI siehe ausführlich Reichelt 2009: 11 ff. und Kehl/Then/Münscher 2012: 314 ff.

in jedem Falle entsteht, also auch ohne die Intervention einer Organisation, bewerten lässt (Mackenzie u.a. 2007: 5).

Ein weiterer SROI-Ansatz ist ein Global SROI Framework, das durch die Zusammenarbeit mehrerer SROI-Experten aus Europa und den USA entstanden ist und 2006 veröffentlicht wurde (Scholten u. a. 2006). Dieser stellt eines der aktuellsten Konzepte dar und baut stark auf den nef-Ansätzen auf. Das Global SROI Framework verändert bzw. ergänzt den nef-Ansatz lediglich in drei Bereichen. Zum einen sollen über das eigene Unternehmen qualitative und quantitative Aussagen getroffen werden, um neue, insbesondere soziale Werte für die Analyse zu schaffen. Des Weiteren wird eine detaillierte Analyse der Einnahmen und Ausgaben der NPO durchgeführt mit dem Ziel, eine genauere Zuordnung zu den wirtschaftlichen und nicht wirtschaftlichen Aktivitäten der NPO zu erhalten. Als letzte Ergänzung wurde die Evaluation und das Monitoring (z. B. Einsatz der Sensitivitätsanalyse) festgeschrieben, damit die SROI-Analyse nicht nur eine Momentaufnahme und eine Kennzahl ist, sondern ein kontinuierliches Erfolgskontroll-, Koordinierungs- und Steuerungsinstrument darstellt (vgl. Reichelt 2009: 26 ff.).

Parallel dazu hat sich ein European SROI Network[4] gebildet, dessen Mitglieder die Entwicklung des SROI in Europa vorantreiben wollen. Die Mitglieder des European SROI Network arbeiten momentan an einer Reihe von SROI-Fallstudien bzw. haben diese teilweise schon erstellt, um daraus Vergleichszahlen für die Mitgliedsorganisationen zu gewinnen, aber auch für andere soziale Organisationen in Europa, die eine SROI-Analyse durchführen wollen, z. B. für zukünftige Benchmarks. Da sich das SROI-Analyseverfahren immer noch in der Entwicklung befindet und einige ungelöste Fragen aufweist, insbesondere in der Problematik der Monetarisierung von sozialen Auswirkungen (vgl. Lingane/Olsen 2004: 128), ist der Schwerpunkt der Arbeit des Netzwerks nicht die absolut korrekte Berechnung der SROI-Kennzahl, sondern vielmehr soll das Verfahren getestet, angewandt und die Methodik nachvollzogen und verstanden werden.

---

[4] Vgl. http://www.european-sroi.org/

## 4.3 Aufbau und Ablauf einer SROI-Analyse

Eine idealtypische SROI-Analyse verläuft in etwa nach folgendem Schema ab:

| Schritt | Aktivität |
|---|---|
| 1 | Ziele der Analyse festsetzen |
| 2 | Stakeholder ermitteln |
| 3 | Umfang der Analyse bestimmen |
| 4 | Impact Value Chain darstellen (Impact Map erstellen) |
| 5 | Indikatoren festlegen und Daten sammeln |
| 6 | Prognosen erstellen |
| 7 | Einnahmen und Ausgaben analysieren |
| 8 | SROI berechnen |
| 9 | Bericht erstellen |
| 10 | Beobachten und evaluieren |

Tabelle 1. Übersicht über die Aktivitäten in einer SROI-Analyse.[5]

In Schritt 1 ist festzustellen, wie die jeweilige Organisation konkret arbeitet, bzw. wie sie versucht, soziale Wirkung zu erzielen. Es sind die Mission und die Strategien zu hinterfragen. Des Weiteren muss ein konkretes Ziel formuliert und der Auftraggeber bzw. Adressat der SROI-Analyse benannt werden.

[5] Auf der Grundlage des Global SROI Framework; vgl. Scholten u. a. 2006; vgl. auch Mildenberger/Münscher 2009: 3 f.

Die Reihenfolge der Arbeitsschritte soll lediglich die notwendigen Aktivitäten aufzeigen; sie ist nicht zwingend einzuhalten. Insbesondere erfolgt oftmals vor der Analyse der Stakeholder in Schritt 2 die Abgrenzung des Untersuchungsbereiches (Schritt 3), in dem das Untersuchungsgebiet analysiert wird. Dabei wird eingrenzt, für welchen Untersuchungsbereich der SROI erstellt wird bzw. erstellt werden kann. Dies beinhaltet nicht nur die Bestimmung des Zeitraumes durch die Angabe von Monats- bzw. Jahresabschnitten, sondern auch die Festlegung, ob es sich um eine Prognose oder um eine Evaluierung handelt. Die Untersuchung eines bestimmten Aufgabenbereiches innerhalb einer Organisation ist dabei schwieriger als die eines in sich abgeschlossenen Projektes, da ggf. Daten nicht unmittelbar dem Untersuchungsbereich zugeordnet werden können und zunächst aufbereitet werden müssen und darüber hinaus kein klar abgegrenzter Zeitraum vorliegt.

Stakeholder und ihr Engagement in einer Organisation sind kritisch für deren Erfolg oder Misserfolg. Deshalb ist es wichtig, in einer Stakeholderanalyse (Schritt 2) die Ziele und Erwartungen der wichtigsten Stakeholder an die Organisation zu identifizieren und zu verstehen. Als Stakeholder wird jede identifizierbare Person oder Gruppe, die entweder durch das Handeln des Unternehmens beeinflusst wird oder durch ihr eigenes Tun das Unternehmen selbst beeinflusst, definiert (vgl. Scholten 2010: 52). Dabei ist darauf zu achten, dass auch diejenigen Stakeholder mit einbezogen werden, die nur durch die Effekte des Projektes bzw. der Maßnahmen betroffen sind und an der eigentlichen Finanzierung oder Durchführung des Projektes nicht beteiligt sind. Zentral sind jedoch jene Stakeholder, die i. w. S. das Projekt und dessen Erfolg direkt oder indirekt beeinflussen können. Es sind nicht nur die Ziele im Projekt zu determinieren, wie z. B. das Erreichen einer bestimmten Anzahl von Teilnehmern einer Maßnahme, sondern auch die übergeordneten Ziele, die die generelle Arbeit des Stakeholders bestimmen, wie z. B. die Verringerung der Arbeitslosigkeit.

Auf der Grundlage der identifizierten Stakeholder wird die Impact Map aufgestellt (Schritt 4), die alle Stakeholder inventarisiert. Es wird untersucht, wie die Stakeholder an den jeweiligen Inputs der Maßnahmen, ihren konkreten Outputs, den Outcomes und schließlich gesamtgesellschaftlichen Impacts der Wertschöpfungskette partizipieren. Als Input werden alle investierten Mittel in Euro dargestellt. Bei den „Aktivitäten" wird der Inhalt und Ablauf der Maßnahme beschrieben. Bei den Fördermittelgebern ist dies die Bereitstellung monetärer Mittel. Bei operativen Akteuren und Zielgruppen wird das Projektgeschehen (Inhalte, Strukturen, Abläufe etc.) beschrieben. Der Output zeigt gemäß dem Projekt bzw. der Maßnahme die ausgezählten oder die zu erwartenden Ergebnisse auf, z. B. Anzahl der erfolgreichen Abschlüsse einer Qualifikationsmaßnahme. Das Hauptmerkmal des Feldes „Outcome und Impact" liegt bei der Erfassung der Impacts, die inklusive der Outputs entstanden sind (vgl. Köhnke 2008: 6). Wenn dabei nachweisbare Auswirkungen identifiziert werden, die keiner Maßnahme oder Aktivität zuzuordnen sind, handelt es sich hierbei um das Deadweight. Um diese Impacts nicht nur hypothetisch zu beschreiben, müssen Indikatoren für die Impacts definiert werden. Die beschriebenen Indikatoren sind die Grundlage zur Bewertung der generierten Veränderungen/Auswirkungen der Arbeit einer Organisation und müssen in Geldeinheiten umgewandelt, also monetarisiert werden.

*Beispiel 1:*

<table>
<tr><th>Stakeholder</th><th>Input</th><th>Aktivität</th><th>Output</th><th colspan="2">Outcome und Impact</th></tr>
<tr><td>Teilnehmer</td><td>Zeit/Energie</td><td>Teilnahme an der Maßnahme</td><td>Anzahl Qualifizierungen</td><td>Anzahl Teilnehmer, die in ein Arbeitsverhältnis vermittelt werden</td><td rowspan="2">Deadweight: Teilnehmer, die auch ohne Qualifizierung einen Arbeitsplatz erhalten hätten</td></tr>
<tr><td>Öffentliche Hand</td><td>Höhe der Finanzierung</td><td>Finanzierung der Maßnahme</td><td>Anzahl Qualifizierungen</td><td>Höhe der eingesparten Sozialtransfers,<br><br>Höhe der eingenommenen Steuern</td></tr>
<tr><td>...</td><td>...</td><td>...</td><td>...</td><td>...</td><td>...</td></tr>
</table>

Tabelle 2. Beispiel einer Impact Map.[6]

In Tabelle 2 wird als vereinfachtes Beispiel angenommen, dass in einem Projekt einer NPO zur Qualifizierung von Arbeitslosen zwei Stakeholder betroffen sind: die Teilnehmer, die im Rahmen des Projektes qualifiziert werden, und die öffentliche Hand, z. B. das Land, welches die Maßnahme durch Zuschüsse finanziert. Als Output des Projektes sind die Anzahl der von der NPO vorgenomme-

[6] In Anlehnung an Reichelt 2009: 51.

nen Qualifizierungen zu betrachten. Diese sind die Basis für die qualitativen Wirkungseffekte. Als Outcome, d. h. Wirkung bzw. Nutzen des Projektes, sind für die Teilnehmer die Anzahl der in ein Arbeitsverhältnis vermittelten Arbeitslosen zu verstehen. Der Outcome ist bereits in Form eines Indikators definiert. Um den für die SROI-Analyse erforderlichen Impact zu beschreiben, ist das Deadweight vom Outcome abzuziehen, nämlich die Anzahl der Teilnehmer, die auch ohne das Projekt Arbeit gefunden hätten, und die vermittelten Teilnehmer, die das Arbeitsverhältnis nach Vermittlung vorzeitig wieder abgebrochen haben. Aus Sicht der öffentlichen Hand gelten als Outcome die Höhe der eingesparten Sozialleistungen, insbesondere in Form des Arbeitslosengeldes, und die zusätzlich eingenommenen Steuern aufgrund des Arbeitseinkommens, welches ein vermittelter Teilnehmer erhält. Auch hier sind Deadweight und Ausfallquote in Abzug zu bringen.

Nach der Aufstellung der vorläufigen Impact Map (inkl. der Formulierung von Indikatoren) erfolgt der Übergang zur Monetarisierungsphase (Schritt 5). Während der Monetarisierungsphase werden die Impacts im Hinblick auf die Einhaltung der SMART-Kriterien verifiziert. Es wird mittels Befragung der Klienten und übrigen Stakeholder geprüft, inwiefern die aufgezeigten Impacts tatsächlich erwünscht und notwendig sind, und ob sie tatsächlich stattfinden. Die Impacts, die den SMART-Kriterien nicht mehr entsprechen, werden aus der weiteren Analyse ausgeschlossen. Des Weiteren kann in dieser Phase deutlich werden, dass Annahmen zu langfristigen Zusammenhängen bestimmter Indikatoren falsch waren, z. B. wenn angenommen wurde, durch eine verminderte Anzahl von Arztbesuchen eine Verbesserung des Gesundheitszustands der Teilnehmer belegen zu können. Solche Indikatoren werden ebenfalls bei der Monetarisierung aussortiert. In diesem Zusammenhang erfolgt eine Revision hinsichtlich der möglichen Bewertbarkeit und Relevanz für die SROI-Analyse. Es werden die endgültigen Indikatoren festgelegt.

Anschließend werden entsprechend der Impact Map und der festgelegten Indikatoren empirische Daten erhoben. Bevor die eigentliche Berechnung des SROI durchgeführt werden kann, ist es notwendig, umfangreiches Daten- und Vergleichsmaterial zu sammeln, das für die Bewertung der überarbeiteten Impact Map und der einzubeziehenden Indikatoren dienen kann. Dazu gehört einerseits externes Datenmaterial, wie z. B. Statistiken der Bundesagentur für Arbeit, und andererseits internes Material, wie z. B. organisations- und projektinterne Statistiken und Materialien sowie Befragungen der Klienten. Außerdem ist es notwendig, die Kostensituation zu analysieren.

In dieser Phase wird jeder Indikator monetarisiert, um dessen sozialen Mehrwert finanziell abbilden zu können. Somit kann man die Gesamtheit der Erträge für die Stakeholder ermitteln, um diese am Ende der Phase der Gesamtheit des monetarisierten Inputs der Stakeholder entgegenzustellen. Es existiert gegenwärtig kein allgemeingültiger und akzeptierter Prozess für die Zuweisung finanzieller Werte zu sozialen Impacts (vgl. Westra 2008: 20). Zur Umwandlung der Indikatoren kommen die kostenpreisbasierte oder die wertbasierte Methode in Betracht. Um eine größtmögliche Genauigkeit zu erhalten, werden alle Indikatoren erst nach der kostenpreisbasierten Methode geprüft, die auf bekannte Kostenpreise bzw. auf bestehendes Wissen über relevante Marktpreise greift. Erst wenn alle kostenpreisbasierten Quellen ausgeschöpft sind, sollten wertbasierte Methoden genutzt werden. Mit diesen Methoden werden sogenannte weiche Indikatoren, wie z. B. Zusammengehörigkeit oder gefühlte Verbesserungen, in Form von Annäherungswerten bewertbar gemacht. In einigen Fällen ist es auch sinnvoll, beide Methoden zu kombinieren, z. B. wird bei dem Abschluss eines Arbeitsvertrages das Gehalt kostenpreisbasierend einbezogen, die Erhöhung des Status des Arbeitnehmers innerhalb der Gesellschaft hingegen wertebasierend (vgl. Franssen/Scholten 2008: 60 ff.).

Die finanziellen Werte der Indikatoren werden mit der Häufigkeit der zugehörigen Impacts multipliziert. Danach wird geprüft, wieweit die jeweilige Maßnahme und deren Impacts der Tätigkeit des Unternehmens bzw. Projektes zuzurechnen sind; es ist also das Deadweight zu berücksichtigen. Beträgt das Deadweight einer Maßnahme z. B. 25 %, bedeutet dies, dass 75 % des Impacts der Maßnahme zuzuschreiben sind. Der monetarisierte Impact der Maßnahme ist dann lediglich mit dem Faktor 0,75 einzubeziehen.

In Schritt 7 wird überprüft, ob und für wie lange die identifizierten Kosten und der identifizierte Nutzen in die Zukunft projiziert werden können. Da eine SROI-Analyse immer eine Entwicklung der Impacts über einen bestimmten Zeitraum betrachtet, ist von Bedeutung, ob die erreichten und gefundenen Impacts einmalig vorliegen oder sich möglicherweise wiederholen. Wenn sich die Impacts wiederholen, wird der Impact mit der Anzahl der jährlichen Wiederholungen multipliziert.

Schlussendlich werden alle Ergebnisse monetarisiert und für die Attribution korrigiert in einer Tabelle zusammengefasst (Schritt 8). Die projizierten Daten werden diskontiert, d. h. alle wertmäßigen Inputs (Investitionen) und Erträge (wertmäßiger Impact) werden auf den definierten Ausgangszeitpunkt des Prognosezeitraums abgezinst. Darauf aufbauend kann der SROI berechnet werden.

Für die Berechnung des SROI-Koeffizienten werden die summierten abgezinsten monetarisierten Impacts durch die summierten abgezinsten Inputs aller Stakeholder dividiert. Alle durch die Aktivität der Organisation generierten Erträge, also auch eingesparte Sozialtransfers, erwirtschaftete Einkommen, geschaffene Arbeitsplätze, werden durch die Gesamtzahl der Investitionen dividiert, die die Organisation im Betrachtungszeitraum erbracht bzw. von seinen Zuwendungsgebern erhalten hat. Da eine solche Kalkulation häufig auf vielen Annahmen beruht, findet eine Sensibilitätsanalyse statt. Mit deren Hilfe lässt sich erkennen, wie sich der SROI bei Veränderungen der Annahmen verhält. Damit kann aufgezeigt werden, an welchen Stellen die Analyse auf kritischen Annahmen beruht.

*Beispiel 2:*

| | *2013* | *2014* | *2015* | *2016* |
|---|---|---|---|---|
| *Anzahl geschaffener Arbeitsplätze (für mindestens 1 Jahr)* | | *10* | *15* | *20* |
| *Erträge (Return)* | | *100.000* | *150.000* | *200.000* |
| *Erträge abgezinst* (*Abzinsungsfaktor: 3 %)* | | *97.090* | *141.390* | *183.020* |
| *Investition* | *-100.000* | *-100.000* | *-100.000* | *-100.000* |
| *Investition abgezinst:* (*Abzinsungsfaktor: 3 %)* | *-100.000* | *-97.090* | *94.260* | *91.510* |
| *Erträge (Barwert) gesamt* | | | | *421.500* |
| *Investitionen (Barwert) gesamt abgezinst* | | | | *382.860* |
| *SROI* | | | | *1,10* |

Tabelle 3. Beispiel zur Berechnung des SROI.[7]

[7] In Anlehnung an Reichelt 2009: 63.

In Tabelle 3 wird in einem vereinfachten Beispiel davon ausgegangen, dass die öffentliche Hand für Qualifizierungsmaßnahmen von Arbeitslosen Zuschüsse (= Input) von jährlich 100.000 € im Zeitraum 2013 bis 2016 an eine NPO leistet. Der Abzinsungsfaktor beträgt 3 %, sodass über die Laufzeit des geförderten Projektes ein Barwert von 382.860 € von der öffentlichen Hand investiert wird. Es wird angenommen, dass als Impact die Vermittlung von einigen der qualifizierten Arbeitssuchenden in sozialversicherungspflichtige Arbeitsplätze erfolgt. Es wird erwartet, dass die Arbeitsverhältnisse mindestens ein Jahr bestehen bleiben, in 2013 noch keine Vermittlung erfolgt und anschließend die in Tabelle 3 dargestellten Vermittlungen eintreten werden. Bei den Vermittlungen ist eine Quote für das Deadweight, also Arbeitssuchende, die auch ohne bezuschusste Maßnahme vermittelt worden wären, und eine Ausfallquote für abgebrochene Arbeitsverhältnisse bereits berücksichtigt. Aus den vermittelten Arbeitsverhältnissen ergeben sich aus der Monetarisierung der entsprechenden Indikatoren Erträge durch eingesparte Sozialtransfers (Arbeitslosengeld) und zusätzliche Steuereinnahmen (Einkommensteuer, Umsatzsteuer). Diese werden hier vereinfacht mit 10.000 € jährlich pro vermittelten Arbeitsverhältnis unterstellt. Der Barwert der Erträge für den Prognosezeitraum beträgt insgesamt 421.500 €. Daraus ergibt sich ein SROI von 1,10, d. h. für jede von der öffentlichen Hand investierten Euro fließt aus dem Qualifizierungsprojekt 1,10 € an sozialem Ertrag zurück.

Nach der Berechnung des SROI erfolgen anschließend die Erstellung eines Berichts und die Präsentation der errechneten Daten (Schritt 9).

Im Rahmen einer Beobachtung und Evaluation (Schritt 10) ist festzulegen, wie die Messung von Indikatoren in der Organisation zukünftig weitergeführt und ausgewertet werden soll. Die Ergebnisse der SROI-Analyse sind mit den Stakeholdern rückzukoppeln. Des Weiteren sind Ansätze für die Verbesserung von Effizienz und Effektivität, insbesondere auch im Rahmen des Output und Outcome, zu verfolgen.

## 5. Ausblick und weiterer Entwicklungsbedarf

Der SROI ist als ein neuer, breiterer Ansatz zu verstehen, der nicht nur für Nonprofit-Organisationen interessant ist, sondern auch für private Unternehmen, die sich im Bereich Corporate Social Responsibility engagieren und neue Wege beschreiten, um ihre Leistungen sowie die durch sie verursachten positiven wie auch negativen Auswirkungen zu bewerten und zu kommunizieren. Des Weiteren ergeben sich Impulse für die Wirkungsanalyse von Dienstleistungen bei anderen nicht marktorientierten Leistungen, insbesondere in der öffentlichen Verwaltung, wie z. B. Leistungen der Wirtschaftsförderung.

Die SROI-Methode hat seit ihrer Einführung bereits eine gewisse Weiterentwicklung erfahren. Ein aktueller Ansatz besteht darin, den SROI in mehrere Dimensionen aufzuspalten, da soziale Dienstleistungen bei den verschiedenen Abnehmern, wie dem Leistungsempfänger und der öffentlichen Hand, unterschiedliche Wirkungen auslösen. Bereits der ursprüngliche Ansatz des REDF sah mit dem ökonomischen, dem sozioökonomischen und dem sozialen Mehrwert eine Trennung in drei Mehrwertkategorien vor. Kehl, Then und Münscher erweitern die Wertkategorien des REDF zu vier grundlegenden gesellschaftlichen Wirkungszusammenhängen, die auf organisationaler oder gesellschaftlicher Ebene unterschiedlich operationalisiert werden können (vgl. Kehl/Then/Münscher 2012: 322 ff.) Schellberg unterteilt den SROI in insgesamt fünf transfer- bzw. wirkungsanalytische Dimensionen (vgl. Schellberg 2010: 20).

In Deutschland bestehen vereinzelt einige Beispiele der Anwendung der SROI-Analyse.[8] Es bestehen aber im konzeptionellen Ansatz und der praktischen Umsetzung weiterhin Probleme und Entwicklungsbedarf. Dies ist vor allem die Problematik, wie bestimmte Effekte quantifizierbar gemacht und in Geldeinheiten umgerechnet werden können, denn gerade NPO tragen aufgrund ihres Ansatzes dazu bei, dass sich viele subjektive Faktoren bei den Zielgruppen ändern, idealerweise verbessern, beispielsweise Lebensqualität, Wissenszuwachs und veränderte Gewohnheiten etc. Die durch die Organisation unter Umständen miterschaffenen Werte lassen sich nur bedingt monetarisieren. Ein weiteres ungelöstes Problem ist die Frage nach dem Anteil, den eine Organisation an den bewirkten Veränderungen hat, also dem Verhältnis von Impact und Deadweight, die zusammen den Outcome ergeben. Neben der Zurechenbarkeit der Ergebnisse sehen Kehl, Then und Münscher auch eine fehlende Bewertung der Langfristwirkung, d. h. der Nachhaltigkeit der sozialen Dienstleistung, als gegenwärtige Kritik am SROI (vgl. Kehl/Then/Münscher 2012: 316). Sie schlagen vor, die Ertrags-Kostensituation einer durchschnittlichen Periode zu betrachten, anstatt den SROI über einen festgesetzten Prognosezeitraum zu ermitteln (vgl. Kehl/Then/Münscher 2012: 317). Es fehlt nach wie vor jedwede Vergleichbarkeit der SROI-Ergebnisse, da die Zahl der vorliegenden SROI-Analysen für

[8] Vgl. INTERREG-IIIA-Projekt SROI-Controlling 2012; Reichelt 2009; Netzwerk Soziales Neu Gestalten 2009; Schellberg/Walter 2010a und 2010b; Wagner/Tränkle 2011

einen Branchenvergleich nicht ausreicht. Eine grundlegende Bewertung der erreichten Ergebnisse ist somit gegenwärtig nur schwer durchführbar.

Die SROI-Analyse ist immer noch komplex und ressourcenintensiv bzw. die beobachtbaren Weiterentwicklungen führen i. d. R. zu einer Erhöhung der Komplexität und des Einsatzes von Ressourcen in den betroffenen Organisationen. Diese Tendenzen widersprechen den von Scholten und Franssen aufgestellten Anforderungen an eine SROI-Anwendung. Danach muss eine SROI-Analyse transparent und verständlich und auch durch kleine NPO mit geringen personellen Kapazitäten durchführbar sein (vgl. Franssen/Scholten 2008: 151). Durchführbarkeit ist neben Nützlichkeit, Fairness und Genauigkeit nach den Standards der Deutschen Gesellschaft für Evaluation e. V. (Deutsche Gesellschaft für Evaluation e. V. 2011) eine wesentliche Eigenschaft von Evaluationsverfahren, zu denen die SROI-Methode als Messinstrument zu zählen ist. Wegen der unterschiedlichen Wirkungen der verschiedenen sozialen Dienstleistungen setzt die Ermittlung des SROI i. d. R. eine projektspezifische Ausdifferenzierung des Konzeptes voraus, die aber dazu führt, dass den Ergebnissen eine gewisse subjektive Beeinflussbarkeit unterstellt werden kann (Bonato/Osterbauer/Jarre/Ostermann 2012: 16). Aus diesen Gründen ist es erstrebens- und empfehlenswert, dass bisherige wie nachfolgende SROI-Entwicklungen, Erfahrungen und methodische Monetarisierungserkenntnisse zu einer Art „Methodenkonvention" zusammengeführt werden, in der einheitliche und verbindliche Maßstäbe für die fachliche Bewertungsarbeit sozialer Tätigkeiten und Maßnahmen festgelegt werden (Bonato/Osterbauer/Jarre/Ostermann 2012: 20).

Der SROI wird vorwiegend zur Darstellung sozialer Werte gegenüber externen Dritten eingesetzt (vgl. Mildenberger/Münscher 2009: 5 f.). Im Managementbereich ermöglicht diese Methode ein kontinuierliches Monitoring der Entwicklung finanzieller und sozialer Ergebnisse. Bisher wird die konkrete Integration der SROI-Analyse in das Management sozialer Organisationen insbesondere zur strategischen Ausrichtung kaum thematisiert. Es wird lediglich unterstellt, dass der SROI zu einer Verbesserung des strategischen Managements führen wird. Eine detaillierte Untersuchung, ob die SROI-Methode geeignet ist, die praktischen Entscheidungsprozesse von Managern und Investoren in der Wertschöpfungskette transparent zu machen und als stets einsetzbares Steuerungsinstrument zu dienen, ist deshalb anzustreben. Der ROI ist in der Messung des Erfolges erwerbswirtschaftlicher Unternehmen aus der Sicht der Jahresabschlussanalyse eine eher nachrangige Kennzahl. Er besitzt eine gewisse Prominenz, da er die Spitzenkennzahl von gewissen Kennzahlensystemen bildet, die es ermöglichen, die Ursachen für Veränderungen des ROI im Zeitablauf genauer zu ermitteln (vgl. Bitz/Schneeloch/Wittstock 2011: 643 ff.). Im Rahmen der Weiterentwicklung des SROI erscheint es überlegenswert, die Konzeption eines Kennzahlensystems mit dem SROI als Spitzenkennzahl anzugehen.

Wegen der propagierten ökonomischen Rationalität und der nicht leichten Durchschaubarkeit von Begrifflichkeit und Methodik wird der SROI bei Mitarbeitern in Nonprofit-Organisationen, aber auch bei politischen Entscheidern, nicht unkritisch betrachtet und ist durchaus umstritten.[9] Bei der Anwendung des SROI handelt es sich deshalb nicht nur um ein technisches Umdenken in der Organisation, sondern auch um eine Änderung der Organisationskultur. Es bleibt wichtig, sich dessen bewusst zu sein, dass nicht der „Wert des Lebens", der „Wert eines behinderten Menschen" oder der „Wert der Natur" monetarisiert wird, sondern nur die Investition in eine Veränderung finanziell ausgedrückt wird, um beurteilen zu können, ob die Investition einen Mehrwert beinhaltet bzw. wie groß dieser Mehrwert ist. Insbesondere in sozialwirtschaftlichen Organisationen wird die Monetarisierung wegen der besonderen Mission auf eine gewisse ethische Bedenken stoßen. Gerade hier ist das Management gefordert, die Balance zwischen Ökonomisierung und Mission aufrechtzuerhalten. Ebenso wird die Einschätzung der Methode aus Sicht des finanzierenden Trägers, insbesondere der politischen Entscheidungsebene, wenig beachtet. Es wird davon ausgegangen, dass die politische Rationalität eine Monetarisierung zur Abbildung gesellschaftlicher Werte akzeptiert.[10] Ohne eine Berücksichtigung politischer Rationalitäten wird aber eine Verbreitung der SROI-Methode kaum möglich sein. Der SROI führt zweifellos zu mehr Transparenz, die von Interessengruppen, politischen Gruppierungen, aber auch von NPO nicht immer gewollt ist.

[9] Eine umfassende Übersicht der Argumente für und gegen den SROI findet sich in Bonato/Osterbauer/Jarre/Ostermann 2012: 14 ff.

[10] Zu den Verhaltensweisen der Kommunalpolitik in der Steuerung von Kommunalverwaltungen siehe Lasar/Buchholz/Hellenbrandt 2011: 242 f.; speziell für das Politikfeld „Sozial- und Jugendpolitik" siehe Bogumil/Holtkamp 2006: 158.

# Literatur

Aeron-Thomas, D.; Nicholls, J.; Forster, S.; Westall, A. (2004). *Social Return on Investment. Valuing What Matters*. London: new economics foundation.

Bitz, M.; Schneeloch, D.; Wittstock, W. (2011). *Der Jahresabschluss*. 5. Auflage. München: Vahlen.

Bogumil, J.; Holtkamp, L. (2006). *Kommunalpolitik und Kommunalverwaltung. Eine policyorientierte Einführung*. Wiesbaden: VS Verlag für Sozialwissenschaften.

Bonato, M.; Osterbauer, P.; Jarre, J.; Ostermann, R. (2012). INTERREG-Projekt "SROI-Controlling im Feld Integration und Arbeitsmarktqualifikation": Die wissenschaftliche Begleitung durch das IPE an der Fachhochschule Münster – Wahrnehmungen, Schlussfolgerungen und mögliche Konsequenzen. [http://www.stadterneuerung-belm.de/images/M_images/9%20 Abschlussbericht%20der%20begleitenden%20Wissenschaft%20 des%20IPE%20an%20der%20 Fachhochschule%20Muenster.pdf] (15.07.2012)

Bono, M. (2010). Zielgerichtet und wirkungsorientiert. In: *Sozialwirtschaft*, 2/2010, S. 17-19.

Chun, S.; Emerson, J.; Wachowicz, J. (2001). *Social Return on Investment Methodology. Analyzing the Value of Social Purpose Enterprise within a Social Return on Investment Framework*. San Francisco: The Roberts Enterprise Development Fund.

Clark, C.; Long, D.; Rosenzweig, W.; Olsen, S. (2004). *Double Line Project Report. Assessing Social Impact in Double Bottom Line Ventures Methods Catalog*. Working Paper 13. Berkeley: Center for Responsible Business, University of California.

Deutsche Gesellschaft für Evaluation e. V. (2011). Standards. Stand: 17.07.2011. [http://www.degeval.de/degeval-standards/standards] (15.07.2012)

Deutscher Städtetag/Arbeitsgemeinschaft für Jugendhilfe (1999). Hinweise und Empfehlungen zur Steuerung der Jugendhilfe. Gemeinsame Stellungnahme des Deutschen Städtetages und der Arbeitsgemeinschaft für Jugendhilfe. [http://www.agj.de/fileadmin/files/positionen/1999/Steuerung%20dt%20Staedtetag%20und%20AGJ%201999.pdf] (15.07.2012)

Franssen, B.; Scholten, P. (2008). *Handbuch für Unternehmertum.* Assen: Van Gorcum.

Greiling, D. (2009). *Performance Measurement in Nonprofit-Organisationen.* Wiesbaden: Gabler.

Halfar, B. (1999). Geld und das System Sozialer Arbeit. In: Halfar, B. (Hg.): *Finanzierung sozialer Dienste und Einrichtungen.* Baden-Baden: Nomos, S. 21-42.

Halfar, B. (2009). Wirkungsorientiertes Controlling. In: *Sozialwirtschaft*, 5/2009, S. 6-8.

Halfar, B. (2009). Social Return on Investment eines sozialen Unternehmens. In: Horváth, P. (Hg.): *Erfolgreiche Steuerungs- und Reportingsysteme in verbundenen Unternehmen.* Stuttgart: Schäffer-Poeschel.

INTERREG-IIIA-Projekts SROI-Controlling (2012). [http://www.muenster.de/stadt/zuwanderung/interreg_sroi.html] (15.07.2012)

Kehl, K.; Then, V. (2010). Soziale Investitionen und sozialer Ertrag. In: *Sozialwirtschaft*, 2/2010, S. 14-16.

Kehl, K.; Then, V.; Münscher, R. (2012). Social Return on Investment. Auf dem Weg zu einem integrativen Ansatz der Wirkungsforschung. In: Anheier, H. K.; Schröer, A.; Then, V. (Hg.): *Soziale Investitionen.* Wiesbaden: VS Verlag für Sozialwissenschaften, S. 313-331.

Köhnke, J.; Nover, S. (2008). Social Return on Investment (SROI). Messmethodik, um gesellschaftliche Renditen öffentlicher Investitionen darzustellen. [http://www.muenster.de/stadt/zuwanderung/pdf/sroi-methodik_de.pdf] (26.03.2012)

Lasar, A.; Buchholz, G.; Hellenbrand, A. (2011). Integrierte Konzernsteuerung in der Kommunalverwaltung. In: *Der moderne Staat (dms)*, 1/2011, S. 225-247.

Lingane, A.; Olsen, S. (2004). Guidelines for Social Return on Investment. In: *California Management Review*, 46 (3), S. 128.

Lorenz, G.; Schwarz, G. (2005). Verbesserung der Qualität und Nachweis der Wirkung. Dokumentation der Arbeitsergebnisse von Arbeitsgruppe „Quality" im transnationalen EQUAL-Projekt LeMat. In: *Lokale Ökonomie*, 37d. Berlin: Technische Universität.

Mackenzie, S.; Nicholls, J.; Somers, A. (2007). *Measuring Real Value. A DIY Guide to Social Return on Investment.* London: new economics foundation.

Meyer, M. (2007). Wieviel Wettbewerb vertragen NPO? Befunde zum Nutzen und Schaden von Wettbewerb im Dritten Sektor. In: Helmig, B.; Purtschert, R.; Schauer, R.; Witt, D. (Hg.): *Non-Profit-Organisationen und Märkte.* Wiesbaden: Deutscher Universitäts-Verlag, S. 59-77.

Mildenberger, G.; Münscher, R. (2009). „Social Return on Investment" – Ein vielversprechender Ansatz zur Wirkungsmessung im Dritten Sektor. In: *BBE-Newsletter*, 15/2009. [http://www.b-b-e.de/fileadmin/inhalte/aktuelles/2009/07/nl15_mildenberger_muenscher.pdf] (15.07.2012)

Netzwerk Soziales Neu gestalten (2009). *Zukunft Quartier – Lebensräume zum Älterwerden. Band 3. Soziale Wirkungen und „Social Return". Eine sozioökonomische Mehrwertanalyse gemeinschaftlicher Wohnprojekte.* Gütersloh: Verlag Bertelsmann Stiftung.

Reichelt, D. (2009). *SROI - Social Return on Investment.* Hamburg: Diplomica Verlag.

Schellberg, K. (2010). Sozialen Nutzen belegen. In: *Sozialwirtschaft*, 6/2010, S. 19-22.

Schellberg, K. (2011). *Betriebswirtschaftslehre für Sozialunternehmen.* 5. Auflage. Augsburg: Ziel Verlag.

Schellberg, K.; Walter, J. (2010a). Wertschöpfung, Soziales rechnet sich. In: *Sozialwirtschaft aktuell*, 3/2010, S. 1-4.

Schellberg, K.; Walter, J. (2010b). Mehrwert oder Kostenfaktor. In: *Werkstatt:Dialog*, 6/2010, S. 44-46.

Scholten, P. (2010). Social Return on Investment (SROI). In: Hartwig, J. (Hg.): *Strategische Steuerung kommunaler Sozialpolitik.* Berlin: Eigenverlag des deutschen Vereins für öffentliche und private Fürsorge e.V., S. 49-62.

Scholten, P.; Nicholls, J.; Olsen, S.; Galimidi, B. (2006). *Social return on investment. A guide to SROI analysis.* Utrecht: Lenthe Publishers.

Spier, S. (2010). Wirkungsorientierte Steuerung braucht Planung und Beteiligung. In: *Sozialwirtschaft*, 2/2010, S. 23-26.

Wagner, B.; Tränkle, H. (2011). Soziale Dienstleistung kann Kosten vermeiden. In: *Neue Caritas*, 1/2011, S. 25-26.

Wendt, W. (2010). Wohlfahrt als Wert. In: *Sozialwirtschaft*, 2/2010, S. 7-9.

Westra, L. (2008). Der Wert der SROI-Messmethodik. [http://www.almelo.nl/Bestanden/actueel/projecten/brochure%20SROI%20deutsch.pdf] (15.07.2012)

# Evaluation und Herausforderungen in der Praxis

Gesa Birnkraut

*Zusammenfassung*

Der Artikel versucht die hauptsächlichen Herausforderungen und Widerstände aufzuzeigen, die in der Praxis bei der Planung und Implementierung von Evaluationen im NPO-Sektor auftreten. Mangel an Zeit, an Finanzen und der Zweifel an der Messbarkeit der eigenen Produkte und Dienstleistungen sind dabei die meist genannten. Der Beitrag versucht zum einen zu erklären woher diese Zweifel rühren, und zum anderen sie dann anhand von Beispielen und Instrumenten aufzulösen. Es geht im Grundsatz um ein Plädoyer für Evaluationen, die aber immer wieder individuell geprüft und aufgesetzt werden müssen. Und die nur dann Sinn ergeben, wenn die Beteiligten von dem Zweck der Evaluation überzeugt sind.

# Evaluation and Challenges in Application

*Abstract*

This article seeks to establish the principle challenges and obstacles to planning and applying evaluation processes in the NPO sector. Deficient time and finances, as well as doubts regarding measurability of one's own products and services, are most often named. Firstly, it will be attempted to explain where these doubts come from, and consecutively, to disperse them with the help of examples and tools. In principle, a case for evaluation is presented, but evaluation procedures must always be individually catered and tested. And, evaluation makes sense only if the stakeholders are convinced of its intended purpose.

## 1. Einleitung

Evaluation ist in der Forschung seit Jahren ein stetiges und anerkanntes Thema (siehe auch Beitrag von Hennefeld in diesem Jahrbuch), und auch in der Praxis wird es immer wichtiger, insbesondere im Nonprofit-Bereich. Allerdings gibt es immer wieder Herausforderungen und Argumente, warum Evaluationen in den verschiedenen Bereichen des Nonprofit-Sektors nicht oder nur ungern eingesetzt werden. In diesem kurzen Beitrag sollen einige der klassischen Argumente aufgeführt und der Versuch der Auflösung dieser Argumente gewagt werden. Dazu müssen zunächst die verschiedenen Bereiche des Nonprofit-Sektors und deren unterschiedliche Auffassungen zu Evaluationen aufgefächert werden. Weiterhin werden den verschiedenen Herausforderungen mögliche Lösungen an die Seite gestellt werden. Trotz all dieser Praxisnähe darf nicht vergessen werden, dass jeder Fall – jede Institution – jedes Projekt wieder individuell betrachtet werden muss. Evaluationsinstrumente sind in jedem Sektor, in jeder Branche immer wieder individuell anzusetzen, damit sie den größtmöglichen Erfolg verzeichnen können.

## 2. Der Nonprofit-Sektor und seine Abgrenzung nach innen und außen

Der Nonprofit-Sektor hat nicht nur eine Abgrenzung zum Forprofit-Bereich, sondern auch innerhalb des Nonprofit-Bereiches gibt es vielfältige Unterteilungen. Der Forprofit- und der Nonprofit-Bereich unterscheiden sich im Großen und Ganzen durch

- die Gewinnorientierung und die mögliche Ausschüttung von Profiten an die Gesellschafter/Shareholder – dieses ist im Nonprofit-Bereich nicht möglich, da eventuelle Überschüsse in den Satzungszweck reinvestiert werden müssen.

- Verschiedene Unternehmensziele – diese Annahme geht davon aus, dass profitorientierte und nicht profitorientierte Unternehmungen grundsätzlich verschiedene Unternehmensziele verfolgen. In der Praxis wird man allerdings – besonders bei Klein- und Mittelständlern – eine große Parallelität finden. Die ökonomischen Ziele werden in der Regel in gutem Maße mit den sozialen und ökologischen Zielen vereinbart (Anheier 2007: 17 ff., Badelt 2007: 7 ff., Schwarz 2005: 19 ff.).

In Bezug auf Messbarkeit und Evaluation, Controlling und Qualitätsmanagement sind viele Bereiche des Forprofit-Bereiches wesentlich gewillter, diese Instrumente zu nutzen und sie weiterzuentwickeln. Der Forprofit-Bereich ist zu großen Teilen komplett unabhängig von staatlichen Hilfen/Subventionen/Förderungen – das bedeutet aber eben auch, dass die Kosten-Nutzen-Rechnungen durchgeführt und analysiert werden müssen, dass Verluste wissentlich eingegangen werden müssen und Entscheidungen auch immer anhand von potentiellen Auswirkungen getroffen werden müssen.

Der Nonprofit-Bereich in sich ist freilich ebenso wenig als homogener Markt zu betrachten wie der Forprofit-Bereich, denn hinter dem generischen Ausdruck verbergen sich ganz unterschiedliche Bereiche, die auch in Bezug auf das Thema Evaluation völlig anders ausgerichtet sind. So sind der Kinder- und Jugendarbeitsbereich Evaluationen und Qualitätsmanagementsysteme sehr viel mehr gewohnt als zum Beispiel der Kulturbereich. Gerade im öffentlich geförderten Bereich werden kennzahlengesteuerte Systeme genutzt, um die Relationen zwischen Input und Output, aber auch dem Outcome (Definitionen dazu siehe Beitrag von Buchholz/Lasar in diesem Jahrbuch) zu messen. Der Bildungsbereich ist oftmals besonders an der Zufriedenheit der Teilnehmer mit dem Bildungsprodukt interessiert, wohingegen der Impact, also die langfristige Auswirkung, selten nachvollzogen werden kann.

Man kann also zusammenfassend nicht von *dem* Nonprofit-Bereich und seiner Einstellung zum Thema Evaluation sprechen. Gewisse Argumente wiederholen sich im Allgemeinen über alle Bereiche hinweg. Diese Argumente sollen betrachtet werden.

## 3. Klassische Herausforderungen

Als klassische Herausforderungen können Mangel an Zeit und an Finanzen gesehen werden, genauso wie der Zweifel, dass die eigenen Prozesse überhaupt messbar sind, geschweige denn inwiefern eine Evaluation auch wirklich hilfreich sein kann. Oftmals sind diese Herausforderungen eher als Zeichen zu verstehen, dass die Organisationen sich vor Evaluationen fürchten, weil sie Schwächen oder Lücken aufdecken könnten, die ansonsten unbemerkt oder unangesprochen blieben. Wie kann man also als Führungskraft oder auch als Evaluator mit solchen Herausforderungen umgehen, ohne dass die Motivation der Mitarbeiter leidet?

Folgende Grundsätze sollten bei einer Evaluation immer befolgt werden:

- Klare Zielsetzung der Evaluation
- Transparente Kommunikation
- Deutliches Mitnehmen aller einbezogenen Mitarbeiter
- Bereitschaft der Leitungsebene, Veränderungen aus den Evaluationen umzusetzen
- Langfristigkeit der Evaluation – die Evaluation nicht als einmaliges Instrument zu sehen, sondern als sich wiederholendes Instrument, um sich zu verändern und verbessern.

Deutlich gesagt werden soll an dieser Stelle auch, dass eine Evaluation nur dann einen Wert hat, wenn die Mitarbeiter und die Leitung bereit sind, die Ergebnisse zu interpretieren und entsprechende Änderungen durchzuführen. Dazu bedarf es schon einer Ehrlichkeit bei der Beantwortung von Fragen, die immer zu einer Evaluation gehören – Fragen nach dem Warum und Wofür, Fragen nach Schwierigkeiten, Schwächen, Stärken und Chancen. Wenn diese Fragen nicht ehrlich beantwortet werden, kann jedes Ergebnis geschönt und verändert werden. Hier ist oftmals auch ein Vorteil durch einen Fremdevaluator gegeben, der diese Antworten noch einmal ganz anders infrage stellen kann.

## 3.1 Mangel an Finanzressourcen

Finanzen sind im Nonprofit-Sektor klassischerweise eine begrenzte und knappe Ressource. Dies liegt zum einen in der Natur einer Nonprofit-Orientierung, die im Grundsatz immer erst eine Kostendeckung anstrebt und erst in zweiter Linie Überschüsse, die weitere Investitionen zulassen. Zum zweiten sind ideale Ziele meist vor finanziellen Zielen. Zum dritten sind viele Institutionen im Nonprofit-Sektor von ihren Angeboten her nicht kostendeckend, sondern von staatlichen Subventionen abhängig, die flexible Investitionen meist nicht zulassen.

Ein Vorurteil Evaluationen gegenüber ist, dass sie finanzintensiv sind. Nimmt man dieses Vorurteil zusammen mit der knappen Ressource Finanzen, dann wird deutlich, warum der Mangel an Finanzressourcen oft als Grund angegeben wird, keine Evaluation durchzuführen. Evaluationen müssen jedoch nicht finanzintensiv sein. Es kommt dabei auf die Größe des zu untersuchenden Gegenstandes an sowie auf die Prozesse, die evaluiert werden sollen. Grundsätzlich muss dabei unterschieden werden zwischen Eigen- und Fremdevaluation. Beide

Formen der Evaluation kosten Geld: Der Fremdevaluator beansprucht Finanzressourcen durch die entstehenden Rechnungen, der Eigenevaluator durch die Zeit, die er einsetzt. Je enger und spezifischer nun der Evaluationgegenstand eingegrenzt werden kann, desto spezifischer kann auch der Finanzaufwand kalkuliert und minimiert werden. Für klar eingegrenzte Bereiche gibt es ausreichend kreative Instrumente, die zumindest den Output und den Outcome ohne großen Einsatz von Finanzmitteln zu messen ermöglichen (siehe Punkt 3.3).

Entscheidend ist, dass das gesetzte Ziel der Evaluation klar ist, ansonsten ist jedes eingesetzte Budget zu viel. Nur wenn die Evaluation auch zu Analysen und gegebenenfalls zu Empfehlungen und Veränderungen führt, sind die Ausgaben gerechtfertigt.

## 3.2 Mangel an Zeitressourcen

Auch der Mangel an Zeitressourcen ist oftmals ein Argument gegen Evaluationen innerhalb einer Institution. Einhergehend mit der Knappheit der Finanzressource entstehen oft auch Lücken zwischen der verfügbaren Arbeitszeit des Personals und den Aufgaben, die notwendigerweise erledigt werden müssen. Das bedeutet, dass jede Aktivität, die zusätzlich zu den alltäglich anfallenden Arbeiten entsteht, zu Zeitnot führt.

Grundsätzlich ist ebenso festzuhalten, dass Evaluationen – egal ob durch einen Fremdevaluator oder einen Eigenevaluator durchgeführt – Zeit kosten. Fraglich ist jedoch, wie viel Zeit sie in Anspruch nehmen müssen, um zu einem verwendbaren und zielorientierten Ergebnis zu führen. Hier liegen oftmals Fehleinschätzungen vor und Nichtwissen um alternative Instrumente führt zum Einsatz der eher zeitintensiven Formen der Evaluation (wie z. B. Fragebögen oder Interviews). Letztlich ist es eine Frage der Prioritätensetzung innerhalb der Institution. Wenn die Evaluation und die daraus entstehenden Lernprozesse, gegebenenfalls sogar Veränderungsprozesse eine hohe interne Bedeutung und damit eine hohe Priorität in den zu erledigenden Aufgaben haben, dann wird die Zeit für diese Evaluation immer gefunden werden. Selbstverständlich werden dann andere Aufgaben, deren Priorität dadurch niedriger wird, eventuell zeitlich verzögert behandelt oder nicht geschafft. Diese Entscheidung ist von der Leitung der Institution abzuwägen und zu treffen.

Auch hier ist entscheidend, dass die Evaluation und die daraus folgenden Prozesse und Veränderungen ernst genommen werden, sonst ist jede eingesetzte Zeiteinheit eine Zeiteinheit zu viel.

## 3.3 Zweifel an Messbarkeit

Ein dritter Grund, warum oftmals eine Evaluation abgelehnt oder aber verweigert[1] wird, sind die Zweifel, ob Produkte und Dienstleistungen im Nonprofit-Sektor überhaupt gemessen werden können. Denn während Output und Outcome oftmals noch relativ einfach durch quantitative Kennzahlen ausgedrückt werden können, sagen diese Zahlen doch nicht immer auch etwas über die Qualität der Produkte/Dienstleistungen aus, oder auch über den erfolgten Impact. Hierzu sind qualitative Kennzahlen notwendig, die wiederum schwieriger zu generieren und zu messen sind. Dass die Qualität einer Institution mit einer einzigen Zahl, wie z. B. dem SROI (Social Return on Investment – siehe auch Beitrag von Buchholz/Lasar) zu belegen sei, ruft immer wieder Stürme der Entrüstung hervor, und dies sicher zu großen Teilen zu Recht. Denn oft wird vergessen, dass eine solche Zahl *nur* zusammen mit dem erklärenden Bericht zu verstehen ist. Zu oft wird darüber hinaus vergessen, dass neben den quantitativen Kennzahlen, die fast ausschließlich numerisch belegt sind, qualitativen Kennzahlen eine immer größer werdende Bedeutung zukommt. Wie aber sollen qualitative Kennzahlen wie Relevanz oder Effektivität gemessen werden? Hierzu bedarf es der sensiblen Setzung von Indikatoren, die oftmals wiederum nur durch zeitintensive Verfahren gewonnen werden können[2].

Das Setzen von Kennzahlen und Indikatoren ist die eigentliche Kunst von Evaluationen; am besten sieht man das an einem Beispiel.

---

[1] Mit Verweigerung ist gemeint, dass die Evaluation zwar durchgeführt wird, aber die Mitarbeiter eine solche Verweigerungshaltung an den Tag legen (z. B. keinen vollständigen Einblick in ihre Arbeit gewähren), dass die Ergebnisse unbrauchbar werden.

[2] Zeitintensiv in Bezug auf die Beantwortung der notwendigen Fragen zu den täglichen Prozessen.

Das Bundesministerium für Zusammenarbeit (BMZ) hat bereits 2006 – damals zusammen mit der Kreditanstalt für Wiederaufbau (KfW), InWent, GTZ und DED – in einer Arbeitsgruppe „Evaluierung aus einem Guss“ Kriterien aufgestellt, anhand derer bilaterale Entwicklungszusammenarbeit gemessen werden soll (BMZ 2006). Diese Kriterien sind Relevanz, Effektivität, Effizienz, Entwicklungspolitische Wirkungen, Nachhaltigkeit. Als zusätzliche Kriterien hat das BMZ Kohärenz, Komplementarität und Koordination aufgesetzt. Diese Kriterien werden definiert durch die Definitionen, die der Fachausschuss für Entwicklungszusammenarbeit (DAC = Development Assistance Committee) der OECD (Organisation für wirtschaftliche Zusammenarbeit und Entwicklung) entwickelt hat. Sie werden geprüft durch Prüffragen, die beantwortet werden müssen.

Wir betrachten als Beispiel das Kriterium Effektivität und Effizienz:

**Effektivität** – Erreichen wir die Ziele der Entwicklungsmaßnahme?
(tendenziell Projekt-/Programmziel, Outcome)

Definition: Das Kriterium bezieht sich auf das Ausmaß, in dem die Maßnahmen dazu beitragen, dass die (direkten) Ziele der Entwicklungsmaßnahme erreicht werden (Soll-Ist-Vergleich).

Prüffragen deutsche Entwicklungszusammenarbeit:

- Inwieweit waren die ursprünglich definierten Ziele der Entwicklungsmaßnahme realistisch und inwieweit entsprechen sie noch heutigen Anforderungen und Wissensstand?
- Inwieweit wurden die (direkten) Ziele der Entwicklungsmaßnahme gemäß des (ggf. angepassten) Zielsystems erreicht?
- Welchen (konkreten) Beitrag leisten die Maßnahmen der deutschen EZ zur Erreichung der Ziele der Entwicklungsmaßnahme?
- Welche Faktoren waren ausschlaggebend für die bisherige Erreichung bzw. Verfehlung der Projektziele? (Nennung von Stärken und Schwächen, z.B. des M&E-Systems)
- Wie ist die Qualität der entwicklungspolitischen und fachlichen Planung und Steuerung zu bewerten? (z.B. BMZ, Durchführungsorganisationen, Träger)
- Welche sonstigen Effekte – auch negative – sind auf der Ebene der Leistungen und (Projekt-/Programm-) Ziele feststellbar?

Zusammenfassende Beurteilung: Ist der Grad der infolge der Entwicklungsmaßnahme erreichten Ziele – auch gemäß heutigen Anforderungen und Wissensstand - ausreichend?

**Effizienz** – Werden die Ziele durch die Entwicklungsmaßnahme wirtschaftlich erreicht?

Definition: Das Kriterium misst die Angemessenheit der für eine Entwicklungsmaßnahme eingesetzten Ressourcen im Hinblick auf die damit erzielten Resultate (Input : Leistungen = Produktionseffizienz, Input : Wirkungen = Allokationseffizienz).

Prüffragen deutsche Entwicklungszusammenarbeit:

- Wie hoch waren die Kosten (z. B. nach Instrumenten, Sektoren, Maßnahmen)? Inwiefern standen Kosten und Nutzen der Entwicklungsmaßnahme aus betriebs- und volkswirtschaftlicher Sicht in einem vernünftigen Verhältnis zueinander?
    - Hätte es bezüglich des Einsatzes von Instrumenten und der Konzeption der Entwicklungsmaßnahme günstigere Lösungsalternativen zur dauerhaften Erreichung der Ziele gegeben?
    - Werden die Leistungen, geschaffenen Kapazitäten und Potenziale angemessen genutzt?
- Wurden die Leistungen rechtzeitig erstellt und Wirkungen in einem angemessenen Zeitraum erzielt?

Zusammenfassende Beurteilung: Inwiefern war der Aufwand, gemessen an den erzielten Wirkungen, insgesamt gerechtfertigt?

Das aufgestellte Kriterium der Effizienz wird durch quantitative Kennzahlen[3] belegt: Höhe der Kosten, Relation Kosten und Nutzen zueinander. Allein durch die Effizienz in Bezug auf Kosten und Nutzen ist aber ein Projekt nicht zu bewerten. Erst in der Mischung mit den qualitativen Fragen, die das Kriterium Effektivität abfragt (zum Beispiel Effekte, Beitrag, Qualität) wird eine Gesamt-

[3] Eine Kennzahl bezeichnet entweder die Relation von zwei Dingen zueinander (z.B. Besucherzahlen in Relation zu vorhandenen Plätzen = Auslastung eines Theaters) oder aber eine einzelne Aussage (Zufriedenheit der Besucher bei einer Veranstaltung) (Birnkraut 2010: 70).

schau und somit eine Bewertung ermöglicht. Das Beispiel zeigt aber auch, wie schwer es sein kann qualitative Kriterien zu bewerten. So hängt die Antwort auf die Frage „Ist der Grad der erreichten Ziele ausreichend?“ vollkommen von der Definition des Wortes ausreichend ab. Gibt es hierzu keine klare Definition, wird das gesamte Evaluationsergebnis verwässert und ungenau.

Zusammenfassend ist festzuhalten, dass die Messbarkeit in der Tat von Fall zu Fall zu diskutieren ist in Bezug auf die Relevanz und die Güte der Ergebnisse. Grundsätzlich können aber Zweifel an der Messbarkeit nicht der ausschlaggebende Grund einer Verweigerung sein, da eine gute Mischung aus quantitativen und qualitativen Kriterien zu einem validen und brauchbaren Bewertungsergebnis auch in Bezug auf Qualität führen kann.

## 3.4 Ergebnisverwertung

Wenn das Evaluationsergebnis vorliegt, ist die Arbeit in den Augen vieler Beteiligter getan und die Evaluation abgeschlossen. Wenn eine Evaluation und die daraus folgenden Implikationen ernst genommen werden, dann beginnt nun aber erst die Arbeit. Denn der Evaluationsbericht gibt an, welche Stellen und Prozesse schon sehr gut laufen und wo noch Verbesserung- oder Veränderungsbedarf besteht. Das bedeutet, dass der Bericht nur dann optimal genutzt wird, wenn nun Ziele und Maßnahmen gesetzt werden, wie die Bereiche verbessert werden können, die noch Lücken aufweisen. Dann sollte kontinuierlich weiter evaluiert werden, um festzustellen, inwieweit die Veränderungen implementiert wurden und Verbesserungen erzielt werden konnten. Ein einmaliger Evaluationsbericht schafft noch keine Veränderungen. Das Instrument der Evaluation von Institutionen ist als Lerninstrument für die Organisation nur dann hilfreich, wenn es als fester Bestandteil der Prozessabläufe in der Institution implementiert wird. Hierin liegt ein oft gemachter Fehler, der auch dazu führt, dass der Sinn der eingesetzten Zeit- und Finanzressource nicht erkennbar wird. Dies sollten die Leitung der Institution und auch die Evaluatoren von Anfang an verdeutlichen, um Missverständnissen vorzubeugen.

## 3.5 Strategie

Bevor man in einer Evaluation die Instrumente auswählt, die man nutzen möchte, muss zwangsläufig erst eine strategische Herangehensweise gewählt werden. Die Ziele der Evaluation müssen gesetzt werden, die Kriterien und Indikatoren müssen gewählt werden, die Kommunikationsstrategie muss ausgewählt werden (Stockmann 2007). Dies sind wichtige Schritte, die nicht vernachlässigt werden dürfen. Schwerpunkt dieser kurzen Betrachtung liegt auf den Instrumenten, daher wird auf die Strategie nicht weiter eingegangen. Trotzdem darf nicht der Eindruck entstehen, dass diese Schritte ausgelassen werden können, um sofort Instrumente zu wählen. Das strategische Rahmenkonzept, die passenden Instrumente und das erfolgreiche Ergebnis bedingen sich. Das eine ohne das andere ist nicht zu erhalten.

## 3.6 Instrumente

Klassischerweise wird die sogenannte Wirkungskette bei Prozessen aufgezeigt (siehe Artikel Hennefeld, Buchholz/Lasar), die auch jene (Teil-)Prozesse umfasst, die durch Evaluationen gemessen werden können – vom Input (die Güter und Dienstleistungen, die investiert werden)über das Output (die Güter und Dienstleistungen, die aus dem Input entstehen) bis zum Outcome (die Wirkung der ausgeführten Güter und Dienstleistungen) und zum Impact (die langfristige Wirkung bereinigt durch den Nutzen, der auch ohne die von der Institution angebotenen Produkte entstanden wäre). Output und Outcome sind einfacher nachzuweisen und zu messen als der Impact (siehe auch Artikel Buchholz/Lasar). Oftmals werden aus Unwissenheit Instrumente gewählt, die mehr Zeit und Finanzen in Anspruch nehmen als notwendig ist, wie zum Beispiel Fragebögen und Interviews oder Fokusgruppen. Diese Instrumente haben ihre Berechtigung und führen – wenn sie richtig durchgeführt werden – zu guten Ergebnissen, aber sie benötigen tatsächlich in Relation recht viel Zeit und Geld. Es gibt vielfältige Instrumente, die als kleine Helfer schnell und unkompliziert eingesetzt werden können. Diese Instrumente können auch einige der oben aufgeführten Zweifel und Mängel ausräumen.

Einige dieser kleinen Helfer sollen hier kurz genannt und erläutert werden (Birnkraut 2010 und Kay 2012) als ein Anreiz dazu, sich weiter mit dem Thema zu beschäftigen. Es gibt zahlreiche Webseiten und Ressourcen, die solche Instrumente aufzeigen und beschreiben.

Beispiele für Instrumente, um den Output zu messen:

| Instrument | Finanzen | Zeit |
|---|---|---|
| *Papieraufkleber*<br>Die Aufkleber werden benutzt, um die Gesamtzahl der Besucher zu zählen – verschiedene Farben können für verschiedene Gruppen genutzt werden (z.B. rot für Kinder, blau für Erwachsene). Die Aufkleber werden jedem, der kommt, gegeben. Wichtig ist nicht, dass die Besucher die Aufkleber tragen, sondern dass sie von einem Aufkleberblock abziehbar sind, denn so sieht man an den verbleibenden, wie viele verteilt wurden. | gering | gering |
| *Nummernzähler*<br>Bekannt aus Sportstadien – die Ticketabreißer am Eingang klicken bei jedem Besucher auf ein automatisches Zählgerät. | gering | gering |
| *Stimmungsbarometer*<br>Am Ausgang der Veranstaltung werden Poster aufgehängt, die drei Smiley-Gesichter zeigen, eines lächelnd, eines neutral und eines traurig. Die Besucher können mit einem einfachen Kreuz anzeigen, wie ihnen die Veranstaltung gefallen hat oder wie viel sie gelernt haben (je nach Fragestellung). | gering | gering |
| *Kamera und Video*<br>Bei unübersichtlichen Veranstaltungen kann ein Video genutzt werden, um einen visuellen Gesamteindruck zu erhalten und evtl. Besucher zu zählen. Mit dem Ziel, Besucher zu zählen, wird ein Ausschnitt aus dem Video genutzt, um eine ungefähre Anzahl der Besucher zu ermitteln und dann auf die Gesamtanzahl hochzurechnen. | mittel | mittel |

Beispiele für Instrumente, um den Outcome zu messen:

| Instrument | Finanzen | Zeit |
|---|---|---|
| *Graffiti-Wand, Gästebuch und Post-it-Zettel*<br>Diese offenen Kommunikationsinstrumente werden eingesetzt, um ein direktes, ungesteuertes Feedback der Besucher zu bekommen. Eine Graffiti-Wand hat den Vorteil, dass mehrere gleichzeitig daran arbeiten können und diese ein offenes Forum ist. Eine Abwandlung dessen kann sein, dass man eine gezielte Frage auf die Tafel schreibt, auf die man als Veranstalter eine Antwort haben möchte. Auch hier ergeben diese Instrumente nur Sinn, wenn eine vernünftige Auswertung erfolgt. | gering | gering |

| | | |
|---|---|---|
| *Zielscheiben*<br>Die Zielscheibe ist ein einfaches Instrument, um Zufriedenheiten abzufragen. Wie auf einer Schieß-Zielscheibe bilden die Kreise die Zufriedenheit von „sehr gut“ bis „gar nicht“ ab und die Tortenstücke können die verschiedenen abzufragenden Themen (Service, Qualität, etc.) repräsentieren. | gering | gering |
| *Landkarte der Emotionen*<br>Teilnehmer (meist am ehesten bei Jugendlichen einsetzbar) werden gebeten, ihren Körper lebensgroß als Umriss auf Papier abzuzeichnen. Dann werden Fragen gestellt, die auf den Körper und seine Emotionen zugeschnitten sind und ebenfalls zu Papier gebracht werden sollen: Was lässt Dein Herz höher schlagen? Was liegt Dir schwer im Magen? Wovon bekommst Du Schmetterlinge im Bauch? Damit können qualitative Aussagen getroffen werden zu Themen, die wiederum für die inhaltliche Ausgestaltung von Seminaren, Programmen, etc. wichtig sein können. | gering | gering |
| *Emotionale Abfrage*<br>Manchmal lohnt es sich, in einem Fragebogen – oder auch an einer Graffiti-Wand – einfach eine emotionale Abfrage zu stellen, um einen Eindruck der Gefühle zu erhalten, die mit der Institution assoziiert werden. Ein Beispiel könnte sein: „Welche Adjektive verbinden Sie mit unserer Einrichtung?“ | gering | gering |
| *Die 100-Prozent-Skala*<br>Die Ziele des jeweiligen Projektes werden auf ein großes Stück Papier geschrieben und unter jedes Ziel wird eine Skala von 0 % bis 100 % aufgemalt. Nun wird jeder Teilnehmer gebeten, den Prozentsatz zu markieren, zu welchem er das Ziel als erfüllt empfindet. Im Anschluss wird dann um Kommentare zu den Ergebnissen gebeten. | gering | gering |
| *Presseclipping*<br>Ein Presseclipping ist die Sammlung aller veröffentlichten Presseberichte. Diese Berichte werden eingeteilt in Ankündigungen und Rezensionen/Berichterstattungen. Jeder Ausschnitt wird auf eine Seite aufgeklebt oder gescannt. Ergänzt werden der Name des Mediums, das Erscheinungsdatum, die Auflagenhöhe und, wenn vorhanden, der Anzeigenäquivalenzwert (Wie teuer wäre eine gleich große Anzeige in dem Medium?). Presseclippings sagen etwas zur Wahrnehmung durch die Presse aus, aber gegebenenfalls auch darüber, wie sehr sich das finanzielle Budget für die Pressearbeit gelohnt hat. Es handelt sich um eine subjektive Auswertung, die aber in der Innen- und Außenwahrnehmung als durchaus wichtig angesehen werden kann. | gering - mittel | mittel - hoch |

| | | |
|---|---|---|
| *Beobachtung*<br>Durch Beobachtung der Besucher einer Veranstaltung, sowohl in den Pausen als auch nach Ende der Veranstaltung, erhält man gute Eindrücke über die Nutzung des Hauses, die Ströme der Besucher und deren Verhalten. Optimal ist die Durchführung meist zusammen mit einer Befragung. Diese Methode sollte auf jeden Fall eingesetzt werden, wenn bauliche Veränderungen eingeweiht werden oder die Inneneinrichtung verändert wurde. | gering | hoch |
| *Kopf, Herz, Tasche und Abfalleimer*<br>Auf ein großes Papier wird ein Mensch gemalt, der eine Tasche in der Hand hält und neben einem Abfalleimer steht. Dem Menschen wird gut sichtbar ein Herz gemalt und eben ein Kopf gemalt. Fragen Sie nun die Teilnehmenden folgende Fragen:<br>• Was nehmen sie aus der Veranstaltung in ihrem Kopf mit (Wissen, Ideen, etc.)<br>• Was nehmen sie mit in ihren Herzen (Energie, Emotionen, etc...)<br>• Was nehmen Sie mit in ihren Taschen (Techniken, Werkzeuge, etc..)<br>• Und was werfen sie in den Mülleimer (Dinge, die nicht gut waren oder nicht nützlich)<br>Die Ergebnisse werden als Post-it-Zettel an das Poster angebracht und können dann von allen gemeinsam diskutiert werden. | | |

Anmerkung: Wenn die Instrumente emotionale Abfrage und Beobachtung mit den gleichen Teilnehmenden über einen längeren Zeitraum durchgeführt werden können, kann daraus auch die Messung eines Impacts erfolgen.

Beispiele für Instrumente, um den Impact zu messen:

| Instrument | Finanzen | Zeit |
|---|---|---|
| *Balanced Scorecard*<br>Das Balanced-Scorecard-System ist ein Weg, um einen umfassenden Blick auf eine Organisation zu werfen und bei der Steuerung des Unternehmens(-erfolges) alle steuerungsrelevanten Bereiche im Blick und das Unternehmen so in einem Gleichgewicht zu halten. Die Balanced Scorecard wird im Wesentlichen genutzt, um die Strategie einer Institution in der Steuerung umzusetzen. Als Indikatoren dienen nicht nur quantitative Kennzahlen, | mittel | hoch |

sondern auch die schwerer messbaren qualitativen Faktoren. Das System der Balanced Scorecard betrachtet dabei vier verschiedene Aspekte. Üblicherweise handelt es sich dabei um die folgenden:

- Perspektive der Kunden: Zufriedenheit, Marktanteile, Image
- Perspektive der Finanzen: Einkommen, neue Finanzierungsquellen, Liquidität
- Interne Arbeitsprozesse: Innovation, interne Optimierung von Prozessen
- Lernen und Wachsen: Personal, Mitarbeiterzufriedenheit, Personalentwicklung

Es handelt sich bei dem Beispiel um eine Mischung aus Eigen- und Fremdevaluation. Für eine kontinuierliche und ganzheitliche Fremdevaluation bestehen meist nicht die Mittel. Eine reine Eigenevaluation allerdings führt bei den gegebenen Abhängigkeitsbeziehungen meist zu Antworten, die geschönt und nicht realistisch sind. Also sollte eine Mischung aus beiden Arten geschaffen werden, die von den Institutionen verlangt, einen großen Teil der Evaluation in Eigenarbeit zu machen – dies allerdings nicht zu zeitaufwendig. Die externe Evaluationsinstanz – dies kann auch die fördernde Stelle sein, wenn eine NPO z. B. staatliche Förderung in Anspruch nimmt – muss dann in der Folge die Möglichkeit haben, auf Grundlage der Eigenevaluation einen prüfenden und beratenden Blick darauf zu werfen und somit eine ergänzende Fremdevaluation auszuüben. Auf dieser Basis können Zielvereinbarungen für den weiteren Entwicklungsprozess vereinbart werden.

Beispiel:
Die Senatsverwaltung Berlin hat im Jahr 2009/2010 alle institutionell geförderten Kultureinrichtungen in Bezug auf das Thema kulturelle Bildung evaluiert. Das Evaluationsverfahren wurde an das Balanced-Scorecard-Verfahren angelehnt und mit einem variabel einsetzbaren Evaluationsbaukasten auf den Themenbereich umgesetzt (Birnkraut/Heller 2010).

<table>
<tr><td>Benchmarking<br>Auch das Instrument des Benchmarking kann als Evaluationsinstrument eingesetzt werden. Benchmarking ist ein systematisches und kontinuierliches Instrument, um ausgewählte Objekte in einer oder mehreren Organisationen miteinander zu vergleichen. Das Ziel des Benchmarking ist es, die eigene Qualität und Produktivität zu verbessern.<br><br>Benchmarking kombiniert dabei vier verschiedene Kategorien:<br>• Es visualisiert die eigene Effektivität: Schwächen und Stärken können offengelegt werden.<br>• Lernende Organisation: Durch „best practices“ anderer kann die eigene Organisation lernen.<br>• Planung: Es hilft eine Verbesserung zu planen.<br>• Implementierung: Die gefundenen Verbesserungen können implementiert werden.<br><br>Benchmarking-Teilnehmer können intern (verschiedene Abteilungen in einer Organisation) oder extern (Organisationen der eigenen oder einer fremden Branche) gesucht werden.<br><br>Beispiel:<br>Die Bertelsmann Stiftung initiierte bereits 1991 ein breit angelegtes Projekt mit dem Titel „Wirkungsvolle Strukturen im Kulturbereich“, das unter anderem die Musikschulen, die Naturkunde- und Historischen Museen, die Volkshochschulen, die Theater, die Kunstmuseen und die Kulturämter der Städte Bielefeld, Dortmund, Mannheim, Münster und Wuppertal in einem Benchmarking-Verfahren verglich (Pröhl 1997).</td><td>mittel</td><td>hoch</td></tr>
<tr><td>Logical Framework Approach<br>Der Logical Framework Approach (LFA) ist keine Wirkungsmessungsmethode, sondern er hilft ein Projekt/Programm so aufzubauen, dass die Evaluation der Wirkung von Anfang an mitgedacht werden kann. Es handelt sich um einen systematischen, analytischen Planungsprozess für die zielorientierte Planung eines Projekts (oder Programms) und dessen Monitoring- und Evaluationssystem. Zunächst werden eine Situations- und eine Problemanalyse durchgeführt. Auf Grundlage dieser Analysen wird die geplante Wirkungsweise des Projektes auf ein lineares Wirkungsmodell kondensiert. Dies ist die Basis für die Planung des Monitoring- und Evaluationssystems, indem Outputs und Wirkungen des Projekts mittels quantitativer oder qualitativer Indikatoren erfasst werden. Schließlich werden die Wirkungsweisen des Projekts und das Monitoring- und Evaluations-</td><td></td><td></td></tr>
</table>

| system in einer standardisierten Tabelle (Logframe) zusammen-gefasst. (Mehr dazu bei ZEWO 2012) | | |
|---|---|---|

# 4. Empfehlungen

In vielen Bereichen des NPO Sektors werden Evaluationen bereits als normaler Teil der Arbeit betrachtet (Entwicklungszusammenarbeit, Soziale Arbeit), in anderen Bereichen sind Evaluationen noch nicht verpflichtend von Subventionsgebern eingeführt (Kulturbereich, einige Teile des Bildungsbereichs) – dementsprechend sind die Diskussionen und die Wissensstände je nach Bereich unterschiedlich ausgeprägt. Und auch die Argumente für und wider unterscheiden sich zum Teil. Allen gemeinsam ist aber die Grundlage, dass eine Evaluation nur dann zielführend sein kann, wenn alle Beteiligten von dem Nutzen überzeugt sind und bereit sind, die notwendigen Fragen transparent und ehrlich zu beantworten. Der Nutzen einer Evaluation kann darüber hinaus nur langfristig erfolgen, wenn die Evaluation kontinuierlich durchgeführt wird.

Um diese beiden Voraussetzungen zu erlangen, müssen in allen Bereichen des NPO-Sektors der Nutzen und die Bedeutung von Evaluationen transparenter eingeführt und diskutiert werden. Die Ängste und Sorgen, die mit der Begrifflichkeit der Evaluation in vielen Fällen verbunden werden, müssen durch eine intensiv geführte Diskussion genommen werden. Das Plädoyer für Evaluation als nutzbringendes Lerninstrument für die Institution muss weiter geführt und gehört werden. Erst dann kann individuell nutzbringend entschieden werden, inwiefern eine Evaluation sinnvoll ist und welche Arten und Formen genutzt werden können.

# Literatur

Anheier, H. et al. (2007). Der Nonprofit Sektor in Deuschland. In: Badelt, C. et al. (Hg.): *Handbuch der Nonprofit Organisation. Strukturen und Management.* 4., überarbeitete Auflage. Stuttgart: Schäffer Poeschel Verlag, S. 17-39.

Badelt, C. et al. (Hg.). *Handbuch der Nonprofit Organisation. Strukturen und Management.* 4., überarbeitete Auflage. Stuttgart: Schäffer Poeschel Verlag.

Birnkraut, G. (2010). *Evaluation im Kulturbetrieb*. Wiesbaden: VS Verlag.

Birnkraut, G.; Heller, V. (2008). *Evaluation als Grundlage und Instrument kulturpolitischer Steuerung.* Wolfenbüttel: Wolfenbütteler Akademie-Texte Bd. 34: Bundesakademie für kulturelle Bildung.

BMZ (2006). Evaluierungskriterien für die bilaterale Entwicklungszusammenarbeit. [http://www.bmz.de/de/zentrales_downloadarchiv/erfolg_und_kontrolle/evaluierungskriterien.pdf]

Kay, S. (2012). Train the trainer handbook, unpublished.

Schwarz, P. et al. (2005). *Das Freiburger Management Modell für Nonprofit-Organisationen.* 5., ergänzte und aktualisierte Auflage. Bern: Haupt Verlag.

Stockmann, R. (2007). *Handbuch zur Evaluation - Eine praktische Handlungsanleitung*. Waxmann Verlag.

ZEWO (2012). Logical framework approach. [http://impact.zewo.ch/de/wirkungsmessung/hilfsmittel/logical_framework_approach]

*Weiterführende Websites und Ressourcen*

[Impact.zewo.ch] – Website der Stiftung Zewo aus der Schweiz mit vielen Tipps zum Thema Evaluation

[www.ngo-ideas.net] – Website speziell für den NGO-Bereich

[http://www.cgiar-ilac.org/content/tools-and-methods-me] – *Institutional Learning and Change Initiative* mit vielen Instrumenten für den Bereich Evaluation und Monitoring

[www.mande.co.uk] – Rick Davies Blog speziell auch zum Thema „most significant change"

[www.ces-vol.org.co.uk] – Charities Evaluation Services – Website mit vielen Ressourcen zum Thema

[www.degeval.de] – Deutsche Gesellschaft für Evaluation – Seite für den deutschen Bereich, nicht nur im NPO-Bereich

# INTERNATIONAL ASPECTS OF EVALUATION: A PERSPECTIVE FROM THE UK

Interview with Dr Jean Ellis, Charities Evaluation Services, London

Dr Jean Ellis started working as an evaluation consultant in the early 1990s, with a background in both the UK voluntary sector and international development. She joined Charities Evaluation Services (CES) in 1995, where she is the Lead Consultant. In this role she has carried out a wide range of voluntary sector evaluation studies in the UK and internationally. Jean has also played a key role in developing PQASSO, CES' leading UK quality system for the third sector, and has an interest in joining up quality assurance and evaluation practice.

Jean is the author of CES' comprehensive guide: *Practical Monitoring and Evaluation: a Guide for Voluntary Organisations*, now in its third edition, and of *Performance Improvement: a Handbook for Mentors,* two third sector standards, as well as of a number of other publications on monitoring and evaluation. She has also provided technical and editorial input to numerous publications on monitoring and evaluation. Jean's 2008 research report *Accountability and Learning: Developing Monitoring and Evaluation in the Third Sector* was the first major study of the development of monitoring and evaluation in the UK third sector.

## Q: What are the key success factors for an evaluation?

A: I would imagine that you are asking which things from the list I've drawn up below are the most important. I think it's difficult to make such a selection, because, in the end, all of these elements come together to construct a successful evaluation. Having a credible and appropriate methodology, good response rates, first rate analysis, and clear reporting are all important, but the evaluation might still flounder if the preliminary elements are not in place: good communication, agreement about expectations, etc. So, here is my longer list:

### Project/program planning stage

- Having sufficient criteria and indicators in place from the start of the program/project to put in place adequate monitoring systems to capture data from the outset.

### At the start of the evaluation

- Understanding motivation for the evaluation: How does the organization intend to use the findings, and who is the main audience?

- Being clear about roles and responsibilities, both internally and externally.

- Being clear about expectations for the evaluation from the outset – what can be accomplished with the given amount of time, evaluator resources, and data available.

- Communicating well with the client and the commissioning agency in the designing stage; this means setting aside enough time in this stage for communication with all of the appropriate stakeholders, face-to-face if necessary. Good communication is, of course, essential throughout the entire evaluation.

- Ensuring when designing the evaluation that there is sufficient time throughout the course of the evaluation for all the requisite processes.

- Choosing a methodology that works well with the nature of the field of work (bearing in mind types of credible or validated tools that exist within a subsector and their suitability, for example), the expectations of the stakeholder, and the program itself.

- Understanding the extent to which different approaches and methods, comparison methods for example, could add value to the evaluation.

- Having good communication and an understanding about what internal data is available and what shape it will be in when it is presented to the evaluators.

- Having an agreed and sufficiently detailed work plan.

## During the evaluation

- Revisiting the work plan, communicating with clients about keeping it on course, and being sufficiently flexible if necessary.

- Putting in place preliminary evaluation processes, which will provide a framework for the evaluation. This might mean developing thematic areas to provide an analytical framework, establishing core indicators to apply across a number of evaluation sites, or having in place a theory of change.

- If self-evaluated data is going to be an important component of the evaluation, having sufficient resources allocated to building self-evaluation capacity, in order to provide a realistic level of support for the production of quality data.

- Well-constructed and meaningful data collection tools and evaluation expertise – evaluators who are able to bring depth to the data collection and analysis.

- Ensuring good response rates through good communication with participants; explaining what you are doing, why, and how data will be used; using incentives where appropriate; and dedicating resources for follow-up and reminders to surveys. Understanding participant groups and how to best elicit information from them is important to ensuring a good response rate.

- Credible data analysis.

- Strengthening the likelihood of the evaluation being used by fostering ownership of the evaluation; creating spaces to discuss evaluation findings as they emerge and to allow for new information and challenges to data.

## Reporting

- Making sure that the reporting formats are suitable to their purpose. This means not producing over-academic reports that address interests of more concern to the evaluator than the client. Summaries should be produced that capture the essential findings in a way best suited for the key audiences.

- Focusing in on the most important recommendations and ones that are most realistic.

## Q: How does evaluation practice in institutions influence policy decisions on a local/national level?

A. We have not carried out any substantial research on the use of evaluation findings to influence policy decisions locally and nationally since our 2008 study (Ellis J (2008) *Accountability and Learning: Developing monitoring and evaluation in the third sector*, London), and this was illustrative more than anything else. So I am afraid my response in relation to this question rests largely on the work we did at that time. The survey itself, which had some 700 respondents, found that where organizations were using evaluation findings for policy change, this was internal policy change rather than local and national policy change – moreover, an actual internal policy effect was fairly rare.

Even with internal policy change, we found that evaluation contributed to a process of change, and change was often already 'in the air.' Indeed, evaluation could be an expression of an already existent desire for change.

There has of course been a long-standing, wider debate in the evaluation community about the implicit notion that evaluations can influence public policy. And, it has been extremely difficult to trace cause and effect in complex interventions. Commentators have argued that the degree to which evidence attracts and retains influence depends on a variety of factors, including its degree of political contentiousness and whether the data produced is compatible with the ideology, aspirations, and resource commitments of those who have the power to decide. It will also be affected by how effectively the research results are presented to policy makers, and how extensively the policy makers have been involved in the evaluation's generation.

A 2011 paper (National Collaborating Centre for Methods and Tools 2011, *Evidence-informed policy making: The role of monitoring and evaluation*, Hamilton, ON: Mcmaster University, retrieved from [http://www.nccmt.ca/registry/view/eng/82.html]) suggests that factors facilitating the use of evidence in policy include:

- Timely, relevant, and clear research and evaluation, with sound methodology.
- Results that are congruent with existing ideologies and that are convenient and feasible.

- Policy makers who believe evidence can act as an important counterbalance to expert opinion.
- Strong advocates for research and evaluation findings.
- Partnerships between policy makers, decision makers. and researchers in generating evidence.
- Strong implementation findings.
- Implementation being reversible if necessary.

The Big Lottery Fund 2007 publication, *Answering Big Questions: Impacts and Lessons Learned from our Evaluation and Research*, reflected that the ability to influence policy development depends as much on 'fortuitous timing' as it does on the weight of the evidence. Its evaluation of the Out of School Hours Learning program, which influenced the extended school model, and the Out of School Hours Childcare program both affected government policy. However, its Healthy Living evaluation showed that regular attendance at healthy living centers had a protective effect on physical and mental health for regular users compared with non-users, however the evaluation was carried out in a context of a changing policy environment, in which it was difficult for its findings to be heard.

There is also an important question to be asked – not just if evaluations influence policy, but also if the effect is sustained over time, even where evaluation has indicated evidence of positive results for a particular intervention. An evaluation of the Every Child a Reader program in 2006, together with an SROI study, was successful in securing government commitment and mainstream funding. The study was aimed specifically at government ministers in addition to the educational audience. The UK New Labour government committed to funding and rolling out the Reading Recovery program from 2008. However, this program was a victim of coalition government cuts at the end of 2011.

One of the examples of influence on policy was a number of evaluations of Intensive Family Intervention Projects (FIP); evidence from these were taken up by New Labour's Respect Agenda, a cross-government strategy to tackle anti-social behavior as a solution to antisocial, 'chaotic families.' Interestingly, Professor David Gregg of the Centre for Crime and Justice Studies, in a 2011 paper, argues that this was a classic case of policy-based evidence, rather than evidence-based policy. It re-examines the evidence for FIP delivery by reviewing evaluation reports covering around 60 projects. He argues that a Sheffield Hallam University team of evaluators in 2007 raised serious questions about the assumptions concerning the nature of the families – that they largely suffered from mental health problems and learning disabilities rather than having an 'anti-social' and 'criminal' profile – and that there were serious concerns about the approaches used. The government subsequently appointed new evaluators, and the paper suggests that government reporting of these evaluation results was carefully selected. The paper suggests discontinuities between the headline government claims for FIP success, the strong caveats and reservations of the three FIP evaluation teams over a decade, and the marked weaknesses in evaluation methodology and database quality, with conclusions based on small family samples.

## Q: Do you see a difference between evaluation in non-profit organizations and for-profit organizations?

A: We focus on evaluation in non-profit organizations, so I can't answer this question with any expertise in for-profit evaluation. However, an observation would be that 20 years ago evaluation in both of these sectors was focused in much the same way – on measuring outputs against targets and assessing customer need and satisfaction.

Since the mid-1990s, there has been a greater focus on evaluating outcomes in the public and non-profit sectors, which probably was not reflected in for-profit organizations. More recently, there have been trends in the UK showing that evaluation in non-profits and for-profits – at least in those delivering public services – is beginning to look more comparable again. First, there is an increased move to a commissioning model for public services, and secondly, public services are being commissioned increasingly from both non-profits and for-profit organizations. Increasingly, there are requirements on contracted suppliers, whether they are non-profit organizations or for-profit – say delivering social care or environmental services – to show that they are meeting researched or expressed need and delivering value for money and social return, which will mean evidence of outcomes.

For non-profit organizations that are providers of goods rather than services, the emphasis appears to be more on market research than evaluation; however, one can arguably see similarities in some forms of evaluation – for example, the use of social media to evaluate the outcomes of promotional campaigns.

## Q: How do you deal with reluctance inside an institution concerning an evaluation?

A: There are different issues here – for example:

- Reluctance to engage in an evaluation.
- Reluctance to accept evaluation findings.
- Reluctance to use findings.

There will be a different slant on this if you are dealing with this as an internal manager or as an evaluator – internally or externally. I will respond from the perspective of an evaluator.

*Reluctance to engage in an evaluation*

Three of the key issues here are:

**Politics within the organization** – this may be only indirectly associated with the evaluation, but be played out in it. The first step is for the evaluator to recognize what may be undercurrents and to have enough time to engage different stakeholders to understand and acknowledge different perspectives and priorities. If the evaluation timescale or resources are not sufficient to do this, it may not be the right time to carry out the evaluation, as a major obstacle can surface later on. However, very often these issues are not yet apparent in the design stage of the evaluation.

**Perception of monitoring and evaluation as a burden or an intrusion:** The real work on changing these perceptions lies with leadership within the organization, and it is more likely to be within the power of an internal evaluator to effect than an external evaluator. If these perceptions are not changed, there is a very real danger that internal monitoring data may be patchy or uneven.

**Individual anxiety or concern that evaluation will challenge individual or team performance:** It may be possible to relieve some of these anxieties by engaging different stakeholder groups in defining evaluation priorities and criteria; in defining success criteria; and incorporating the views, perceptions, and understandings of such groups into the evaluation process.

### *Reluctance to accept evaluation findings and reluctance to use findings*

There is no foolproof way of ensuring that evaluation findings will be accepted if they are not what an organization wants to hear. Apart from the need to ensure that the design and methodology is credible and the data and analysis are sound, the key here is an understanding of the motivation for carrying out the evaluation from the outset. If evaluation is not being carried out with a genuine intention of allowing challenges and the possibility of hearing unwelcome messages, then it may be that only reinforcing findings are accepted.

I have been involved in evaluating international development projects, where project managers and frontline workers have accompanied evaluators and 'witnessed' evidence first hand, making difficult findings much easier to accept. This approach is not always appropriate where the external nature of the evaluation might be seen to be compromised. Workshops and other opportunities along the way are always helpful if organizations are to accept findings and use them. This will allow for challenges to be made and new evidence to be put forward. If stakeholders are also involved in the formulation of recommendations, and presentation of recommendations is done in a context that allows for action planning to be started, there is more chance that evaluation findings will be acted on.

# FINANZIERUNG

# WAS BEWEGT MEINE SPENDER? OPTIMIERUNG DER SPENDERANSPRACHE MIT DEN SINUS-MILIEUS

Tina Jansen, Stefanie Wesselmann

*Zusammenfassung*

Jede spendensammelnde Organisation steht vor der Herausforderung, ihre knappen Ressourcen bestmöglich für die Einwerbung von Spenden einzusetzen. Dabei setzt sich auch unter Nonprofit-Organisationen (NPO) die Ansicht durch, dass Spenderwerbung und -bindung umso besser gelingen, je passgenauer die Spenderansprache erfolgt. Voraussetzung für diese Marktsegmentierung sind entscheidungsrelevante Informationen. Angesichts der Ausdifferenzierung der Gesellschaft prägen heute Lebensstile und Werte in besonderem Maße die Spendenbereitschaft, die Affinität zu bestimmten Spendenthemen wie auch die bevorzugten Ansprachewege. Zu den Lebensstiltypologien, die auch im Nonprofit-Sektor zunehmend verwendet werden, gehören die so genannten Sinus-Milieus.

Auf der Grundlage zweier Fallstudien aus dem kirchlichen Bereich (Erzbistum Freiburg und Bistum Hildesheim) werden die Einsatzmöglichkeiten der Sinus-Milieus als Segmentierungsansatz zur Optimierung des Fundraisings vorgestellt. Besonderes Augenmerk wird auf die Minimierung von Streuverlusten bei der Spenderansprache gelegt. Der Artikel gibt einen Überblick über die konkrete Nutzung der Sinus-Milieus in den zwei Bistümern, über wichtige Erfolgsfaktoren aus Sicht der Befragten, aber auch über die Grenzen des Transfers dieses Ansatzes.

# WHAT MOTIVATES MY DONORS? OPTIMIZING DONOR RESPONSIVENESS WITH SINUS-MILIEUS

*Abstract*

Every donation-collecting organization faces the challenge of applying limited resources to procure the most possible donations. Thereby, the point of view is winning ground also among non-profit organizations (NPO) that the more individually potential donors are addressed, the more successful acquiring and retaining them will be. Requisite for this market segmentation is decision-relevant information. In the differentiation between societal groups, lifestyle and values have a particularly strong influence on willingness to donate, affinity for certain charitable causes, and preferred means of being addressed.

Based on case studies of two religious institutions (Archdiocese Freiburg and Diocese Hildesheim), the Sinus-Milieus are presented as an approach to segmentation in order to optimize fundraising. Particular attention is given to the minimization of wastage in communication with potential donors. The article provides an overview of the practical application of the Sinus-Milieus in the two dioceses, important success factors from the point of view of those in question, and also the limits of transferring of this approach.

# 1. Konkurrenzdruck auf Spendenmarkt erfordert Marktsegmentierung

Jede spendensammelnde Organisation zielt darauf ab, mit ihrem begrenzten Fundraisingbudget ein ausreichend großes, verlässliches Spendenaufkommen einzuwerben. „Motor" bildet das Bestreben, die Mission der Organisation bestmöglich zu verwirklichen – ohne entsprechende Ressourcen kann dies nicht funktionieren. Wird Fundraising eng mit dem ideellen Auftrag verknüpft, dann leistet es idealerweise nicht nur indirekt über die Bereitstellung von Mitteln einen Beitrag zur Erfüllung des Auftrags. Es kann dann auch ein „unmittelbares" Instrument der Zweckverwirklichung werden, indem es zum Beispiel zentrale Botschaften transportiert oder Themen auf die Agenda wichtiger Stakeholder setzt (vgl. Jansen 2009: 43 f.).

Abgesehen von Spendenaufrufen im Katastrophenfall gilt: Immer mehr NPO werben um weniger Spender (vgl. für viele andere Deutscher Spendenmonitor 2011, TNS Infratest). Eine Konsequenz dieses zunehmenden Wettbewerbs ist, dass der Aufwand, Spender zu gewinnen und zu halten, wächst. Um angesichts dieser Bedingungen die Wirtschaftlichkeit und die Wirkungen des Spendenmarketings zu steigern, greifen NPO ähnlich wie private Unternehmen auf eine Segmentierung des Marktes zurück.

## 1.1 Nutzen der Marktsegmentierung

Der Marktsegmentierung liegt die Überzeugung zugrunde, dass sich Menschen in Hinblick auf ihre Anforderungen und Erwartungen an Produkte unterscheiden. Nur wenn es gelingt, der Zielklientel den individuellen Nutzen des eigenen Angebots zu verdeutlichen, besteht die Chance, dass es aus der Masse austauschbarer Angebote hervorsticht und die Aufmerksamkeit der Adressaten erlangt.

Die Grundlage für diese gezielte Marktbearbeitung bildet die Aufteilung des Gesamtmarkts in Gruppen von Menschen, die ähnliche Bedürfnisse haben (man spricht von Marktsegmenten). Statt ein Massenmarketing nach dem „Gießkannenprinzip" zu betreiben, ermitteln die Anbieter aus dem Gesamtmarkt die Zielgruppen, bei denen die Chance, die eigenen Ziele zu erreichen, am größten ist, und konzentrieren sich auf sie mit einem abgestimmten Marketinginstrumentarium (Kotler et al. 2007: 356). Diesen Prozess bezeichnet man als Marktsegmentierung, er ist gleichzusetzen mit dem zielgruppenorientierten Marketing.

Zielgruppenorientiertes Marketing erlaubt NPOs, aktuelle und potenzielle Spender „so individuell wie möglich und so standardisiert wie nötig“ anzusprechen. Sie erhalten den Spielraum, auf spezifische Bedürfnisse unterschiedlicher Unterstützergruppen einzugehen, ohne dabei ihre Budgetgrenzen missachten zu müssen (vgl. Bruhn 2005: 156 f.). Eine Spende gibt ähnlich wie der Kauf eines Produkts Auskunft darüber, welchen gesellschaftlichen Werten und Milieus sich der Spender zugehörig fühlt oder fühlen möchte.

*„Ein Produkt, das den Eindruck vermittelt, ausnahmslos für alle oder nur für eine einzige individuelle Person gut zu sein, ist sinnlos.“* (Karmasin 2007: 115)

Im Umkehrschluss kann die Analyse dieser Werte und Milieus darüber Auskunft geben, wer zu einer bestimmten Spende am ehesten bereit sein wird und wie er angesprochen werden muss. Folglich kann ein genauer Blick auf (Ziel-)Gruppen (Wofür stehen sie? Was bewegt sie? Was ist ihnen wichtig? etc.) einem Fundraiser helfen, das Verhalten seiner Adressaten besser zu verstehen und sie passgenau anzusprechen.

## 1.2 Segmentierungskriterien

Individualisierungstendenzen und neue Formen der Gruppenbildung stellen heute besondere Anforderungen an ein zielgruppenorientiertes Spendenmarketing. Um einen Teilmarkt gezielt auswählen und bearbeiten zu können, gilt es bestimmte Merkmale zu finden, mit deren Hilfe sich Zielgruppen voneinander abgrenzen lassen. Dabei müssen die zur Abgrenzung herangezogenen Kriterien einen Einfluss auf das Verhalten (z. B. Spendeverhalten) haben.

In der Marketing-Praxis werden verschiedene Kriterien genutzt, die sich in die folgenden Gruppen einteilen lassen (vgl. z. B. Kotler et al. 2007: 365 ff.):

- demografische und sozio-ökonomische Kriterien (Alter, Geschlecht, Einkommen, Beruf, Bildung etc.)
- geographische Kriterien (Wohnort, Quartier etc.)

- verhaltensbezogene Kriterien (Freizeitverhalten, Mediennutzungsverhalten, Neigung zu bürgerschaftlichem Engagement etc.)
- psychografische Kriterien (Einstellungen, Werte, Interessen etc.).

Die Unterteilung nach soziodemografischen Merkmalen ist die älteste Segmentierungsstrategie. Sie ist relativ einfach zu handhaben (Trommsdorff 2009: 203). Allerdings können sich Personen gleichen Alters, gleichen Ausbildungs- oder gleichen Familienstandes hinsichtlich ihres Spendeverhaltens stark voneinander unterscheiden, je nachdem, in welches soziale Gefüge sie eingebunden sind und welchen Lebensstil sie pflegen (vgl. Freter 2008: 189 f., Karmasin 2007: 113).

Bis in die 1970er Jahre ging man davon aus, dass bestimmte, meist ökonomisch definierte Soziallagen (Klasse oder Schicht) über Sozialisationseffekte die Werte, Mentalitäten, Verhaltensweisen der Menschen entscheidend prägen. Einhergehend mit der zunehmenden Pluralisierung der Lebensformen (Individualisierung, Wertewandel etc.) hat sich der Einfluss schicht- und klassenspezifischer Deutungsmuster auf Verhalten, Mentalität und Einstellungen seither verringert. Neben die vertikale Schichtung der Gesellschaft gesellen sich horizontale Differenzierungen (vgl. Otte 2008: 11 ff.). Die begrenzte Aussagekraft der soziodemografischen Faktoren hat zu einer Weiterentwicklung der Segmentierungsstrategien geführt.

## 1.3 Von der soziodemografischen zur mehrdimensionalen Marktsegmentierung

Für viele spendensammelnde Organisationen – insbesondere solche, die einen breiten Adressatenkreis bearbeiten – steht heute wie für die meisten Unternehmen fest: Zielgruppen lassen sich nur dann trennscharf abgrenzen und erfolgreich bearbeiten, wenn verschiedene Segmentierungsvariablen miteinander kombiniert werden. Folglich sind auch NPO gut beraten, sich nicht mehr allein auf soziodemografische Eigenschaften zu verlassen.

Während verhaltensbezogene Segmentierungskriterien beim beobachtbaren Verhalten ansetzen – etwa beim Kauf- und Konsumverhalten oder beim Informations-, Kommunikations- oder Mediennutzungsverhalten – gehen psychografische Kriterien eine Ebene tiefer. Sie wollen Verhalten nicht nur zu beschreiben, sondern auch erklären:

*„Nur wer weiß, was seine Zielgruppe wirklich bewegt, kann diese angemessen und erfolgreich ansprechen.“* (Wöller in Petras/Bazil 2008: 5)

Zu den psychografischen Kriterien zählen sowohl produktspezifische Persönlichkeitsmerkmale, z. B. die Einstellung gegenüber einem bestimmten Produkt, als auch allgemeine Persönlichkeitsmerkmale, etwa Emotionen, Wissen, Motive, Einstellungen und Werte. Wie Forscher belegen, haben vor allem Werte einen fundamentalen Einfluss auf das (Konsum-)Verhalten. Sie werden daher in vielen Produktbereichen zur Zielgruppenbestimmung genutzt (Freter 2008: 69 f., 135 ff.). Für die „Überzeugungsarbeit“ im Nonprofit-Sektor sind sie gleichermaßen relevant. Dies trifft insbesondere dann zu, wenn sich eine Organisation stark über gemeinsame Wertvorstellungen wie Umweltbewusstsein, Spiritualität oder Integrität definiert.

Werden soziodemografische, psychografische, verhaltensbezogene und ggf. weitere Segmentierungskriterien zueinander in Bezug gesetzt, dann lassen sich „komplexe und ganzheitliche Verhaltensmuster“ (Reeb 1998: 3), so genannte Lebensstile, erkennen und unterscheiden. Zu den am stärksten verbreiteten Lebensstiltypologien zählen die Sinus-Milieus des Heidelberger Sinus-Instituts[1], die Roper-Consumer-Styles der Gesellschaft für Konsumforschung (GfK) und das Semiometrie-Modell von TNS Infratest (vgl. Gemmrig 2009: 60). Die Sinus-Milieus stehen im Folgenden im Fokus, da sie bereits in mehreren NPO zum Einsatz kommen.

## 2. Spenderansprache mit den Sinus-Milieus

### 2.1 Sinus-Milieus

Die Sinus-Milieus sind ein sozialwissenschaftliches Instrument zur Segmentierung der gesellschaftlichen Lebenswelten. Es wurde in der zweiten Hälfte der 1970er Jahre vom Heidelberger Sinus-Institut für den Einsatz in der Politikforschung entwickelt. Vor dem Hintergrund des schnellen sozialen Wandels bestand die ursprüngliche Absicht darin, den Wertewandel sichtbar und so weit wie möglich erklärbar zu machen (Sinus-Institut 2011a).

[1] Heute: SINUS Markt- und Sozialforschung GmbH, im Folgenden kurz Sinus-Institut genannt.

Das Sinus-Milieu-Modell mit seinen aktuell zehn Einzelmilieus bildet Lebenswelten ab, die die Alltagswirklichkeiten von Menschen differenziert erfassen wollen. Im Vordergrund stehen dabei grundlegende Wertorientierungen und Alltagseinstellungen, etwa zu Arbeit, Familie, Freizeit, Medien, Geld oder Konsum, also psychografische Kriterien. Sie prägen die Lebensstile von Menschen – und damit auch ihr Konsumverhalten und ihre Markenpräferenzen – nach Ansicht des Sinus-Instituts maßgeblicher als sozioökonomische Merkmale wie Bildung, Beruf oder Einkommen (Sinus-Institut 2011a).

Die genannten Daten werden in einem zweidimensionalen Modell verdichtet, wobei die x-Achse die „innere Konstitution", die so genannte Grundorientierung, abbildet und die y-Achse die Daten zur sozialen Lage (Einkommen, Beruf, Bildung).

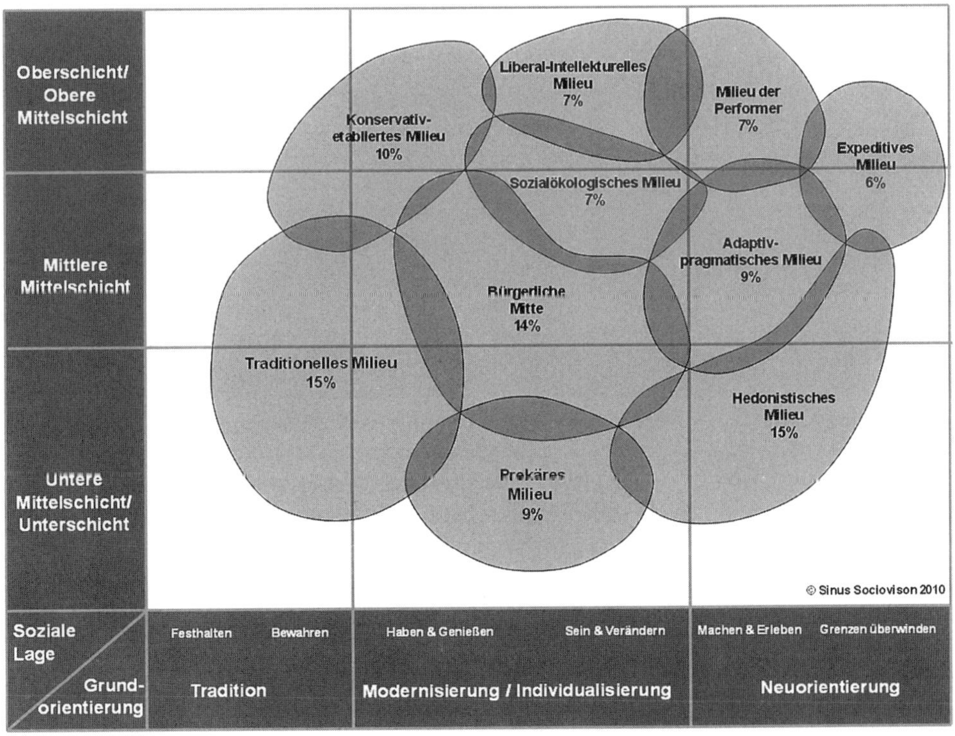


Abbildung 1. Sinus-Milieu-Modell.
Quelle: mit leichten Änderungen Sinus-Institut 2012.

Die Grenzen zwischen den Milieus, deren Namen lediglich illustrativen Charakter haben, sind fließend. Die prozentuale Verteilung beruht auf jährlich mehr als 100.000 quantitativen Befragungen (Sinus-Institut 2011a).

Die einzelnen Milieus werden vom Sinus-Institut mit folgender Kurzcharakteristik beschrieben:

| **Sozial gehobene Milieus** | | |
|---|---|---|
| Konservativ-etabliertes Milieu | 10 % | Das klassische Establishment: Verantwortungs- und Erfolgsethik, Exklusivitäts- und Führungsansprüche versus Tendenz zu Rückzug und Abgrenzung |
| Liberal-intellektuelles Milieu | 7 % | Die aufgeklärte Bildungselite mit liberaler Grundhaltung, postmateriellen Wurzeln, Wunsch nach selbstbestimmtem Leben und vielfältigen intellektuellen Interessen |
| Milieu der Perfomer | 7 % | Die multioptionale, effizienzorientierte Leistungselite mit global ökonomischem Denken und stilistischem Avantgarde-Anspruch |
| Expeditives Milieu | 6 % | Die stark individualistisch geprägte digitale Avantgarde: unkonventionell, kreativ, mental und geografisch mobil und immer auf der Suche nach neuen Grenzen und nach Veränderung |

| **Milieus der Mitte** | | |
|---|---|---|
| Bürgerliche Mitte | 14 % | Der leistungs-und anpassungsbereite bürgerliche Mainstream: generelle Bejahung der gesellschaftlichen Ordnung; Streben nach beruflicher und sozialer Etablierung, nach gesicherten und harmonischen Verhältnissen |
| Adaptiv-pragmatisches Milieu | 9 % | Die mobile, zielstrebige junge Mitte der Gesellschaft mit ausgeprägtem Lebenspragmatismus und Nutzenkalkül: erfolgsorientiert und kompromissbereit, hedonistisch und konventionell, starkes Bedürfnis nach „Flexicurity“ (Flexibilität und Sicherheit) |

| | | |
|---|---|---|
| Sozialökologisches Milieu | 7 % | Idealistisches, konsumkritisches / -bewusstes Milieu mit ausgeprägtem ökologischen und sozialen Gewissen: Globalisierungsskeptiker, Bannerträger von Political Correctness und Diversity |
| **Milieus der unteren Mitte / Unterschicht** | | |
| Traditionelles Milieu | 15 % | Die Sicherheit und Ordnung liebende Kriegs-/ Nachkriegsgeneration: in der alten kleinbürgerlichen Welt bzw. in der traditionellen Arbeiterkultur verhaftet |
| Prekäres Milieu | 9 % | Die Teilhabe und Orientierung suchende Unterschicht mit starken Zukunftsängsten und Ressentiments: Bemüht, Anschluss zu halten an die Konsumstandards der breiten Mitte als Kompensationsversuch sozialer Benachteiligungen; geringe Aufstiegsperspektiven und delegative / reaktive Grundhaltung, Rückzug ins eigene soziale Umfeld |
| Hedonistisches Milieu | 15 % | Die spaßorientierte moderne Unterschicht / untere Mittelschicht: Leben im Hier und Jetzt, Verweigerung von Konventionen und Verhaltenserwartungen der Leistungsgesellschaft |

Abbildung 2. Kurzcharakteristik der Sinus-Milieus.
Quelle: mit leichten Änderungen Sinus-Institut 2012.

## 2.2 Verbreitung der Sinus-Milieus im Nonprofit-Sektor

Nicht nur Unternehmen setzen die Sinus-Milieus für ihr Marketing ein. Auch Ministerien, Rundfunkanstalten, politische Parteien, Stiftungen, Verbände und andere Auftraggeber aus dem öffentlichen und dem Nonprofit-Sektor greifen auf das Milieumodell zurück, um mehr über ihre Zielgruppen zu erfahren (Sinus-Institut 2011b: 2).

Hauptanwendungsfeld ist hier die „ideelle Sphäre". Angebote und Projekte für Mitglieder und Leistungsempfänger werden mit Hilfe der Sinus-Typologie passgenau zugeschnitten und weiterentwickelt.

**Fallbeispiele**

Motiviert durch die Ergebnisse der 2007 erschienenen Sinus-Jugendstudie U 27, setzt MISEREOR verstärkt auf eine medial gestützte virale Kommunikation, um der Lebenswelt jugendlicher Zielgruppen näher zu kommen (Antkowiak 2008: 1).

Der Bundesverband für Wohneigentum und Stadtentwicklung (vhw) leitet aus der von ihm mitbeauftragten Sinus-Migrantenstudie 2008 Rückschlüsse und politische Forderungen für eine integrierte Stadtentwicklung ab (vhw 2012).

Im kirchlichen Bereich erfährt der Sinus-Milieu-Ansatz seit Erscheinen der Sinusstudie „Religiöse und kirchliche Orientierungen in den Sinus-Milieus 2005" (kurz: Sinus-Kirchenstudie, vgl. MDG 2005) im Auftrag der Deutschen Bischofskonferenz besondere Aufmerksamkeit.

Der vielfältige Einsatz des Sinus-Milieu-Modells für die Zweckverwirklichung im öffentlichen und Nonprofit-Sektor erklärt sich insbesondere damit, dass das Modell eine themenspezifische „Fein-Differenzierung" ermöglicht. Klassische Sinus-Bausteine wie Wertorientierungen und sozioökonomische Kriterien werden je nach Schwerpunktsetzung mit anderen relevanten Bausteinen kombiniert. Die Sinus-Jugendstudie bezieht z. B. kulturelles Kapital, Vergemeinschaftung, Engagement, Religion und Kirche, Zukunftsvorstellungen und Sehnsüchte als Variablen ein (Wippermann/Calmbach 2008: 8 f., 35 f.).

Die Verbreitung der Sinus-Milieus im Dritten Sektor beschränkt sich jedoch nicht auf die „ideelle Sphäre". Auch Fundraiser nutzen das Modell, um den steigenden Anforderungen an die Mittelbeschaffung Rechnung zu tragen. Eine umfassende Studie hierzu liegt noch nicht vor, insbesondere Organisationen aus dem kirchlichen Bereich und aus dem Umweltbereich setzen auf diesen Ansatz der Spendenmarktsegmentierung.

## 2.3 Kritik an milieuspezifischer Segmentierung

Allerdings gibt es auch Vorbehalte gegen eine milieuspezifische Segmentierung von Mitgliedern, Unterstützern und Leistungsempfängern, die sowohl auf methodischer als auch auf ideeller und ethischer Ebene ansetzen, z. B.:

- ⇨ **Black Box-Problem:** Bemängelt wird, die methodischen Grundlagen kommerzieller Milieumodelle wie dem Sinus-Milieu-Modell seien als Betriebsgeheimnis wenig transparent und entzögen sich damit einer wissenschaftlichen Überprüfung (Freter 2008: 121 f.; Hartmann 1999: 50 ff.).
- ⇨ **Schubladen-Blick**: Insbesondere Vertreter von Organisationen, die Vertrauensdienstleistungen „direkt am Menschen" anbieten, sehen die Gefahr eines rein auf statistischen Zusammenhängen beruhenden Schubladen-Blicks, der zur Stigmatisierung einzelner Gruppen oder Personen führen könne. Dies betrifft in erster Linie die Seite der Leistungserbringung.
- ⇨ **Anbiederungs-Risiko**: Gerade im kirchlichen Bereich ist die Angst groß, identitätsstiftende Inhalte, Botschaften und Werte könnten durch eine Ausrichtung an den Geschmäckern attraktiver Zielgruppen verwässert werden (Fresacher 2009).

An allen Kritikpunkten offenbart sich das Spannungsfeld, das sich beim Spagat zwischen professionellem (Spenden-)Marketing und der Bewahrung der spezifischen Identitätsmerkmale einer NPO auftut. Auftrag des Fundraising ist es, beides in Einklang zu bringen.

## 2.4 Ganz praktisch: Optimierung der Spenderansprache mit den Sinus-Milieus im kirchlichen Bereich

Im kirchlichen Bereich haben die Sinus-Milieus ausgehend von der oben erwähnten Sinus-Kirchenstudie (MDG 2005) den Weg in das professionelle Fundraising gefunden. Udo Schnieders, Leiter der Stabsstelle Fundraising im Erzbischöflichen Ordinariat des Erzbistums Freiburg, und Michael Krieg, Mitarbeiter im Fundraisingbüro des Bistums Hildesheim, haben telefonisch Auskunft zu ihren praktischen Erfahrungen mit der milieuspezifischen Spenderansprache gegeben[2].

### *Herausforderung*

Die katholische Kirche ist nur noch in zwei von zehn in Deutschland existierenden Milieus verwurzelt – so ein zentrales Ergebnis der Sinus-Kirchenstudie. Es handelt sich dabei um das „konservative Milieu“ und das „traditionsverwurzelte“ Milieu (katholisch.de 2012). Fundraising im kirchlichen Umfeld ist dementsprechend darauf angelegt, die Spenderbasis in diesen Milieus zu halten bzw. auszubauen. Gleichzeitig werden neue, insbesondere auch jüngere Zielgruppen ins Visier genommen.

Wie die Interviews offenbart haben, stehen Fundraiser dabei vor einer besonderen Herausforderung: Ihr Ausgangspunkt ist jeweils die „Produktpalette“, die zur Erfüllung ihres spezifischen Organisationsauftrags geschaffen wurde. Die verschiedenen Angebote (z. B. sozial-karitative Angebote, Beratungs- und Betreuungsangebote, kulturell-künstlerische Angebote) können nur in sehr begrenztem Maße für die Spenderansprache angepasst werden; sie so zu verbiegen, dass jeder potenzielle Unterstützer damit etwas anfangen kann, ist weder möglich noch sinnvoll.

Es geht also darum herauszufinden, wer sich mit den bestehenden Angeboten identifizieren kann und bereit und in der Lage ist, diese zu fördern. Das kann nur gelingen, wenn Fundraiser ihre aktuellen und potenziellen Spender genau kennen. Dafür benötigen sie die bestmögliche Datengrundlage.

### *Milieuspezifische Auswahl von Spenderadressen*

Den befragten Experten zufolge bietet der Sinus-Milieu-Ansatz hervorragendes Datenmaterial. Er ermöglicht, kirchliche und religiöse Orientierungen zu anderen Variablen in Bezug zu setzen, z. B. Wohnbeschreibungen, Familienstatus, Kaufkraftdaten, Spendenaffinität, Affinität zu überregionalen Tageszeitungen oder Freizeitaktivitäten. Die ausgewählten Informationen lassen sich bei Bedarf

[2] Das Interview mit Udo Schnieders wurde am 14.05.2012 geführt, das mit Michael Krieg am 15.05.2012.

durch Kombination mit mikrogeografischen Daten bis auf die Ebene des Haushaltes – und damit auch auf Adressen – herunterbrechen[3]. Erst dadurch werden sie für Fundraiser konkret nutzbar; diese werden in die Lage versetzt, Adressen nach Milieuzugehörigkeit zu selektieren. Krieg (im Interview) fasst die Vorteile zusammen:

*„Als Fundraiser muss ich wissen, wo die Zielgruppe ist, und ich muss ein Bild von der Zielgruppe haben. Das bieten die Sinus-Milieus."*

*Streuverluste minimieren*

Die milieuspezifische Bearbeitung von Spenderadressen trägt dazu bei, die Treffsicherheit der Fundraisingaktivitäten zu erhöhen. Angesprochen werden nur solche Haushalte, bei denen eine Affinität zum Thema und eine Spenden- oder Engagementbereitschaft naheliegen:

*„Die Sinus-Milieus helfen zusammen zu bringen, was zusammen passt. Gleichzeitig haben wir eine Pflicht dafür zu sorgen, dass Spender nicht mit unrelevanten Informationen belästigt werden"* (Krieg im Interview).

Was inhaltlich plausibel klingt, lohnt sich auch finanziell. Durch das optimierte „Matching" lassen sich Streuverluste und damit Kosten reduzieren:

*„Es werden nicht zwei Millionen Adressen angeschrieben, sondern nur die relevanten. Das rechnet sich, trotz der Investition in die Anreicherung"* (Schnieders im Interview).

Die Erzdiözese Freiburg geht noch einen Schritt weiter: Hier laufen alle Daten in einem „Geographischen Informationssystem" (GIS) (vgl. microm 2012a) zusammen und werden mit Hilfe einer auf regelmäßigen Spenderanalysen basierenden „Scorecard" selektiert, die neben den Sinus-Milieus auch andere soziodemografische Daten nutzt.

[3] Die Sinus-Milieus können von microm als sogenannte „Geo Milieus" auf vorhandene Kunden-Adressbestände sowie auf beliebige Flächengliederungen bis zum Haus als kleinster Raumeinheit projiziert werden (Sinus-Institut 2011a: 9).

*Konkretes Thema als Ausgangspunkt*

Hervorragendes Datenmaterial allein sichert noch keinen Erfolg. Entscheidend ist, wie es im Fundraising eingesetzt wird. Dafür gibt es den befragten Experten zufolge keinen Rezeptblock, vielmehr hängt dies von der Organisation, ihrer Fundraisingstrategie und ihrem Leitbild ab.

Beide Fundraiser sind sich darin einig, dass am Anfang immer ein konkretes Thema oder Projekt steht, für das überlegt werden muss: „Wen interessiert das? Wen spreche ich damit an?" Darin liegt die eigentliche Herausforderung. Die Sinus-Milieus helfen gemäß Schnieders und Krieg dabei, vielversprechende Zielgruppen zu ermitteln. Die Kommunikationsmaßnahmen werden dann ihren Affinitäten entsprechend gestaltet.

*Spendenbriefe milieuspezifisch gestalten*

Sowohl das Erzbistum Freiburg als auch das Bistum Hildesheim nutzen als wichtiges Fundraisinginstrument neben anderen Spendenbriefe, die sie an milieuspezifisch ausgewählte Haushalte schicken. Bei der Frage, wie stark die Briefe differenziert werden sollten, gehen die Ansichten auseinander:

**Fallbeispiel Bistum Hildesheim**

Das Bistum Hildesheim setzt auf eine starke Differenzierung auch innerhalb der Milieus:
*„Die Chance, dass der Spendenbrief gelesen wird, ist viel größer, wenn differenziert wird."* (Krieg im Interview).

Ein Spendenbrief des Bischofs zur Sanierung des Doms wurde beispielsweise in sieben Varianten an insgesamt 300.000 Haushalte verschickt. Je nach Milieu wurden unterschiedliche Aspekte in den Fokus gerückt: der Dom als Weltkulturerbe (Milieu: „Konservativ-Etablierte"), als Bischofskirche (Milieu: „Traditionelle") und als Zentrum für Jugendaktivitäten (Milieu: „Bürgerliche Mitte").

Im Mittelpunkt des Mailings aus Fundraisingsicht stand die Spendergewinnung. Durch den Spendenbrief des Bischofs wurden 7.300 Spender angesprochen, davon über 6.600 Neuspender.

Mit dieser Maßnahme konnten 320.000 Euro Spenden für die Domsanierung gewonnen werden. Sie ist im Gesamtkontext von circa 200 verschiedenen Fundraising-Maßnahmen im Zeitraum 2010 bis 2015 zu sehen, mit denen insgesamt über 4 Millionen Euro an Spendenmitteln angestrebt werden. Dazu gehören auch weitere milieubezogene Spendenbriefe.

**Fallbeispiel Erzbistum Freiburg**

Das Erzbistum Freiburg hat seine bisherigen zehn Spendenbriefe zu verschiedenen Themen weniger stark differenziert; es gab jeweils zwei bis drei Varianten, die sich an den Geschmäckern nahestehender Milieus orientierten.

Insbesondere bei der Ansprache eher fernstehender moderner Milieus könne eine Differenzierung schnell als Anbiederung wahrgenommen werden und damit kontraproduktiv wirken. Zielführender sei es, die Vorstellungen dieser Zielgruppe von Kirche und kirchlicher Kommunikation zu bestätigen:
*„Der Performer spendet, wenn das Projekt ihn überzeugt – auch wenn die Kommunikation nicht seinem Geschmack, aber seinen Erwartungen an kirchliche Kommunikation entspricht"* (Schnieders im Interview).

Auch beim Erzbistum Freiburg steht die Gewinnung von Neuspendern im Fokus der Mailings. Die zielgruppenspezifischen Spenderbriefe werden u. a. ergänzt durch eine aufmerksamkeitsstarke Außenwerbung, z. B. mittels Großflächenplakaten. Die Plakatstandorte werden mit Hilfe mikrogeografischer Daten wie den mircom Geo Milieus und der Kaufkraft ermittelt (vgl. microm 2012b).

*Erfolgsfaktoren*

Wenngleich es keinen Rezeptblock gibt, lassen sich aus den Erfahrungen des Erzbistums Freiburg und des Bistums Hildesheim mit den Sinus-Milieus Erfolgsfaktoren für eine lebensweltorientierte Spenderansprache ableiten:

⇨ **Hineindenken in Zielgruppen**: Um relevante Zielgruppen zu ermitteln und passgenau anzusprechen, muss der Fundraiser sich das Datenmaterial Krieg zu Folge so zu eigen zu machen, dass er in der Lage ist, sich in die abgebildeten Menschen hineinzudenken. Das gelingt nur, wenn er es schafft, Abstand von seinen persönlichen Affinitäten und ästhetischen Vorlieben zu nehmen und ganz in die Lebenswelten der Adressaten „einzutauchen".

⇨ **Rückendeckung von oben**: Um Vorbehalten gegenüber Marketing und Fundraising im Nonprofit-Bereich zu begegnen, ist es wichtig, dass die Fundraiser beim Einsatz von professionellen Segmentierungsinstrumenten wie den Sinus-Milieus „Rückendeckung von oben" haben. Auch die Erfolgsaussichten konkreter Aktivitäten lassen sich steigern, wenn zentrale Gesichter sie nach außen vertreten. So bezeichneten beide Experten es als Erfolgsfaktor, dass die Spendenbriefe vom (Erz-)Bischof unterzeichnet werden.

⇨ **Die richtige Haltung**: Fundraising ist in einer NPO nie Selbstzweck, sondern immer Mittel zum eigentlichen Zweck, der Erfüllung einer Mission. Dieses Verständnis ist grundlegend für ein glaubwürdiges, im ideellen Bereich verankertes und in diesem Sinne erfolgreiches Fundraising:

*„Es geht nicht darum, ein Produkt zu verkaufen, sondern eine Bindung auf Augenhöhe herzustellen. Themen und Interessierte sind so zusammenzubringen, dass davon beide Seiten einen Gewinn haben"* (Krieg im Interview).

⇨ **Offenheit und Flexibilität**: Um sich beim Fundraising mit den Sinus-Milieus nicht *„auf's Glatteis führen zu lassen"* (Schnieders im Interview), darf sich eine spendensammelnde Organisation nicht starr und dogmatisch an bestimmten Milieus und Thesen festhalten. Ratsam sei, auch immer mal wieder andere Milieus oder Altersgruppen per Zufallsauswahl zu testen. Eine Erfolgskontrolle hilft, die Ergebnisse dieser „Versuchsballons" auszuwerten und damit das Fundraising langfristig zu optimieren.

*Transferpotenziale*

Bedarfsgerecht zugeschnittenes Datenmaterial hat seinen Preis. Dieser rentiert sich in der Regel nur bei größeren Organisationen mit einem bestimmten Spendenvolumen. Der Nutzen ist besonders groß dort, wo mehrere Einheiten von den Ergebnissen profitieren. Dies ist im Erzbistum Freiburg und im Bistum Hildesheim der Fall, dort arbeiten auch Gemeinden mit den Sinus-Milieus.

Auseinander gehen die Meinungen bei der Frage, ob spendensammelnde Organisationen sich zusammenschließen können, um gemeinsam neues Datenmaterial in Auftrag zu geben. Einerseits werden die erheblichen Kostenvorteile für die Kooperationspartner hervorgehoben. Gerade kleinere Organisationen können davon profitieren. Auf der anderen Seite steht die Befürchtung, dass man sich bei den attraktiven Zielmilieus „ins Gehege kommt“ – eine Befürchtung, die angesichts der wachsenden Konkurrenz auf dem Spendenmarkt nachvollziehbar scheint. Die Gefahr einer solchen „Kannibalisierung“ sinkt jedoch, wenn die beteiligten Organisationen vielfältig aufgestellt und ihre Angebote klar profiliert sind.

Wie Krieg erläutert, lassen sich etwa im kirchlichen Bereich erhebliche Schnittmengen auch zwischen solchen Spendergruppen ausmachen, deren Themenaffinitäten voneinander abweichen und die folglich für unterschiedliche Projekte spenden. Solche Schnittmengen können die Basis einer gemeinsamen Studie oder anderer Kooperationsvorhaben sein.

## 3. Fazit

Um aktuelle und potenzielle Spender trotz einer unüberschaubaren Vielfalt an Konkurrenzangeboten zu erreichen und für das eigene Anliegen zu begeistern, wird es zunehmend wichtig, ihre Werte und Lebensstile in den Blick zu nehmen. Diese prägen die Spendenbereitschaft und Themenaffinitäten ebenso wie bevorzugte Ansprachewege.

Maßnahmen „mit der Gießkanne“ zu verteilen, ohne sich tiefergehend mit den Zielgruppen auseinanderzusetzen, führt hingegen in aller Regel zu erheblichen Streuverlusten. Spender können schlimmstenfalls dauerhaft abgeschreckt werden, wenn sie den Eindruck gewinnen, dass man sie wahllos und unachtsam mit Informationen überflutet. Umgekehrt sind Spender, die sich von einer Organisation ernstgenommen und wertgeschätzt fühlen, häufig auch bereit, sich längerfristig zu engagieren.

Lebensstiltypologien wie das Sinus-Milieu-Modell helfen, die Marktsegmentierung auf eine solide Datengrundlage zu stellen. Erfahrungen von NPO zeigen, dass sie tatsächlich einen messbaren Mehrwert bringen können – vorausgesetzt, sie werden professionell in das Fundraising integriert. Gerade für die erfolgreiche Ansprache neuer Zielgruppen können solche Instrumente den Weg ebnen, indem sie eine Brücke in fremde Zielgruppenwelten bauen.

Jedoch sollte eine NPO realistisch einschätzen, was ein professionelles Marktanalysetool leisten kann und was nicht. Die Sinus-Milieus zum Beispiel liefern keinen fertigen Rezeptblock; sie können und wollen eine systematische Identifizierung, Auswahl und Bearbeitung von Zielgruppen durch die Organisation nicht ersetzen. Vielmehr geben sie ihr zusätzliches Rüstzeug und Impulse, damit sie ihre eigene Fundraisingstrategie entwickeln und – in Einklang mit ihren individuellen Leitlinien und Werten – umsetzen kann.

Wie die befragten Fundraisingexperten aus dem kirchlichen Bereich unterstreichen, spielen Werte nicht nur auf Seiten der Spender eine entscheidende Rolle. Auch das Spendenmarketing selbst ist eine Frage der (Wert-)Haltung. Bei allem Ressourcenbeschaffungsdruck, dem spendensammelnde Organisationen sich ausgesetzt sehen, sollten sie nie ihre eigentliche Mission und ihre Identität aus den Augen verlieren. Diese geben den Maßstab für alle Fundraisingaktivitäten vor.

Die Ansprache neuer Spendermilieus stellt in diesem Sinne eine besondere Herausforderung dar: Sie sollte nur gewagt werden, wenn die Produkte zu den Milieus passen – und nicht, wenn sie für sie passend gemacht und dafür verbogen werden müssen. Gelingt eine authentische Öffnung für neue Zielgruppen, dann können sich daraus auch Anstöße für eine ideelle Weiterentwicklung ergeben.

Wenn eine NPO sich ernsthaft dafür interessiert, was ihre Unterstützer bewegt und prägt, dann ist dies der erste Schritt, um von einer einseitigen Adressatenbetrachtung hin zu einem lebendigen, interaktiven Dialog auf Augenhöhe mit den eigenen Zielgruppen zu kommen.

# Literatur

Antkowiak, T. (2008). Stellungnahme zur Sinus-Studie „Lebenswelten von katholischen Jugendlichen und jungen Erwachsenen“, erstellt im Auftrag von MISEREOR und BDKJ. [http://jugend.kolping.de/pressnews/download/38_kommetar_sinus_misereor.pdf] (05.06.2012)

Bruhn, M. (2005). *Marketing für Nonprofit-Organisationen. Grundlagen, Konzepte, Instrumente.* Stuttgart: Kohlhammer.

Fresacher, B. (2009). Religion nach Geschmack? Die Sinus-Milieu-Studien für die katholische Kirche in Deutschland. [http://www. fresacher.net/uploads/media/Religion_nach_Geschmack_Fresacher.pdf] (05.06.2012)

Freter, H. (2008). *Markt- und Kundensegmentierung. Kundenorientierte Markterfassung und -bearbeitung*. 2., vollständig neu bearbeitete und erweiterte Auflage. Unter Mitarbeit von Julia Naskrent, Nikolaus Hohl und Bastian Staub. Stuttgart: Kohlhammer.

Gemmrig, M. (2009). Zielgruppenbeschreibung mit Stil. Nur wer seine Zielgruppe kennt und treffend zu beschreiben vermag, ist im Stande, deren Wünsche und Bedürfnisse zu erkennen und diese entsprechend zu befriedigen. Am gebräuchlichsten sind drei unterschiedliche Ansätze zur Zielgruppenbeschreibung. In: *acquisa*, 04/2009, S. 60-61.

Hartmann, P. H. (1999). *Lebensstilforschung. Darstellung, Kritik und Weiterentwicklung.* Opladen: Leske + Budrich.

Jansen, T. (2009). *Zielgruppenorientiertes Nonprofit-Marketing: Analyse des Anwendungspotenzials am Beispiel des Segmentierungsansatzes der Sinus-Milieus*. Masterarbeit, eingereicht 09/2009 an der Fachhochschule Osnabrück.

Karmasin, H. (2007). *Produkte als Botschaften. Konsumenten, Marken und Produktstrategien*. 4., aktualisierte und erweiterte Auflage. Landsberg am Lech: mi-Fachverlag, Redline.

Katholisch.de (2012). Priestermangel erzwingt Veränderungen. Gleichmäßige pastorale Versorgung für alle Gläubigen ist Vergangenheit. [http://www.katholisch.de/25672.html] (05.06.2012)

Kotler, P.; Keller, K. L.; Bliemel, F. (2007). *Marketing-Management. Strategien für wertschaffendes Handeln.* 12., aktualisierte Auflage [der amerikanischen Ausgabe]. München: Pearson Studium.

MDG (München Medien-Dienstleistungs GmbH) (Hg.) (2005). *Milieuhandbuch Religiöse und kirchliche Orientierungen in den Sinus-Milieus® 2005*. München: MDG.

microm (2012a). Geomarketing (unter Direktmarketing A-Z). [http://www.microm-online.de/Deutsch/Microm/Sekundaernavigation/Glossar/G/index.jsp] (05.06.2012)

microm (2012b). Microgeographische Verortung der Bistumsgrenzen in Deutschland. Praxisbericht „Projektpapier Bistumsgrenzen". [http://www.microm-online.de/Ressourcen/PDF/SuccessStories/Projektpapier_Bistumsgrenzen.pdf] (08.07.2012)

Otte, G. (2008). *Sozialstrukturanalysen mit Lebensstilen. Eine Studie zur theoretischen und methodischen Neuorientierung der Lebensstilforschung*. 2. Auflage (Reihe „Sozialstrukturanalyse", Band 18). Wiesbaden: VS Verlag für Sozialwissenschaften/GWV Fachverlage GmbH.

Petras, A.; Bazil, V. (2008). *Wie die Marke zur Zielgruppe kommt. Optimale Kundenansprache mit Semiometrie*. Wiesbaden: Betriebswirtschaftlicher Verlag Gabler/GWV Fachverlage GmbH Wiesbaden.

Reeb, M. (1998). *Lebensstilanalysen in der strategischen Marktforschung*. Mit einem Geleitwort von Volker Trommsdorff. Wiesbaden: DeutscherUniversitätsVerlag.

Sinus-Institut (2011a). Informationen zu den Sinus-Milieus® 2011, Stand: 04/2011. [http://www.sinus-institut.de/uploads/tx_mpdownloadcenter/Informationen_Sinus-Milieus_042011.pdf] (08.07.2012)

Sinus-Institut (2011b). Fakten zum Unternehmen, Stand 01/06/11. [http://www.sinus-institut.de/uploads/tx_mpdownloadcenter/Fakten_zum_Unternehmen_01062011.pdf] (08.07.2012)

Sinus-Institut (2012). *Sinus-Milieus.* [http://www.sinus-institut.de/loesungen/sinus-milieus.html] (08.07.2012)

TNS Infratest (2011). Deutscher Spendenmonitor 2011: Weniger Deutsche spenden mehr Geld. [http://www.tns-infratest.com/presse/presseinformation.asp?prID=832] (06.07.2012)

Trommsdorff, V. (2009). *Konsumentenverhalten*. 7., vollständig überarbeitete und erweiterte Auflage. Stuttgart: Kohlhammer.

vhw (Bundesverband für Wohneigentum und Stadtentwicklung e.V.) (2012). vhw-Studie Migranten-Milieus. [http://www.vhw.de/publikationen/vhw-studie-migranten-milieus] (05.06.2012)

Wippermann, C.; Calmbach, M. (2008). *Wie ticken Jugendliche? Sinus-Milieustudie U27 im Auftrag von BDKJ und MISEREOR*. Aachen: Verlag Haus Altenberg; MVG (Medienproduktion und Vertriebsgesellschaft mbH).

# Anlass-Spenden – ein traditioneller Klassiker im neuen Gewand

Kai Fischer

*Zusammenfassung*

Sport-Events bieten einen guten Anlass, um Spenden zu erbitten. Sportler engagieren sich so nicht nur körperlich, sondern können ihre sportliche Aktivität auch noch mit Sinn aufladen. Und ihr soziales Netzwerk spendet als Unterstützung und Motivation der Sportler. Die begünstigten Nonprofit-Organisationen wiederum kommen mit Spendern in Kontakt, die sie sonst nie erreichen könnten. Diese auch in Deutschland immer stärker genutzte Form des Fundraising hat allerdings auch ihre Schattenseiten: So ist die Organisation sportlicher Events nicht nur mit erheblichem Aufwand verbunden. Auch gibt es zu den Spendern keine direkte Beziehung, sondern diese ist immer über die Sportler vermittelt. Somit berührt das Thema der Anlass-Spenden die grundsätzlichere Frage, wie Organisationen langfristige Bindungen aufbauen können.

## Event Fundraising – A Traditional Classic in New Clothes

*Abstract*

Sporting events offer a good opportunity to solicit donations. Athletes involve themselves thus not only physically, but can also instill their sport activity with meaning. And, the athletes' social network donates in the forms of support and motivation. In turn, the benefiting non-profit organizations come into contact with donors who they otherwise never could have reached. However, this form of fundraising, also increasingly applied in Germany, has its downsides. The organization of sporting events is thus not only associated with substantial cost. There is also no direct relationship with the donors, but instead always through the athletes. Therefore, the question of event fundraising touches on the more fundamental question or how organizations can build long-term relationships.

3. September 2011 am frühen Morgen, in Osterrode im Harz: 123 Teams zu je vier Personen stehen am Start. Ihre Aufgabe: Innerhalb der nächsten 30 Stunden 100 Kilometer zu Fuß durch den Harz gehen, wandern, laufen. Das ist eine extreme Herausforderung, entspricht die Strecke doch ungefähr der Entfernung zwischen Hamburg und Bremen; nur eben nicht gerade auf dem platten Land, sondern im bergigen Harz, dem höchsten Gebirge Norddeutschlands.

16,5 Stunden später hat das erste Team diese körperliche Herausforderung bewältigt. Insgesamt kommen 78 Teams innerhalb der vorgegebenen Zeit ins Ziel, fünf geben auf und bei den übrigen müssen einer oder mehrere der Starter ausscheiden.

Die Strapazen sind nicht nur eine körperliche Herausforderung, sondern dienen in erster Linie einem guten Zweck. Veranstaltet wurde der Trailwalker von Oxfam Deutschland, und zwar 2011 bereits zum zweiten Mal. Der Zweck ist eindeutig: Es sollen Spenden für Projekte von Oxfam gesammelt werden. Jedes Team hat sich verpflichtet, mindestens 2.000 € Spenden einzuwerben; so sind insgesamt fast 310.000 € für Oxfam-Projekte zur Existenzsicherung zusammengekommen.[1] Auch für diese Summe sind die Teams gestartet, haben sie ihre Freunde, Bekannte und Arbeitskollegen gebeten, zu spenden und damit ihre Unterstützung für ihr Team zu zeigen.

Trailwalker von Oxfam finden nicht nur in Deutschland statt. Insgesamt organisiert Oxfam jedes Jahr 15 Trailwalker in zwölf Ländern.[2] Ob in Kanada, Indien oder auch in Hongkong – überall auf der Welt nehmen Menschen körperliche Strapazen auf sich, um Spenden für die Projekte von Oxfam von ihren Freunden und Bekannten zu sammeln.

Der Trailwalker von Oxfam steht dabei nicht allein: So liefen 2.347 Starter beim 2. Race for the Cure der Komen Foundation durch die Hamburger Hafencity, und wenige Tage später waren es schon 21.000 Menschen, die am HSH Nordbank Run, der bereits zum 16. Mal in der Hafencity stattfand, teilnahmen. Auch in diesen beiden Fällen wurden von den Aktiven Spenden für den guten Zweck gesammelt.

Die hinter dem Spendensammeln stehende sportliche Aktivität ist nicht auf Laufen beschränkt. Auch Golf wird gern für den guten Zweck gespielt. Golf-

---

[1] Alle Zahlen stammen von der Website von Oxfam: [http://www.oxfam.de/mitmachen/trailwalker-2011]

[2] Einen Überblick gibt: [http://www.oxfam.org/trailwalker]

Benefiz-Turniere gibt es in Deutschland in großer Zahl. Grundsätzlich eignen sich alle Sportarten, die auch in Teams ausgetragen werden können.

## Aufladung sportlicher Aktivitäten mit Sinn

Durch die Verbindung von sportlicher Aktivität und Fundraising werden zunächst die Aktiven erreicht: Ihre sportliche Aktivität wird mit Sinn aufgeladen. 100 Kilometer innerhalb von 30 Stunden durch den Harz zu laufen ist zwar eine körperliche Herausforderung, deren Bewältigung einen subjektiven Sinn generiert. Die jeweiligen Sportler haben ihre körperlichen Grenzen gespürt, konnten sie vielleicht weiter hinausschieben und erfahren hierdurch eine Rückmeldung bezüglich ihrer körperlichen Leistungsfähigkeit. Das mag subjektiv sinnvoll und notwendig sein, ist aber letztlich auf das jeweilige Subjekt beschränkt.

Durch die Zusammenfassung in Teams, die gemeinsam die Strecke bewältigen und im Idealfall auch gemeinsam das Ziel erreichen, wird hingegen eine Gemeinschaft geschaffen. Diese macht die Bewältigung nicht nur einfacher, da sich die Teilnehmer/innen als Teil ihres Teams erfahren, das gemeinsam eine Aufgabe bewältigt; sondern es schafft außerdem eine zusätzliche Motivation und verstärkt das schon bestehende Netzwerk und die darin eingebetteten Beziehungen. Gegenseitige Rücksichtnahme und Hilfe, aber auch das gemeinsame Erreichen des Ziels sind wesentliche Faktoren, die stabilisierend und verstärkend auf Beziehungen wirken.

Zusätzlich wird die Leistung mit sozialem Sinn aufgeladen: Die Aktiven überwinden nicht nur eine körperliche Herausforderung für sich selbst, sondern auch – manchmal auch vor allen Dingen – für einen guten Zweck. Durch die Aktivität wird ein Anlass zum Sammeln von Spenden geschaffen, die über die Projekte der veranstaltenden Organisation Dritten zugutekommen. Die eigene sportliche Aktivität wird somit in einen solidarischen Kontext gestellt und ethisch überhöht: Nicht nur die eigene Leistungsfähigkeit wird bestätigt und die Gruppe sozial gestärkt, sondern die Anstrengung dient auch der Unterstützung von Menschen, die auf Hilfe angewiesen sind. Aus einer privaten Aktivität wird so eine öffentliche Manifestation der Solidarität, bei welcher die Aktiven zu Helden stilisiert werden können.[3]

[3] Wie diese Inszenierung vorgenommen wird, ist nicht Gegenstand dieses Beitrags, kann aber auf der Website zum Trailwalker gut nachvollzogen werden.

Aus dieser Aufladung einer sportlichen Aktivität mit sozialem Sinn speist sich die Motivation der Teilnehmenden. Sie erfahren sich als Teil einer großen, teilweise weltweiten solidarischen Bewegung, in welcher sie ihre Aktivität einbetten können. Damit wird ihre sportliche Aktivität vermittelbar: Sie können sich als Helden erzählen, die gemeinsam mit vielen anderen Menschen sportliche Herausforderungen meistern, um damit Solidarität zu ermöglichen. Aus einem subjektiven Antrieb wird so eine gesellschaftlich nützliche Aktivität. Darüber hinaus – und dies ist ein zentraler Punkt – schafft der Anlass gleichzeitig die Motivation und Legitimation, um überhaupt um Spenden zu bitten.

## Gebelogik bei Anlass-Spenden

Auf die sportliche Aktivität wird Fundraising aufgesetzt: Die Teams bzw. Aktiven bringen sich nicht nur körperlich ein, sondern bitten auch Freunde, Bekannte, Familie und Arbeitskollegen um Spenden. Die Unterstützer zeigen ihre Solidarität und Verbundenheit mit den Aktiven durch ihre Spende an. Sie spenden, weil sie von den Aktiven hierum gebeten werden.

Die soziale Aufladung der Veranstaltung stellt die Folie dar, auf welcher Spenden durch die Aktiven bzw. deren Teams gesammelt werden. Charakteristisch ist hierbei, dass mit der Spende die Beziehung zwischen dem Aktiven und seinen Unterstützern verstärkt wird. Gegeben wird, weil die Aktiven bitten. Mit ihnen zeigen sich die Unterstützer solidarisch und ihre körperliche Anstrengung wird durch die Spenden, die sich als Gaben interpretieren lassen,[4] gewürdigt und anerkannt. Die sich in den Spenden ausdrückende Anerkennung führt zu einer Festigung der schon vorhandenen Beziehung, die durch die symbolische und emotionale Handlung verstärkt wird.

Hiermit tritt eine charakteristische Besonderheit aller Formen von Anlass-Spenden zutage: Spenden sind Gaben oder Geschenke, die dem Aktiven gemacht werden. Sie symbolisieren die bestehende Beziehung zwischen den Aktiven und ihren Unterstützern. Ein unmittelbarer Zusammenhang zwischen den Spendern und den Organisationen, die die Spenden am Ende vereinnahmen und für ihre Projekte und Programme einsetzen, besteht hingegen nicht. Für Unterstützer bzw. Spender ist es letztendlich unerheblich, für welchen Zweck sich der

---

[4] Vgl. zum Zusammenhang von Spenden und Gaben Volz (2006). Hénaff (2009) weist darüber hinaus darauf hin, dass Spenden spezifische Formen von Gaben sind und sich von anderen Formen der Gabe unterscheiden.

Aktive engagiert: Sie geben aufgrund und zur Verstärkung ihrer beidseitigen Beziehung, nicht aufgrund der Mission der jeweiligen Organisation.

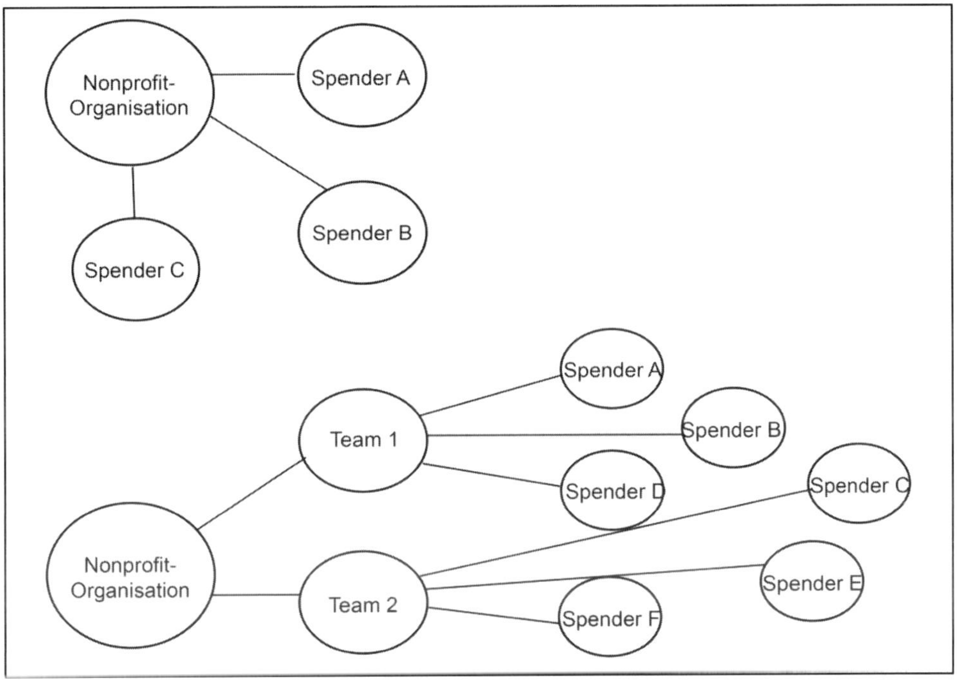


Abbildung 1. Übliche Spenderbeziehung (oben) vs. Spenderbeziehungen bei Anlass-Spenden.

Damit verlängert sich die Beziehungskette: In einer üblichen Spenderbeziehung haben die Spender eine unmittelbare Beziehung zu den jeweils bedachten Organisationen. Diese kann zwar im Einzelfall variieren, sie ist jedoch immer direkt. Bei den Anlass-Spenden besteht diese direkte Beziehung zwischen den Spendenden und den Organisationen nicht mehr. Die Organisationen haben eine Beziehung zu den jeweiligen Aktiven. Diese wiederum setzen ihre Beziehungen im Fundraising ein, die damit gleichzeitig verstärkt werden. Eine direkte Beziehung mithin zwischen den Spendern und den Organisationen besteht nicht. In den Augen der Spendenden spielt die Organisation mit ihrer Mission für die Entscheidung zur Spende keine Rolle. Sie geben, weil sie vom Aktiven gefragt werden und weil sie ihn unterstützen und damit ihre Beziehung verstärken wollen, nicht weil sie die jeweilige Organisation unterstützen wollen. Wichtig ist allenfalls, dass die Spende einem guten Zweck zu Gute kommt. Der Zweck selbst ist sekundär.

Selbst bei Aktiven kann hinterfragt werden, in welcher Qualität eine Beziehung zur veranstaltenden Organisation besteht. Die Organisation ermöglicht die Aufladung der Bewältigung einer körperlichen Herausforderung mit sozialem Sinn. Das sagt dabei noch nichts über den Inhalt des Sinns selbst aus. So ist durchaus denkbar, dass bei Trailwalker sich auch Aktive beteiligen, denen es in erster Linie um die sportliche Herausforderung und den Sinn geht, die aber keine Beziehung zu Oxfam, der Mission und den Projekten aufweisen. Wichtig ist, dass der soziale Sinn generiert werden kann und hierfür die veranstaltende Organisation als „gut" und vertrauenswürdig gilt. Die Organisation selbst ist damit sekundär.

## Klassische und geschaffene Anlässe

Diese charakteristische Form der Spenderbeziehung liegt allen Formen von Anlass-Spenden zugrunde: Klassische Formen sind die Spenden, die anlässlich eines Geburtstags oder eines Jubiläums, aber auch in Zusammenhang mit einem Todesfall (sogenannte „Kranzspenden") gesammelt werden. In allen diesen Fällen werden die Spenden von den Gästen auf Veranlassung des Gastgebers als „Anlass-Geber" gegeben. Sie entsprechen den sozial üblichen Geschenken, die sonst bei diesen Anlässen geschenkt werden. Die Geschenke symbolisieren dabei die Beziehungen zwischen dem Gastgeber und seinen Gästen.

Bei diesen Anlass-Spenden werden die sozial üblichen Geschenke in Form von Spenden an Nonprofit-Organisationen weitergereicht. Dabei gewinnen alle drei Beteiligten: Die Gäste müssen keine Geschenke kaufen, sondern überreichen einen Geldbetrag für einen guten Zweck. Dies entbindet sie von der Herausforderung, ein „passendes" Geschenk zu finden.[5] Der Gastgeber gewinnt an Reputation, da er oder sie „seine" Geschenke einem guten Zweck stiftet. Die Nonprofit-Organisation kann Spenden vereinnahmen und damit ihre Projekte oder Programme finanzieren.

---

[5] Zur Problematik, ein „passendes" Geschenk zu finden, sowie zum Einfluss des Geschenks als Symbol auf die zugrunde liegende Beziehung und wie diese über Geschenke definiert wird, vgl. Berking (1996).

Auch in diesen Fällen besteht nur zwischen dem Gastgeber/Jubilar und der Nonprofit-Organisation eine inhaltliche Beziehung. Diese kann zu den Gästen, von denen die Spenden stammen, hingegen kaum Beziehungen aufbauen. Sie geben den symbolischen Gegenwert ihres Geschenks aufgrund ihrer Beziehung zum Gastgeber;[6] bei der Entscheidung über die Spende spielt die Nonprofit-Organisation keine Rolle.

Mithin können für Anlass-Spenden sowohl sich ergebende Anlässe als auch explizit geschaffene Anlässe genutzt werden. Während Geburtstage oder auch Jubiläen Anlässe sind, die sich aus dem sozialen Leben ergeben, sind die oben beschriebenen Sportveranstaltungen Ereignisse, die als Anlässe für Spenden zunächst geschaffen werden müssen.

Anlass-Spenden können sich auch aus dem Lebenszyklus ergeben. Will ein junger Mensch mit einer Nonprofit-Organisation ein soziales Projekt im Ausland durchführen und benötigt hierfür eine Summe Geld zur Finanzierung seines Aufenthalts, dann spenden Angehörige, um diesen Aufenthalt zu ermöglichen. Zur Organisation, der die Spenden zufließen, die den Aufenthalt ermöglicht und das Projekt durchführt, bauen die Spender allenfalls eine mittelbare Beziehung über den Teilnehmer auf; nur der junge Mensch hat eine direkte Beziehung.

## Wer ist der Spender?

Die verlängerte Kette der Spenderbeziehung führt zu einer juristisch interessanten Frage: Wer ist der Spender, welchem dann auch die Zuwendungsbestätigung zusteht? Im Grunde sind dies die Unterstützer oder Gäste eines Jubilars, die die Spende tätigen. Aus Sicht der Organisation ist dies jedoch weniger eindeutig: Spender sind hier diejenigen, die die Spende der Organisation übereignen. Das können, je nachdem wie sich der Fall konkretisiert, sowohl die Unterstützer als auch die Jubilare sein.

Überweisen die Unterstützer oder Gäste direkt auf ein Konto der Organisation – unter Bezugnahme auf ein Kennwort, damit die Spende dem Anlass zugeordnet werden kann – sind sie die Spender und sie erhalten die Zuwendungsbestätigung direkt von der Organisation.

---

[6] Zum Zusammenhang von symbolischen Handeln und Gabe vgl. Caillé (2008).

Komplizierter wird es, wenn der Jubilar oder Aktive die Spenden zunächst vereinnahmt. Hier sind juristisch zwei Szenarien denkbar: Wird die Spende als Geschenk zugunsten des Jubilars verstanden, dann geht das Recht an dem Geschenk auf den Jubilar über. Entscheidet dieser, seine Geschenke zu spenden, ist er der Spender und ihm geht die Zuwendungsbestätigung zu. Die Gäste hingegen bekommen nichts. Ist der Jubilar hingegen nur Treuhänder der Spenden an die Organisation und erwirbt er keine Rechte an den Spenden, dann gehen die Zuwendungsbestätigungen an die Spender/innen, von denen auch das Geld stammt. Dies im Einzelfall genau zu klären, ist alles andere als einfach – gerade auch, wenn Gäste und Jubilare unterschiedliche Auffassungen und Interpretationen von der sozialen Situation haben. Da jede Spende nur einmal bestätigt werden darf, ist hier in manchen Fällen Fingerspitzengefühl und eine enge Absprache mit den Jubilaren und Aktiven vonnöten.

## Logistische Herausforderungen

Anlass-Spenden können Nonprofit-Organisationen vor erhebliche Herausforderungen stellen. Auch hier ist der Trailwalker von Oxfam sicher ein extremes Beispiel, zeigt aber auf verblüffende Weise, welcher logistische Aufwand notwendig ist: Für 123 Teams waren 250 „Supporter/innen“ im Einsatz, die Rücksäcke trugen, Brote schmierten und Füße massierten. Hinzu kamen 350 ehrenamtliche Helfer von Oxfam, die für die Logistik des Trailwalkers verantwortlich waren. Vom Strecken ausschildern über die Vergabe der Startnummern bis zur Ausgabe von Suppe und Blasenpflastern reichten die Aufgaben. Damit waren fast so viele um den Lauf herum aktiv wie Aktive auf der Strecke. Und alle Aufgaben mussten vorbereitet und koordiniert werden, Sponsoren angesprochen und während der Veranstaltung betreut werden.

Logistische Herausforderungen gibt es aber nicht nur in und durch die Veranstaltung selbst. Auch das Fundraising muss logistisch vorbereitet und betreut werden. In traditionellen Formen wird hier noch mit vorbereiteten Einladungen und Beilagen für Einladungen gearbeitet, mit Listen für die Spender und einem Gefäß, um die Spenden zu sammeln.

Moderne Formen der Anlass-Spende arbeiten hier längst über das Internet. Spezielle Websites ermöglichen es den einzelnen Teams ihre eigene Spenden-Seite aufzusetzen. Über diese können sie ihre Freunde und Unterstützer zur Spende einladen. Gleichzeitig werden die je Team gesammelten Spenden dokumentiert und jeder Unterstützer hat die Möglichkeit, neben der Spende auch noch einen aufmunternden Kommentar zu hinterlassen. Damit ermöglichen die Organisationen ihren Aktiven eine einfache Form der Kommunikation mit ihrem Netzwerk und diesen eine einfache Transaktion der Spende. Es reicht, das Formular auszufüllen, und die Spende wird vom Konto abgebucht und dem Team als Unterstützung gutgeschrieben. Gleichzeitig ist für alle sichtbar, wer in welchem Umfang die Leistung des Teams schon unterstützt. Auch dies wirkt auf die Entscheidung zur Spende und Unterstützung verstärkend.

Zur Logistik von Anlass-Spenden gehört immer auch die Verbuchung der Spenden und die Bedankung – auch der Möglichkeit, dass die Anlass-Geber sich bei ihren Unterstützern bedanken können, da die Spende aufgrund der bestehenden Beziehung gegeben wird. Vordrucke und Materialien müssen hergestellt und zeitnah zur Verfügung gestellt werden. Dies kann auch bedeuten, dass Listen mit Unterstützern bzw. Gästen zwischen der Organisation und den Anlass-Gebern ausgetauscht werden und gegenseitig ergänzt werden müssen. Nicht immer sind die Datensätze eindeutig und vollständig. Der sorgfältigen und schnellen Bedankung durch die Organisation kommt dabei eine zentrale Rolle zu, da bei Anlass-Spenden immer die Beziehungen von Dritten für das Fundraising genutzt werden und das Verhalten der Organisation dem Anlass-Geber, welcher für die Auswahl der bedachten Organisation verantwortlich ist, zugerechnet werden kann.

Die logistischen Herausforderungen sollten nicht unterschätzt werden. Werden gegebene soziale Anlässe genutzt, sind die Herausforderungen noch überschaubar. Werden hingegen Anlässe wie beim Trailwalker extra geschaffen, dann treten neben den Herausforderungen des Fundraising auch noch der Aufwand, den Event zu organisieren und durchzuführen. Dies kann erhebliche Mittel voraussetzen und binden. Und auch die Unterstützung durch ehrenamtliche Helfer/innen ist nicht kostenlos, auch wenn diese kein Gehalt bekommen. Allein die Unterbringung und Verköstigung sowie die Einkleidung mit einem T-Shirt verursacht Kosten, die sich schnell summieren können.

## Bindungen und Beziehungen bei Anlass-Spenden

Die verlängerten Beziehungsketten gehen mit spezifischen Formen und Problemen der Spenderbindung einher, die Nonprofit-Organisationen vor eine Reihe von Herausforderungen stellen. Haben Unterstützer und Spender keine direkte

Beziehung zur Organisation, können diese von der Organisation kaum gebunden werden. Haben sie gespendet, damit ein Neffe oder eine Nichte mit einer Nonprofit-Organisation ein soziales Projekt auf einem anderen Kontinent durchführen können, macht es keinen Sinn, sie um Spenden für andere Projekte der Organisation zu bitten. Sie haben hierzu schlicht keine Beziehung, wissen im Zweifelsfall noch nicht einmal von der Existenz der Organisation, die ihre Spende vereinnahmt hat.

Anders sieht es bei den Anlass-Gebern aus. Mit Ausnahme des Sonderfalls, dass sie ausschließlich über den Event gebunden sind, stellen sie die Bezugspunkte der Organisation zu den Spendern her. Sie haben die Organisation ausgesucht und für sie um Spenden geworben. Sie zu binden und die Beziehungen zu pflegen, ist dann die zentrale Herausforderung der Organisation, treten diese Personen doch in der Regel auch als Multiplikatoren auf und sind für Ruf und Reputation der Organisation wichtige Testimonials.

Bedeutet dies, dass aus der Gruppe der Spender bzw. Unterstützer keine neuen, langfristig aktiven Förderer gefunden werden können? Auch wenn zunächst keine Beziehung vorhanden ist, können diese zu Einzelnen aufgebaut werden. Verantwortlich ist hierfür das Prinzip der sozialen Ähnlichkeit und sozialen Nähe[7]. Dies sagt aus, dass wir uns alle mit Menschen umgeben, die uns ähnlich sind und die ähnliche Werte wie wir selbst vertreten; und auch in unseren Handlungen orientieren wir uns an den Aktivitäten der Menschen in unserem Umfeld, die wir als uns ähnlich einschätzen. Es kann deshalb davon ausgegangen werden, dass im Umfeld von Anlass-Gebern weitere potenzielle Förderer vorhanden sind, die grundsätzlich auf die Mission der Organisation reagieren könnten. Hierfür eine Ansprachestrategie zu entwickeln kann durchaus sinnvoll sein.

Damit ergibt sich ein relativ komplexes Verhältnis von Beziehungen und Bindungen hinter Anlass-Spenden. Während die Anlass-Geber eine belastbare Beziehung zur Organisation und ihrer Mission bzw. ihrer Projekte und Programme aufweisen können, kann dies bei den Spendern und Unterstützern nicht vorausgesetzt werden. Während zwar einerseits einige Anlass-Geber lediglich über einen Event und das damit verbundene Erlebnis mobilisiert und gebunden werden – und somit keine unmittelbare Beziehung zur Organisation aufweisen – können andererseits auf Seiten der Spender und Unterstützer aufgrund des

---

[7] Das Prinzip der sozialen Nähe basiert auf den wissenschaftlichen Analysen von Kleingruppen von Homans (1950). Zur Funktion des Prinzips der sozialen Nähe und der sozialen Ähnlichkeit bei Prozessen der Entscheidungsfindung vgl. Cialdini (2007).

Grundsatzes der sozialen Ähnlichkeit potenzielle Förderer vermutet werden, die langfristig gebunden werden könnten.

Für eine Bindungsstrategie ist es deshalb unabdingbar, die konkrete Struktur der Beziehungen zu analysieren und festzustellen, aus welcher Logik heraus Unterstützer und Spender sowie Anlass-Geber aktiv werden und sich engagieren. Erst wenn dies definiert wurde, können sinnvolle Aussagen über Möglichkeiten und Maßnahmen der Stabilisierung der Beziehungen ausgearbeitet werden. In der Praxis reichen diese von einem reinen Danke für die Unterstützung bis hin zum Versuch, neue Förderer für die Organisation zu finden. Passen hingegen die Maßnahmen nicht zur jeweiligen Gebelogik, können sie auch zu Verärgerung und Abbruch der Beziehungen führen.

## Anlass-Spenden – eine innovative Methode im Fundraising?

Obwohl Anlass-Spenden im Fundraising zu boomen scheinen, fällt eine Bewertung dieser Fundraising-Methode zweischneidig aus: Boom und Bedeutung von Anlass-Spenden lassen sich einfach erklären. Mit Hilfe gerade auch der modernen Formen der Anlass-Spende lassen sich Förderer und Spender finden und aktivieren, die auf traditionelle Spendenaufrufe kaum oder gar nicht reagieren. Es ist etwas vollständig anderes, seine eigenen sportlichen Aktivitäten mit sozialem Sinn aufzuladen und in einem Event mit Gleichgesinnten zu erleben, als auf einen Spendenbrief zu reagieren. Das Potenzial der Förderer einer Organisation kann mit Hilfe von Anlass-Spenden deutlich ausgeweitet werden, wodurch sich neue Potenziale erschließen lassen.

Durch die Nutzung der Netzwerke der Anlass-Geber werden Spenden generiert, die ohne die bestehenden Beziehungen zwischen den Anlass-Gebern und den Unterstützern bzw. Gästen nicht realisiert werden könnten. Weder würde die Möglichkeit der Ansprache noch ein Anlass für die Spende bestehen. Mit Anlass-Spenden werden somit neue Spenden erschlossen, die es ohne diese Methoden nicht geben würde. Zusätzlich besteht über den Grundsatz der sozialen Ähnlichkeit die Chance, weitere Förderer für die eigene Organisation, ihre Mission und ihre Projekte und Programme zu begeistern – auch wenn diese Möglichkeit nicht überschätzt werden sollte.

Fundraising über bestehende Beziehungsnetzwerke weist darüber hinaus den Vorteil auf, dass mit einem Anlass-Geber mehrere neue Spender oder Unterstützer erreicht werden können. Da dieser sein eigenes Netzwerk von Beziehungen anspricht, erreicht der Spendenaufruf eine größere Streuung. Und in der Regel ist die Kommunikation relativ kostengünstig, da sie vielfach vom Anlass-Geber übernommen wird – durch Unterstützung vonseiten der Organisation, etwa durch die Bereitstellung einer speziellen Website (siehe oben), kann diese für ihn vereinfacht werden.

Allerdings ist die Bindungsfähigkeit der Spender und in einigen Fällen auch der Anlass-Geber eingeschränkt. Bilden sie keine Beziehung zur Organisation aus, besteht für die Nonprofit-Organisation so gut wie keine Chance, außerhalb des Anlasses weitere Spenden zu erhalten. Dies kann gravierende ökonomische Auswirkungen haben. Bekanntermaßen spielt Loyalität der Förderer für die Ökonomie des Fundraising die entscheidende Rolle,[8] da mit jeder weiteren Spende die Akquisitionskosten sinken und sich damit der Netto-Erlös, der für die Projekte und Programme zur Verfügung steht, erhöht. Eine fehlende Bindung bedeutet folglich, dass es schwierig wird, mit weiteren Spenden die Kosten zu senken. Allerdings besteht eine gewisse Wahrscheinlichkeit, dass sich Anlass-Geber wie Jubilare und Aktive mehrfach engagieren und ihr Netzwerk häufiger ansprechen.[9]

Anlass-Spenden sind von den Nonprofit-Organisationen kaum noch steuerbar. So fordert Oxfam zwar von den teilnehmenden Teams, dass jedes mindestens 2.000 € an Spenden vor dem Start einwerben muss. Obwohl es Handreichungen und Unterstützung gibt, kann Oxfam nicht kontrollieren, welche Geschichten die einzelnen Mitglieder der Teams erzählen, was sie über Oxfam und die unterstützten Projekte berichten. Dieser Kontrollverlust kann für Nonprofit-Organisationen eine große Herausforderung darstellen, da die Marke und damit auch der öffentliche Auftritt für das Vertrauen in die Organisation und damit für ihr Fundraising eine wichtige Bedeutung haben.

Werden mit eigenen Events die notwendigen Anlässe für das Fundraising erst geschaffen, können sie darüber hinaus mit Kosten verbunden sein. Die logistischen Herausforderungen können erheblich sein, sodass ein größerer Teil der Spendeneinnahmen für die Organisation des Events aufgewandt werden muss. Damit sinken die Erträge, die für die Projekte und Programme zur Verfügung stehen.

Insgesamt steht mit Anlass-Spenden eine Methode zur Verfügung, die es Nonprofit-Organisationen ermöglicht, neue Spendergruppen mit einer alternativen

---

[8] Zu Bedeutung von Loyalität im Fundraising vgl. Sargeant/Jay (2004).

[9] Die oben zitierten Beispiele haben eine jährlich steigende Zahl von Teilnehmer/innen.

Gebelogik anzusprechen. Hierin liegen die größten Vorteile, die für den Einsatz von Anlass-Spenden sprechen. Allerdings sollte das ökonomische Potenzial nicht überschätzt werden. Nicht nur höhere Kosten aufgrund der logistischen Herausforderungen, sondern vor allen Dingen auch eine fehlende Beziehung und damit die geringe Möglichkeit der Bindung – vor allen Dingen der Spender und Unterstützer, zu denen keine direkten Beziehungen bestehen – verweisen auf Probleme, die nicht unterschätzt werden sollten.

## Literatur

Berking, Helmuth (1996). *Schenken. Zur Anthropologie des Gebens.* Frankfurt/Main.

Caillé, Alain (2008). *Anthropologie der Gabe.* Frankfurt/Main.

Cialdini, Robert (2007). *Die Psychologie des Überzeugens. Ein Lehrbuch für alle, die ihren Mitmenschen und sich selbst auf die Schliche kommen wollen.* Bern.

Hénaff, Marcel (2009). *Der Preis der Wahrheit: Gabe, Geld und Philosophie.* Frankfurt/Main.

Homans, George C. (1950). *The Human Group.* New York.

Sargeant, Adrian; Jay, Elaine (2004). *Building Donor Loyalty. The Fundraiser's Guide to Increasing Lifetime Value.* San Francisco.

Volz, Fritz-Rüdiger (2006). Sozialanthropologische und ethische Grundlagen des Gabehandelns. In: Fundraising-Akademie (Hg.): *Fundraising. Handbuch für Grundlagen, Strategien und Methoden.* Wiesbaden, S. 30-55.

# NONPROFIT ORGANIZATIONS IN ASIA. FUNDRAISING EFFORTS IN CHINA AND INDONESIA

Wenfeng Huang, Rainer Lisowski, Hanika Tjokroprajitno[1]

*Abstract*

Asia is growing continually more important and is attracting ever more interest. While the political and economic scales are tipping from west towards east, and this is being intensely, publicly discussed, non-profit management in Asia is being mostly disregarded. This neglect often does an injustice because there are currently interesting forms of fundraising for non-profit organizations emerging in China.

The article at hand deals with Asia's most heavily populated country, China, and with the continent's fourth largest country, Indonesia. While in Indonesia, NPOs are seem to be more dependent on the state and CSR programs of multinational corporations, financing strategies are emerging in China that gravitate more towards microfinance and philanthropy, sometimes taking novel forms (like NPO fairs). In this article, we seek to succinctly illuminate the legal and financial environments before we illustrate with a concrete example how Asian institutions fundraise.

In our opinion, practitioners as well as researchers in the non-profit field should be watching Asia more closely.

# NONPROFIT-ORGANISATIONEN IN ASIEN. FUNDRAISINGANSÄTZE IN CHINA UND INDONESIEN

*Zusammenfassung*

Asien gewinnt mehr und mehr an Bedeutung und Beachtung. Während sich die wirtschaftlichen und politischen Gewichte von West nach Ost verlagern und dies öffentlich stark diskutiert wird, lässt das Nonprofit-Management Asien meist außer Acht. Häufig zu Unrecht, denn gerade in China entstehen interessante Formen des Fundraising für Nonprofit-Organisationen.

[1] The Authors would like to thank Mrs. Mengjie Ren for her research on Chinese NPOs.

Der vorliegende Artikel befasst sich mit Asiens bevölkerungsreichstem Land, China, und dem viertgrößten Land des Kontinents, Indonesien. Während in Indonesien NPOs stärker auf den Staat und CSR-Programme multinationaler Unternehmen angewiesen zu sein scheinen, entstehen in China Finanzierungsformen, die stärker in Richtung Micro-Financing und Philanthropie gehen und mitunter neuartige Formate entwickeln (etwa NPO Messen). In den Artikeln versuchen wir in aller Kürze das rechtliche und finanzielle Umfeld zu beleuchten, bevor wir an einem konkreten Beispiel verdeutlichen, wie asiatische Einrichtungen Fundraising betreiben.

Sowohl Praktiker, als auch Forscher aus dem Nonprofit-Bereich sollten Asien unserer Meinung nach stärker im Blick haben.

## Why Asia

We live in interesting times. Times, in which global power is shifting from the West to the East. More and more Academics and (former) politicians are acknowledging this development (to name just four: Mahbubani 2008, Morris 2011, Fergusson 2011, Zakaria 2008).

Whether in business, politics, or military, this trend seems to be quite clear and is being widely discussed. Not so in the field of Non-profit Management. Here, Asia and Asian trends are seldom published or discussed. One could argue that even economically leading Asian nations like Singapore have developed only weak civil societies until now – compared to the United States or Europe.

Nonetheless, we doubt that developments in Asia should go unnoticed. Across Asia there are a lot of good examples where strong, stable, and innovative institutions of civil society have emerged. Some could be of relevance for colleagues in the West – either as inspiration for their own work in their own country, or as a role model if they intend to expand their activities to Asia or to collaborate with Asian local partners.

Our article will try to present some trends and developments of non-profit management in Asia. We will focus on Asia's most populous state China and its third most populous one, Indonesia. Due to their actual size, both countries are of some relevance – for the region and prospectively for the entire planet.

Both can be characterized as emerging countries due to their economic status. The World Bank classification would describe them as upper-middle (China) and lower-middle (Indonesia) income countries.

| Country | People in Mio. | Rank in the world | US$ GPD per capita (PPP) | Rank in the World |
|---|---|---|---|---|
| *China* | 1.343 | 1 | $8,400 (2011 est.) | 120 |
| *Indonesia* | 248 | 4 | $4,700 (2011 est.) | 154 |

Source: CIA World Fact Book

Especially in emerging countries, NPOs are of vital importance because they can foster distribution of wealth (material as well as immaterial). This is still a major flaw in most Asian countries. A look at distribution of wealth within Asian nations, measured with the Gini-coefficient for example, reveals this burden for future development.

Non-profit organizations have had and still have to face a lot of difficulties in the East. Asian societies are very often in state-centered countries because their history lacks a civic liberty movement, as took place in Europe or America from the 17$^{th}$ to the 19$^{th}$ centuries. Additionally, in Asia, most countries were shaped by colonialism and aggression. Self-sacrifice for the nation, but not self-assurance as a citoyen, was the original formula for Asian civic service. Although citizens (and in consequence NPOs) seem to become more and more self-assured (cf. Co 2004: 128 ff.), we will argue that a special cultural pattern – the predominance of the state in particular – still shapes the professional environment for NPOs.

Each part of the article entails a general description of the situation for NPOs in China as well as in Indonesia. To show the relevance of fundraising structure and methods in each country in more detail, we will try to highlight the situation by focusing on short case studies: The non-profit incubator NPI in Shenzhen, China and the Institute for Peace and Democracy (IPD) in Bali, Indonesia.

## Indonesia: Struggle between bureaucracy and the necessity to upgrade the donor's image

a) The legal framework

Indonesia is rich in commodities and therefore a lot of multinational businesses are interested in the country's resources. Although rich in raw materials, Indonesia is still an emerging nation. In order to put some pressure on companies, Indonesia compels them to report their social and environmental program to shareholders. This is particularly true in the case of the natural resources industry, where companies in the field of resource extraction are additionally obliged to do corporate social responsibility (CSR).[2] In this case, we regard Indonesian legislation as being quite progressive. This framework even has the potential to support building up civil society by channeling privately earned money from

[2] Cf. Law No. 40 about Limited Company, Article 74, 2007

extraction of "national resources" to civic organizations. Every oil and gas company in Indonesia must sign a contract with the government to do CSR. Usually, companies cooperate with experienced NPOs for their Corporate Social Responsibility programs. The legal framework, therefore, somehow propels activities of NPOs that accept to cooperate with large multinational companies in the field of their CSR.

But, there is also an underside: NPOs have to react in a more sensitive way to companies' wishes. Although companies might be obliged to cooperate with NPOs, they can of course choose their cooperation partners. The prospect of losing a significant contributor can impose some pressure on NPOs.

### b) The financial situation

There are various prospective funding sources to enable an NGO to perform their service and achieve the organization's goals. These sources vary from country to country – depending on its individual economic and political situation. In developed countries, NPOs can often rely on personal donors and stay more "neutral" this way. In developing countries, NPOs often have to rely on government funding and, as described, on companies' CSR-money.

Many NPOs gain financial benefit from the CSR directive. Major corporations are seeking NPOs with a track record relevant to their CSR goals. Companies do not want to dedicate too many of their own resources in conducting their own CSR activities. The amount of money spent on CSR is constantly increasing because more and more companies are aware of the importance of CSR, both for social development and for building a company's image. Major corporations in Indonesia are spending up to 4 % of their net profit[3] for programs such as health, education, environment, etc.

But, this type of cooperation can also result in a complicated situation because these corporations have their own agenda in building their company's image. Companies give limitations to NPOs when carrying out their activities, such as in determining the program's location and beneficiaries, who are usually the company's stakeholders. The NPOs are then forced to set up programs in companies' operational areas, which they think are not the most needy.

[3] Based on 2010 financial reports of Unilever Indonesia, Bank Indonesia, Pertamina, and PT Telkom Indonesia.

On the other hand, NPOs also receive funding from Indonesian and foreign governments. But, interestingly, many NPOs refuse to receive any funding from the Indonesian government due to complicated bureaucracy and corruption issues. This is a major difference with the European situation. In Europe, NPOs often prefer to be funded by the state because this allows them more independence from industrial interests.

### c) How NPOs do fundraising in Indonesia

NPOs providing social services, such as orphanages and children health programs, can rely on personal donors because these issues attract more sympathy from the public. They gain funding from generous, but a very limited number of donors. Some donors are approached personally, others are approached by holding an event, such as a gala dinner. Some NPOs, like WWF or UNICEF, do campaigns in city centers and ask people to make a small monthly contribution to their programs, deducted directly from their bank accounts. But, this type of campaign can only be done by large and well-known NPOs, where most people are already aware of their work. For small NPOs, it will be difficult to do campaigns in public spaces, where no one recognizes their work or reputation.

For other NPOs working on other issues, such as democracy, women empowerment, human rights, economic development, etc., it is often quite difficult to convince the public to support their ideas. NPOs working in these areas normally receive funding from either the Indonesian or a foreign government.

So, these NPOs are somehow bound to receive support from governments – both the government of Indonesia and international donors.

In our case report, we will have a closer look at one example: The IPD Institute for Peace and Democracy in Bali, Indonesia.

### d) Case Report from Institute for Peace and Democracy, Indonesia

The IPD – Institute for Peace and Democracy is run in partnership with Udayana University, which is a state university located in Bali. It focuses on development of peace and democracy in the Asia Pacific region and was established to provide substantive academic and technical support for the Bali Democracy Forum (BDF)[4].

Most Europeans do not know about or even realize the fragile and potentially dangerous situation for internal and external peacekeeping in Southeast Asia. Singapore's Elder Statesman, Lee Kuan Yew has described the fragile peace in this part of Asia in depth (cf. Lee 2000).

IPD receives support from the government of Indonesia through Udayana University for its initial stages. This support includes provision of building and office equipment.

Like many NPOs in Indonesia, IPD relies on international donors in conducting its program and for daily operational activities, like staff salary, electricity, phone bills, etc. Considering IPD's strategic position as a support system for BDF and its relationship with the government of Indonesia, many donors are keen on working with IPD on various programs. Currently, IPD has 4 main active programs in building democracy, political engagement, and peace, such as conducting a series of trainings for political party members from Asia and the Pacific, conducting surveys on women's political engagement, facilitating dialogue between Egypt and Indonesian society, and, of course, conducting BDF. Each of these programs receives funding from different international donors.

But, being a semi-governmental organization creates complicated administrative requirements for IPD. To run its operational activities, IPD must to go through a series of administrative processes in order to register its bank account and then receive permission from Indonesian Ministry of Finance in Jakarta before they can use the bank account. IPD also needs to register every donation they receive from international donors to the Ministry of Finance. This process can take months and can interfere with the program's timeline. The government also conducts yearly audits for Udayana University, which involves an audit for IPD financial reports. Since the audit is done through Udayana University, it is hard for IPD to communicate and respond to the audit's results. This can led to many audit findings that can harm IPD's integrity and financial situation.

---

[4] The Bali Democracy Forum is an annual high-level forum for ministers and country leaders from Asia, Pacific, Middle East, and North African countries to share their experience in fostering democracy and peace.

Although Indonesia might be regarded as being a more open society in comparison to China, China seems to be more dynamic in developing and adapting new fundraising techniques.

## China: Room for innovation despite public control

a) The legal framework

Although the state still plays a massive role in the Chinese people's lives, the country's non-profit sector is growing rapidly. Researchers at the Harvard University estimate that by the end of 2010, registered non-profits in China have reached about 500,000, with millions more of unregistered grassroots organizations outside the formal legal framework (Harvard 2012).

Under current laws and regulations about public fundraising in China, the majority of Chinese domestic NPOs are not entitled to a legal public fundraising status, so that they have to find some other source.

b) Financial situation of NPOs in China

In 2011, the number of overall donations was only 85.3 billion YUAN ($13 billion), which means every Chinese has donated only 62 YUAN ($9.4) a year on average. And, 68.7 % of total donations were donated to registered NPOs. Enterprises' donations as a percentage of the total was also unoptimistic, only reaching 48.6 billion YUAN ($7.6 billion). And, among thousands of the overseas-funded enterprises, only a few (less than 100) donated more than 1 million YUAN ($156,000).[5]

[5] Yang, Tuan: Annual Report on China's Philanthrophy Development (2012), Beijing 2012, pp. 14-32.

Furthermore, according a survey[6] in 2011, in the entire year of 2010, approximate half of the grassroots NPOs were funded less than 200 thousand YUAN ($31,000).

In summary, most of the Chinese grassroots NPOs operate in a poor financial condition, facing a shortage of funds in different fields, and thus having to broaden external fundraising channels.

c) How NPOs fundraise in China

Currently, the two most popular ways of fundraising used by Chinese grassroots NPOs are as follows:

- Applying for organizing non-profit programs funded by governments, enterprises, or foundations.

- Taking part in non-profit program competitions, which are usually hosted by governments or enterprises.

In other words, precisely because most grassroots NPOs could not depend on personal donations, they have to try alternative methods, as mentioned above. Social media stands out: The explosive growth in the number of "netizens" in China allows virtually unlimited possibilities. Due to the low cost of online fundraising platforms, especially social media like microblogs, more and more NPOs are expanding in this way. One good example is the Tencent Foundation. Tencent Group and their foundation make full use of QQ (an instant messaging tool with more an 0.7 billion users) to raise funds for non-profit programs on an online platform. On its official website, every single person could choose to donate as little as 1 YUAN (2 cents), or more. Non-profit organizations and programs can apply to be members of this fund, and so far, approximately 4 million people have taken part in this program, raising 2.3 million YUAN ($360.000). 10 grassroots NPOs have been receiving donation from Tencent Foundation. Interestingly, in one example, a private institution somehow fulfills a function that in Europe would belong to the state – collecting money to give grants to NPOs.

[6] 2011 China Charity Resources Matching Report, jointly issued by NPI, CCIA (a consulting firm focused on CSR strategic planning and corporate practice), British Foreign&Commonwealth Office, and Sida (Swedish International Development Agency).

Another example is the "Free Lunch for School Children" campaign, which was first proposed by an ordinary journalist via SinaWeibo[7] and subsequently supported by another 500 journalists. This program provides free lunch for school children in poor areas through online crowdsourcing (mostly via microblogs). It initiated the use of social media for public welfare in mainland China. Within 5 months, the fund had raised more than 16 million YUAN ($2.6 million) with the support of more than 100,000 netizens, offering at least 10,000 free lunches to more than 150 schools of China's poor areas.

### d) Case report: The NPI and its different ways of funding

The non-profit institute NPI is an aggregation of several NPO supporting organizations, which are maintained by contributions, both financial and otherwise, from international and domestic foundations, governments, enterprises, and academies. Since its establishment in January 2006, NPI has expanded to 4 major cities with over 120 full-time staff.

In terms of funding sources, NPI has established partnerships with governments, enterprises, and foundations, and is funded with 25 million YUAN ($4 million)/year on average. Half of this amount comes from governments.

NPI is managing more than 9 complementary programs, some of which are about fundraising. By operating these programs, NPI not only raises funds for itself, but also builds fundraising platforms for grassroots NPOs. Four shall be described to illustrate the dynamic development of NPO fundraising in China:

- Non-Profit Incubator

NPI announced the concept of the 'Non-Profit Incubator' in mid-2006, after development of 6 years. NPI has cooperated with the Ministry of Civil Affairs of PRC and the Civil Affairs Bureau in 4 different cities, from whom NPI has been receiving stable financial support, thus allowing nascent NPOs to be incubated with micro-grants each month. Potential partnerships with the Civil Affairs Bureau in additional cities are impending.

---

[7] Sina Weibo, a twitter-like service that is one kind of microblogging in China. Compared to 2010, microbloggers tripled in 2011, reaching 0.25 billion, or half of all Internet users.

- Shanghai United Foundation

Due to legal limitations on tax exemption and fundraising qualifications, it is still quite difficult for resources to reach innovative grassroots NGOs. As a result, these organizations often struggle to sustain their growth. In search of a durable solution, NPI launched the Shanghai United Foundation, a fundraising platform designed especially for grassroots NPOs.

This foundation unites and represents a variety of NPOs and social enterprises, creating a new fundraising model, which allocates resources in a professional and highly accountable way.

It fundraises for or with well-run grassroots NPOs by setting up designated funds with them, developing relationships with cooperate donor and channeling the resources to support them, and configuring marketing databases for individual donors with the "One Egg Project."

The "One egg project" encourages the public to take a 50-kilometer hike, as individuals or groups, to raise funds for "The One Egg," which is for distributing to students in underdeveloped regions. This successful and innovative project stresses the concept of public participation in donating to non-profit programs.

- NPO Fair

NPI initiated the NPO Fair program in 2009, aiming to build a platform for grassroots NPOs to showcase their best practices and to help donors connect with innovative projects. The most recent one was held from July 12$^{th}$ to 14$^{th}$, 2012 in Shenzhen, and at least 3 similar exhibitions have been held in Beijing and Shanghai.

After 3 consecutive years, the NPO Fair has developed into a national fair. It involves over 360 domestic NPOs and foundations, and 160 enterprises are to exhibit in July of this year.

In conclusion, through the program, NPI hopes to enhance communication between donors and NPOs to establish stronger partnerships and to ensure an effective use of funding.

- Venture philanthropy

NPI's Venture Philanthropy program offers a pioneering approach in China. First introduced and practiced by NPI in 2007, the concept of Venture Philanthropy has won high recognition. Collaborating with Lenovo and the Shanghai Civil Affairs Bureau, as well as with other partners, NPI initiated and launched several Venture Philanthropy programs. To date, the Venture Philanthropy funds managed by NPI exceed 50 million YUAN and support more than 300 excellent non-profit programs.

Additionally, NPI initiated and is now facilitating the Shanghai Community Services Venture Philanthropy Competition, hosted by the Shanghai Civil Affairs Bureau.

## Conclusion

Asia is becoming more and more important to the world. To date, professionals and academics in the field of non-profit management have often underestimated the innovative potential of Asian NPOs. Our examples have shown that, especially in China, institutions are developing dynamically.

Although Chinese society is quite state-oriented, the NPO sector surprises with a lot of innovation – like NPO fairs, NPO-incubators (an outstanding idea in our opinion), or micro financing tools like social media. One reason might be that it is quite difficult for NPOs to receive public money – especially for unregistered NPOs.

Whereas in the Chinese case, NPOs often ask in vain for public funding, in Indonesia, NPOs actively try to avoid collecting public money, due to difficulties in bureaucracy and corruption. The case of IPD in Indonesia has taught us two lessons: First, how to deal successfully with intrusion, and second, to never forget the importance of the state within Asian countries. Although some authors have argued that self-regulation for NPOs (or at least the demand for it) is becoming more widely spread in Asia (cf. Sidel 2010)[8], it is our impression that administrations and politics remain more influential in Asia than they are in Europe or America. Non-profits that want to work in Asia have to bear this in mind when entering these countries.

[8] Sidel analyses the following countries: Cambodia, India, Pakistan, and the Philippines.

China could be a country that "the West" can learn from. Regardless of the still very influential state, a more and more vibrant milieu of NPOs is emerging. And, due to the financial restriction depicted above, they are developing interesting forms of fundraising, like the NPO fair or the more and more utilized social media in fundraising.

## References

Co, Estefania A. (2004). Civic Service in East Asia and the Pacific. In: SAGE Publications, *Nonprofit and Voluntary Sector Quarterly*, 33, pp. 127-147.

Ferguson, Nial (2011). *The West and the Rest.* 3rd Ed. Ullstein.

Lee, Kuan Yew (2000). *From Third World to First. The Singapore Story: 1965-2000.* Singapore: Marshal Cavendish Editions (reprint from 2011).

Mahbubani, Kishore (2008). *The New Asian Hemisphere: The Irresistible Shift of Global Power to the East.* New York: Perseus Books Group.

Morris, Ian (2011). *Why the West Rules – for now, The patterns of history and what they reveal.* London: Profile Books.

Sidel, Mark (2010). The Promise and Limits of Collective Action for Nonprofit Self-Regulation: Evidence From Asia. In: SAGE Publications, *Nonprofit and Voluntary Sector Quarterly*, 39 (6), pp. 1039–1056.

Yang,Tuan (2012). *Anual Report on China's Philanthrophy Development.* Beijing, pp. 14-32.

Zakaria, Fareed (2008). *The post American World.* New York: WW. Norton.

*Sources*

Harvard University: http://www.hks.harvard.edu/hauser/engage/nonprofitsinchina/]

# GOOD ONLINE FUNDRAISING SHOULD BE SIMPLE AND HUMOROUS. WHAT NPOS COULD LEARN FROM THE OXFAM GERMANY CASE

Interview with Sabine Weibel, Head of Fundraising of Oxfam Germany

Oxfam Germany has recently been rewarded for its new online fundraising campaign. Labelled „unwrapped" („Unverpackt"), the German Fundraising Association („Deutscher Fundraising Verband") decorated the German branch of the international non-profit organization that aims to attain a world without poverty and with more justice.

We spoke to Sabine Weibel, Head of Fundraising at Oxfam Germany. Weibel studied Business Management in Berlin and Cambridge. She has been a professional fundraiser for almost ten years. In her professional life, she headed donor services and face-to-face campaigns for the children's rights group "Save the Children." Within the last five years, she worked for the German branch of the Red Cross, in particular developing its social media strategy and re-launching the website DRK.de.

**Q: How important is online fundraising for Oxfam?**

A: In addition to classical fundraising instruments, Oxfam Germany focuses on new concepts deliberately. One of them is online fundraising. Giving money for a good purpose has to be associated with a little fun. And, it has to be simple. In just one example, our new Oxfam donations shop called „Oxfam Unverpackt" (Oxfam Unwrapped) almost instantly attained a high percentage of our entire fundraising performance. Why? Because it is simple and humorous. For example, you can „shop" for a young goat for 28 Euro. In the „product description," we relate some features: It gives milk, produces sustainable fertilizers... And, the English phrase „fair enough" can be translated into German by saying „So there is nothing to baa about." Puns like these make things funnier and donations more attractive.

Another example is our Oxfam Germany Trailwalker, a Charity run in the hilly Harz region. To collect donations, the teams can use their own Trailwalker-Team-Websites, on [http://trailwalker.oxfam.de/Alle-Teams-2012].

**Q: Will you continue to develop online fundraising?**

A: Absolutely. Especially since general donor activity is migrating from offline to online. But, where this journey will take us, we will not yet reveal.

**Q: OK, but can you describe – what will the next tasks for Oxfam be?**

A: Our team will develop Oxfam's fundraising on a strategic level. We see three major challenges: 1) developing a fitting loyalty strategy for our quite divergent target groups; 2) opening up new fundraising instruments for Oxfam Germany; 3) and integrating Oxfam Germany and its fundraising affords to an even higher degree with the international Oxfam Network.

**Q: How much time has to be invested building up online fundraising? When do you reach break-even?**

A: You cannot answer that question on a general basis. It depends on the instruments and the product itself. In my opinion there are two core factors. One is the fundraising idea itself. How strong is it? How attractive?

The other one is the expense of programming a website. You have to invest beforehand. Accordingly, you need to have a budget for that, the necessary know-how, and the capacity to work on a project like this. You cannot develop something as complex as good online fundraising on the side. If you are lucky and a technical platform already exists, then you might just need a few weeks or months to implement a new tool. But, if you have to create an entire webpage and shop with several interactive modules from scratch, then it can easily takes one or one and a half years. Especially considering that after initial programming, you have to do search engine optimization and further development (continuous testing, fixing bugs…) on a regular basis.

**Q: What kind of difficulties do NPOs face when they try to implement online fundraising? Do you think there are even NPOs that should not invest in online tools at all?**

A: Concerning the difficulties: From my experience, it is very often quite simple; a lot of NPOs simply lack technical know-how and competences. If you want to start fundraising online, you have to build up some expertise. That said, no kind of NPO spontaneously comes to mind that should not do online fundraising at all. Well, maybe anti-Internet activists ;-)

# REFLEXIONEN AUS THEORIE UND FORSCHUNG

# Trainee-Programme als Berufseinstieg in den Nonprofit-Sektor

Rebecca Finke, Linda Heberling, Alexander Schirm, Bettina Hohn

*Zusammenfassung*

Die vorliegende Studie befasst sich mit Trainee-Programmen im Nonprofit-Sektor und wurde im Rahmen des Masterstudiengangs „Nonprofit-Management und Public Governance“ (MaNGo) unter Leitung von Frau Prof. Dr. Bettina Hohn im Wintersemester 2011/2012 erstellt. Der Master wird in Kooperation der beiden Berliner Hochschulen HWR (Hochschule für Wirtschaft und Recht) und HTW (Hochschule für Technik und Wirtschaft) angeboten.

Die Trainee-Studie analysiert einerseits die Erwartungen der MaNGo-Studierenden an ein Trainee-Programm im Nonprofit-Sektor und andererseits untersucht sie bereits existierende Trainee-Programme von Nonprofit-Organisationen. Im Ergebnis zeigt sich, dass zwischen den bereits vorhandenen Stellen und den Erwartungen der potentiellen Trainees teilweise übereinstimmende Faktoren, aber auch abweichende Vorstellungen existieren. So wünschen sich die Studierenden neben einer angemessenen Vergütung eine ganzheitliche Konzeption der Traineestelle. Diese Erwartungen werden von den größeren untersuchten Nonprofit-Organisationen mehrheitlich erfüllt, von den kleineren Organisationen dagegen weniger. Insgesamt zeigt sich, dass Trainee-Programme eine attraktive Möglichkeit zur fachlichen und persönlichen Qualifizierung von Hochschulabsolventinnen und -absolventen bieten und als Berufseinstieg in den Nonprofit-Sektor dienen.

# Training Programs as Career Entry into the Non-Profit Sector

*Abstract*

The study at hand concerns itself with training programs in the non-profit sector and was developed in the context of the master program “Non-profit Management and Public Governance” (MaNGo), under the direction of Prof. Dr. Bettina Hohn in the winter semester 2011/2012. The master is offered in cooperation between the two Berlin universities the Berlin School of Economics and Law and the University of Applied Sciences.

This study of training programs assesses the expectations of the MaNGo students on the one hand, and on the other examines already existing training programs of non-profit organizations. In conclusion, the existing positions and expectations of the students have both consistent and divergent elements. The students desire a comprehensive conception of the training position in addition to appropriate compensation. These expectations are met in the majority of larger non-profit organizations, but less so in the smaller organizations. Overall, training programs offer an attractive possibility for the professional and personal qualification of university graduates and provide entry into the non-profit field.

## 1. Hintergrund und Zielsetzung der Studie

Im Rahmen der Lehrveranstaltung „Projektstudie" des Berliner Masterstudiengangs „Nonprofit-Management und Public Governance" (MaNGo) wurden die Fragen aufgeworfen, wie sich der Arbeitsmarkt für Führungskräfte im Nonprofit-Sektor quantitativ und qualitativ entwickeln wird, welche marktlichen Entwicklungen Relevanz für die arbeitgebenden Organisationen haben und welche Möglichkeiten des Berufseinstiegs für Absolventen des MaNGo-Studiengangs bestehen.

Eine Möglichkeit des Einstiegs in die berufliche Praxis sind Trainee-Stellen. Dieses im Profit-Bereich weit verbreitete Konzept zur Qualifizierung und Einarbeitung junger Berufseinsteiger wird auch von Nonprofit-Organisationen (NPO) genutzt. Die Organisationen stehen vor dem Zielkonflikt, die knappen Mittel effizient zu verwenden und trotzdem attraktive Programme für Berufseinsteiger zu implementieren. Bis jetzt wurden die schon vorhandenen Konzepte keiner Evaluation unterzogen, weshalb sich diese Studie mit der Frage beschäftigt, wie Trainee-Programme von NPO derzeit ausgestaltet sind und inwiefern sie den Erwartungen potentieller Trainees entsprechen.

## 2. Methodische Vorgehensweise

Auf Grundlage der Begriffsklärung, was unter einem Trainee-Programm in der Literatur verstanden wird, wurde untersucht, welche Merkmale Trainee-Programmen gemein sind und wie sie sich voneinander unterscheiden lassen. In einem zweiten Schritt wurden 72 MaNGo-Studierende[1] zu ihren Erwartungen an Trainee-Stellen befragt. Davon nahmen 32 Studierende an der Umfrage teil. Die Befragung fand mittels eines standardisierten Fragebogens und unter Nutzung der internetbasierten Hochschul-Lernplattform „Moodle" statt. Parallel dazu wurde eine qualitative Untersuchung bereits existierender Trainee-Programme im Nonprofit-Sektor in Deutschland durchgeführt. Es konnten 16 NPO mit einem Trainee-Programm identifiziert werden. Sie wurden mittels Stellenanzeigen auf den organisationseigenen Internetseiten, in Online-Stellenbörsen sowie durch Kontakte im Umfeld des Studiengangs MaNGo identifiziert. Von den 16 angeschriebenen Organisationen erklärten sich sieben zu einem Interview bereit. Die befragten NPO haben unterschiedliche Tätigkeits-

[1] Darunter 37 Studierende des ersten Semesters und 35 Studierende des dritten Semesters.

bereiche, u. a. Förderung des bürgerschaftlichen Engagements, Naturschutz, internationale Entwicklungszusammenarbeit sowie humanitäre Hilfe. Der Interview-Leitfaden orientierte sich an der quantitativen Trainee-Studie der Kienbaum Management Consultants GmbH.[2] Die Interviews wurden telefonisch oder persönlich durchgeführt und dabei aufgezeichnet. Die wesentlichen Inhalte wurden fallstudienartig zusammengefasst und vergleichend ausgewertet, um sie anschließend den Erwartungen potentieller Studierender gegenüberzustellen.

## 3. Definition, Formen und Ziele von Trainee-Programmen

Kerstin Nesemann beschreibt den Trainee-Begriff in ihrer Dissertation wie folgt:

*„Trainee-Programme vermitteln Hochschulabsolventen im Rahmen einer berufsvorbereitenden Ausbildung im Unternehmen die erforderlichen fachlichen, methodischen und sozialen Kompetenzen und bieten die Möglichkeit, (die wesentlichen Aspekte von) Strategie, Struktur, Prozesse und Kultur des Unternehmens kennenzulernen“.* (Nesemann 2012: 38)

Trainee-Programme sind eine Form der Personalentwicklung und haben ihren Ursprung in privatwirtschaftlichen Unternehmen (Thom/Nesemann 2010: 26). Ein Trainee-Programm bietet Hochschulabsolventen die Grundlage für einen Einstieg in eine Position mit Führungsverantwortung im mittleren oder oberen Management einer Organisation. Dabei wird das Bewusstsein über die eigenen Fähigkeiten und Neigungen gestärkt, Kommunikationsbeziehungen innerhalb und durch die Organisation ausgebaut und die Struktur sowie die Kultur der Organisation vermittelt. Die Absolventen haben die Gelegenheit, eine fundierte und praxisorientierte Berufseinführung zu durchlaufen und ihr zukünftiges Arbeitsterrain kennenzulernen. Für die Organisationen liegt der Vorteil darin, dass Sie ihre zukünftigen Führungskräfte frühzeitig kennenlernen und anhand von Fähigkeiten und Qualifikationen den Grundstein für die bestmögliche Zusammenarbeit legen können (ebd.).

[2] Kienbaum führte 2001 eine Studie zu Trainee-Programmen im privatwirtschaftlichen Sektor durch, die einen Überblick bietet, wie Trainee-Programme in der Praxis ausgestaltet sind. Vgl. Kienbaum Management Consultants GmbH (2003).

### *Formen von Trainee-Programmen*

Die Kienbaum-Studie sowie Thom/Nesemann beschrieben verschiedene Trainee-Formen. Für Hochschulabsolventen im Bereich der Wirtschaftswissenschaften lassen sich fünf Grundtypen von Trainee-Programmen herauskristallisieren:

1. **Das ressortübergreifende Trainee-Programm**: Der Trainee durchläuft verschiedene Abteilungen wie Controlling, Marketing, Vertrieb usw.

2. **Das ressortübergreifende Trainee-Programm mit Fachausbildungsphase**: Der Trainee durchläuft verschiedene Abteilungen und spezialisiert sich dann auf ein Fachgebiet.

3. **Das ressortbegrenzte Trainee-Programm mit Vertiefungsphase**: Der Trainee wird ausschließlich in einer Abteilung eingesetzt.

4. **Das projektbezogene Trainee-Programm**: Der Trainee wird in einem oder mehreren Projekten eingesetzt und lernt in diesem Zusammenhang die verschiedenen Aufgabenbereiche kennen.

5. **Das individuelle Trainee-Programm** (Thom/Nesemann 2010: 27): Das Programm wird entsprechend der besonderen Kenntnisse und Interessen des Trainees jedes Mal individuell ausgestaltet.

### *Merkmale von Trainee-Programmen*

Die Konzepte unterscheiden sich vor allem in Hinblick auf die Anzahl der zu durchlaufenden Funktionsbereiche und die dortige Aufenthaltsdauer der Trainees sowie die Ausbildungsbreite und -tiefe und die Art der Aufgabenverantwortung. Allen o. g. Formen von Trainee-Programmen sind jedoch folgende Merkmale gemein:

1. **Beschränkter Teilnehmerkreis**: Trainee-Programme richten sich an Hochschulabsolventen, die nach Abschluss des Studiums einen Berufseinstieg suchen.

**2. Strukturiertes, organisiertes Vorgehen**: Training on the Job, Training off the Job, Job Rotation und Projektarbeiten in einem oder mehreren Organisationsbereichen wechseln sich ab.

**3. Ausrichtung des Programms auf eine Personengruppe**: Das Trainee-Programm wird nicht speziell auf Einzelpersonen angewendet. Konzeptions- und Durchführungskosten wären dabei unangemessen hoch.

**4. Keine Abschlussprüfung**: Nach Beendigung des Trainee-Programms ist eine Abschlussprüfung nicht vorgesehen (ebd.).

Lediglich die **Dauer des Programmes** unterscheidet sich von einer Art zur anderen: Bereichsübergreifende Programme nehmen tendenziell mehr Zeit in Anspruch als ressortbegrenzte Programme. In der Regel bewegt sich die Dauer zwischen sechs und 24 Monaten.

*Ziele von Trainee-Programmen*

Das Trainee-Programm sollte in ein umfassendes Personalentwicklungskonzept, abgeleitet aus den personalwirtschaftlichen Zielen der durchführenden Organisation, eingebettet sein. Organisationen verfolgen dabei vier spezifische Teilziele mit der Durchführung eines Trainee-Programmes. Zum einen geht es dabei um den Ausbildungserfolg und den damit einhergehenden Gewinn von Wissen für den Trainee, und zum anderen werden auf Organisationsseite Informationen über zukünftige Fach- und Führungskräfte gewonnen und der Trainee lernt die Organisationskultur kennen (ebd.).

## 4. Erwartungen von Studierenden an Trainee-Programme im Nonprofit-Sektor

Die abgefragten Erwartungen potentieller Trainees des Dritten Sektors werden im Folgenden zusammenfassend dargestellt. Laut Befragung können sich von 32 Studierenden (Grundgesamtheit[3]) 22 Studierende vorstellen, nach ihrem

[3] Nachfolgend meint Grundgesamtheit immer die Gesamtheit der bei dieser Frage gegebenen Antworten.

Masterstudium ein Trainee-Programm zu absolvieren (s. Abb. 1). Ob die Teilnehmer zu Beginn der Befragung bereits eine Vorstellung von Trainee-Programmen und ihrer Ausgestaltung besaßen, kann nicht beurteilt werden. Als Vorinformation diente allerdings folgender Einleitungstext der Befragung:

*„Trainee-Programme sind Einstiegsprogramme, bei denen Hochschulabsolventen eine systematische Einarbeitung für die spätere Übernahme von (oft gehobenen) Positionen in Organisationen durchlaufen. Bei professionellen Trainee-Programmen übernehmen die Trainees anspruchsvolle Aufgaben, werden durch einen Betreuer bzw. Mentor unterstützt und lernen die Struktur und Kultur der Organisation ganz gezielt kennen."*

Somit kann zumindest ausgesagt werden, dass sich ca. 70 Prozent der Befragten vorstellen können, ein Trainee-Programm zu absolvieren, wenn das Programm die in dem Einleitungstext beschriebenen Bedingungen aufweist.

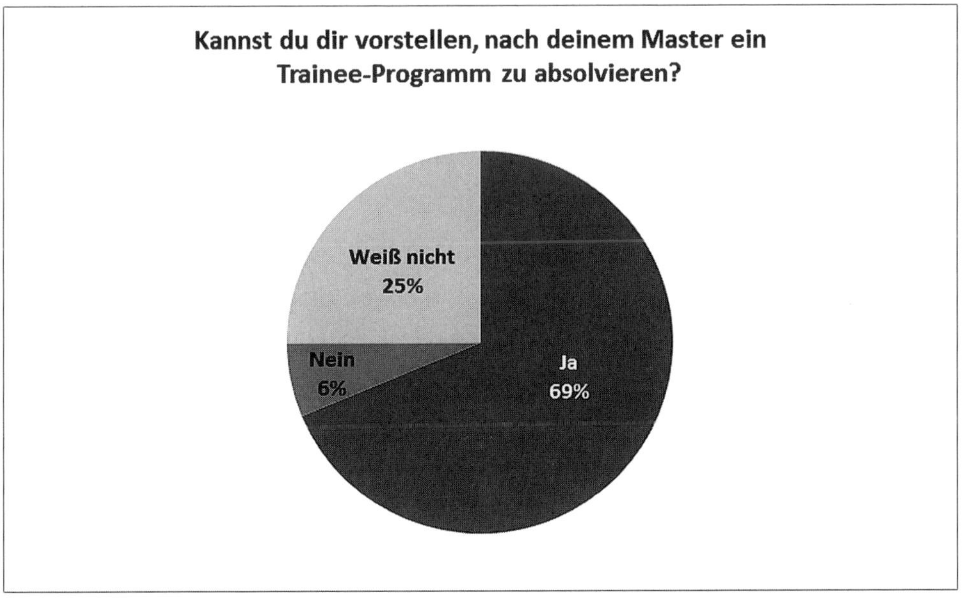


Abbildung 1. Bereitschaft ein Trainee-Programm zu absolvieren.

Darüber hinaus ergab die Befragung, dass viele Studierende ein Trainee-Programm mit der Zielvorstellung absolvieren würden, sich für eine Arbeit in der jeweiligen Organisation zu qualifizieren oder ihre eigenen Fähigkeiten zu verbessern. Müssten sich die Studierenden für eine bestimmte Art von Programm entscheiden, favorisieren sie generalistische (ressortübergreifende) Programme, bei denen sie (zunächst) die verschiedenen Abteilungen einer Organisation durchlaufen, bevor eventuell eine Einarbeitung in ein bestimmtes Fachgebiet erfolgen soll. Weiterhin sind individuelle Trainee-Programme, die an den Wünschen und Fähigkeiten des Trainees orientiert sind, ebenfalls relativ beliebt. Die meisten potentiellen Trainees würden ihre Einarbeitungsphase vor allem im Funktionsbereich Projektarbeit/-organisation absolvieren, wobei einige auch die Bereiche Geschäftsführung und Personalmanagement interessant finden (s. Abb. 2).

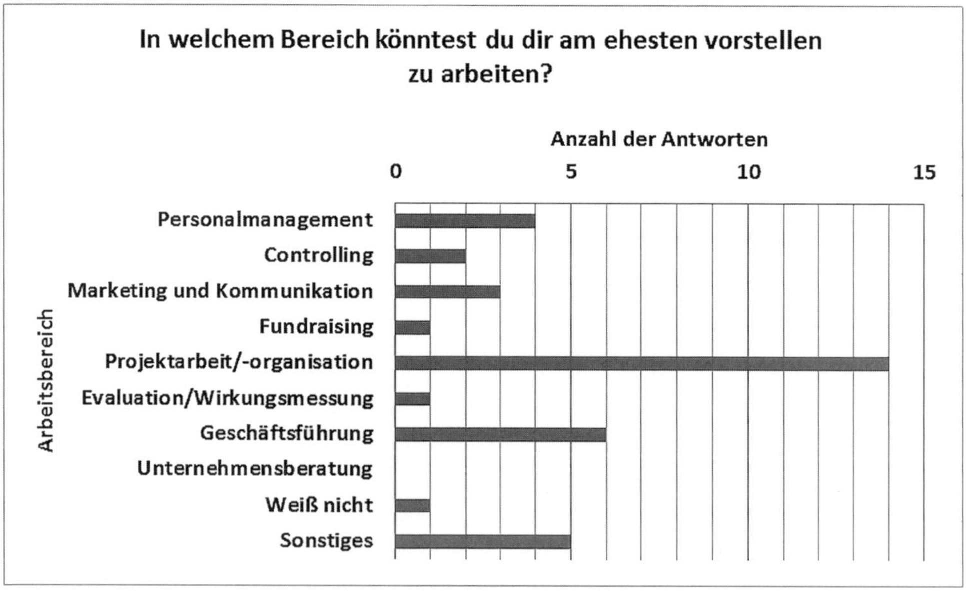


Abbildung 2. Arbeitsbereiche im Trainee-Programm.

Die Studierenden geben an, dass die Dauer dieser Programme nicht viel länger als ein Jahr betragen sollte. Feedbackgespräche bzw. Beurteilungen sind für viele Studierende fast genauso wichtig wie eine intensive Betreuung durch einen Mentor. Auch ein eigener Verantwortungsbereich bzw. Projektverantwortung sollte neben zusätzlichen Weiterbildungsmöglichkeiten Bestandteil von Trainee-Programmen sein. Zuletzt ist den Hochschulabsolventen auch die Möglichkeit wichtig, von der entsprechenden Organisation übernommen zu werden. Dabei lehnen sie jedoch eine Verpflichtung, nach Abschluss des Trainee-Programmes in der Organisation zu arbeiten, ab. Die Gehaltsvorstellungen der Studierenden liegen mehrheitlich bei einem Bruttogehalt in Höhe von bis zu 2.000 Euro, dicht gefolgt von einem Betrag in Höhe von bis zu 1.500 Euro; einige Studierende nennen eine Gehaltsvorstellung von bis zu 3.000 Euro sowie sogar darüber (s. Abb. 3). Alle Studierenden haben einen Bachelorabschluss, ein Drittel unter ihnen hat außerdem eine Ausbildung und der Großteil ist Mitte bis Ende 20 Jahre alt.

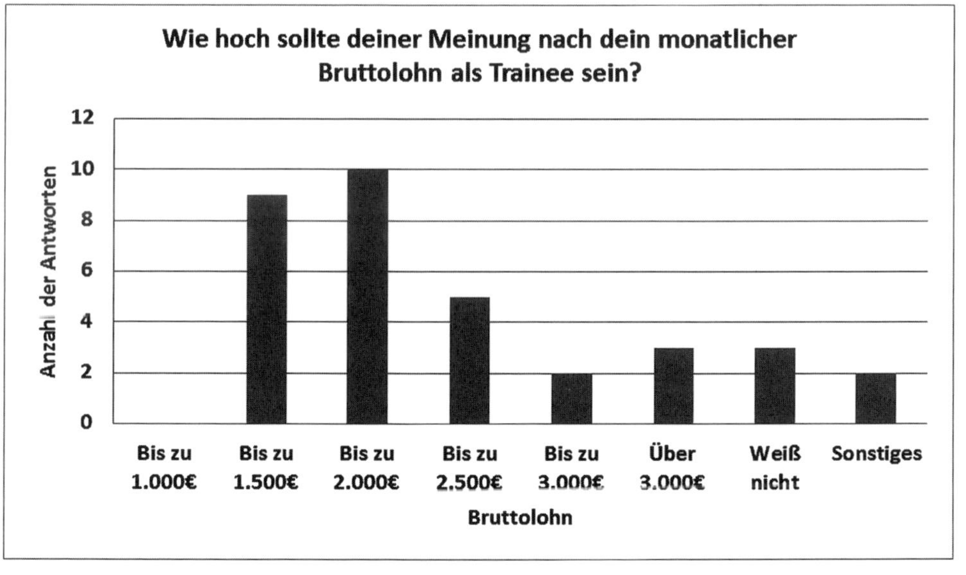


Abbildung 3. Gehaltsvorstellungen der Studierenden im Trainee-Programm.

## 5. Trainee-Angebote ausgewählter Nonprofit-Organisationen

Im Vergleich der eingangs erläuterten Fallstudien zeigt sich die große Diversität innerhalb des gesamten Dritten Sektors anhand der Größe, Strukturen und Tätigkeitsbereiche der befragten Organisationen. Die qualitative Studie erhebt nicht den Anspruch, ein repräsentatives Bild von Trainee-Stellen im Dritten Sektor darzustellen. Trotzdem lassen sich im Vergleich der betrachteten Fallstudien einige Tendenzen und Zusammenhänge erkennen, die im Nachfolgenden dargestellt werden.

Die Trainee-Programme wurden für eine bessere Übersicht und Vergleichbarkeit in der nachfolgenden Tabelle anonymisiert zusammengefasst. Grundlage bildet die Befragung von sieben NPO zur Ausgestaltung ihrer Trainee-Programme. Die Reihenfolge der Organisationen in der Tabelle ergibt sich aus der Höhe ihrer Erlöse, beginnend mit dem kleinsten Betrag.

| | Erlöse in € (2010) | MitarbeiterInnen | | Ausgestaltung des Trainee-Programms | | | | | |
|---|---|---|---|---|---|---|---|---|---|
| | | Regulär | Trainees | Implementierung | Laufzeit (Monate) | Ziele | Art | Betreuung | Bruttogehalt |
| ***NPO 1*** | 353.100 | 7 | 3 | 2011 | 18 | Berufseinstieg und Ausbildung für den NPO-Sektor, Wachstum des Centers | Projektbezogenes Trainee-Programm mit Rotation: 12 Monate in NPO 1 und je drei Monate bei Partner-NPO | Jeweiliger Bereichsleiter | 800 € |
| ***NPO 2*** | 400.000 | 5 | 1 | 2011 | 12 | Deckung des Personalbedarfs sowie persönliche und berufliche Weiterentwicklung des Trainees | Projetkbezogenes bzw. ressortübergreifendes Trainee-Programm | Geschäftsführer und zwei Projektleiter | 1.000 € |
| ***NPO 3*** | 1.158.447 | 8 | 1 | 2012 | 12 | Nachwuchsqualifizierung | Ressortbegrenztes Programm mit Vertiefungsphase in den Bereichen Fundraising und Öffentlichkeitsarbeit (individuelle Gestaltung möglich) | Leiter Fundraising und Öffentlichkeitsarbeit | 1.200 € |
| ***NPO 4*** | 60 Mio. | 400 | 4 | 2009 | 18 | Gut qualifizierte Hochschulabsolventen in Organisationsstruktur einbinden, Ausbildung zum Projektmanager, Synergieeffekte nutzen durch den Umstand von Interdisziplinarität, Ausbildung eigener Experten | Projektbezogenes und ressortübergreifendes Trainee-Programm: Zwölfmonatige Orientierungsphase, danach folgt Professionalisierungsphase (Projektphasen à vier Monate) | Mentor (Führungskraft), der Vorgesetzte und die Personalabteilung | 2.500 € |
| ***NPO 5*** | 60 Mio. | 81 | 2 | 2009 | 24 | Führungskräfte-Nachwuchsprogramm für die Geschäftsführung und für das Kommunikationsmanagement | ressortübergreifendes Trainee-Programm mit Fachausbildungsphase und ein projektbezogenes Trainee-Programm | Büroleiter der GF, stellvertretender Leiter der Kompetenzzentren | 2.500 € |
| ***NPO 6*** | 194 Mio. | 305 | 4 | 1987 | 18-24 | Nachwuchskräfte (Entwicklungshelfer-Fachkräfte) für die internationale personelle Zusammenarbeit heranbilden | ressortübergreifendes sowie projektbezogenes Trainee-Programm | Personalabteilung, Mentor, Arbeitsgruppe | 2.000 € |
| ***NPO 7*** | 380 Mio. | 12.000 | 7 | 1997 | 18 | Nachwuchsführungskräfte rekrutieren | Ressortübergreifendes Trainee-Programm im Bereich Sozialmanagement | Zentrale Personalabteilung, Mentor, regionale GF | 3.000 € |

In der vergleichenden Gegenüberstellung zeigen sich unterschiedliche Tendenzen in der Ausgestaltung der Trainee-Programme, die in zwei Gruppen zusammengefasst werden können: Die Gruppe der großen NPO, wie NPO 4, NPO 5, NPO 6 und NPO 7, und die Gruppe der kleinen NPO, zu der NPO 1, NPO 2 und NPO 3 zählen. Die großen Organisationen haben jährliche Einnahmen zwischen 60 und 380 Mio. Euro zur Verfügung und die Zahl ihrer Mitarbeiter/innen liegt zwischen 81 und über 12.000. Die kleinen NPO haben zwischen 350.000 und ca. 1,5 Mio. Euro jährlich zur Verfügung und beschäftigen zwischen 5 und 8 Mitarbeiter/innen. Die großen Organisationen zahlen ihren Trainees ein deutlich höheres Gehalt als dies bei den kleineren NPO der Fall ist: Die monatliche Trainee-Vergütung in großen NPO liegt zwischen 2.000 und 3.000 Euro und ist mit privatwirtschaftlichen Unternehmen konkurrenzfähig. In der Tendenz sind die besser vergüteten Trainee-Stellen, die die großen NPO anbieten, länger angelegt als die gering vergüteten. Die Traineestellen in NPO 2 und NPO 3 sind Beispiele für eine kurze Laufzeit und eine geringe Vergütung. Eine Ausnahme bildet hierbei die NPO 1 mit 18 Monaten und geringer Vergütung.

NPO 6 und NPO 7 haben schon langjährige Erfahrungen mit Trainees (seit 1987 und 1997) und unterscheiden sich darin deutlich von NPO 4 und NPO 5, die beide erst seit 2009 Trainees ausbilden. Gemein ist den großen NPO jedoch die klare Zielsetzung des Programmes, denn sie zielen alle darauf, gut qualifizierte Hochschulabsolventen als Nachwuchsführungskräfte gewinnen. Es ist also bei allen vier großen NPO ein deutlich strategischer und langfristiger Ansatz zu erkennen. Die kleinen NPO haben dagegen bisher nur geringe Erfahrungswerte mit ihren Trainee-Programmen sammeln können, da sie ein solches Programm jeweils erst 2011 eingeführt haben oder – im Fall der NPO 3 – dies für 2012 planen. Die Zielsetzung besteht mit Ausnahme von NPO 3 nicht primär in der Rekrutierung von Nachwuchsführungskräften. Ziel der kleinen NPO ist es eher, ihren Personalbedarf zu decken bzw. trotz geringer finanzieller Mittel motivierte und engagierte Mitarbeiter/innen zu gewinnen und die Trainees für ihren Berufseinstieg in den NPO-Sektor zu qualifizieren.

Alle als groß kategorisierten Organisationen bieten ressortübergreifende Programme an. Kleine NPO haben diese Möglichkeit oft nicht, da sie meist nur aus wenigen Mitarbeiter/innen bestehen und keine Ressorts und Abteilungen bilden können. Ressortübergreifende Programme erscheinen vor dem Hintergrund der Rekrutierung von Nachwuchsführungskräften besonders sinnvoll, da so die Trainees einen umfassenden Einblick in die NPO erhalten und zu organisationsspezifischen Generalisten ausgebildet werden. Kleinere NPO haben in der Regel eher ein projektbezogenes Programm. Im Hinblick auf Programminhalt und

-ablauf sticht die NPO 1 mit ihrem Rotationsprinzip besonders heraus. Das Durchlaufen verschiedener Organisationen scheint vor allem dann sinnvoll zu sein, wenn tiefgehende Einblicke in unterschiedliche Organisationen für die spätere Arbeitspraxis nötig sind oder wenn NPO in der Rekrutierung und Ausbildung von Nachwuchsführungskräften miteinander kooperieren.

Hinsichtlich der Betreuung gibt es in drei von vier großen NPO neben dem Vorgesetzten zusätzlich noch einen Mentor (NPO 4, NPO 6 und NPO 7), während in kleinen NPO vorwiegend der jeweilige Bereichsleiter für den Trainee zuständig ist. Dies lässt jedoch keinen zwingenden Rückschluss auf die Qualität der Betreuung zu. Unabhängig von der Organisationsgröße sind regelmäßige persönliche und fachliche Feedbackgespräche Bestandteil der meisten Trainee-Programme. Die Betreuung durch einen fachlichen Anleiter, mit dem der Trainee eng zusammenarbeitet und durch einen persönlichen Mentor, der eventuell aus einer anderen Abteilung oder aus der Führungsebene kommt, scheint vor dem Hintergrund der fachlichen und persönlichen Entwicklung des Trainees besonders sinnvoll. Gerade um das eigene Handeln im Arbeitsumfeld reflektieren zu können, kann es hilfreich sein einen Mentor an der Seite zu haben, der nicht direkt in den Arbeitsalltag involviert ist.

## 6. Zusammenfassung und Fazit

Die Heterogenität und Komplexität des Dritten Sektors spiegelt sich in den unterschiedlichen Zielsetzungen und Ausgestaltungen der Trainee-Programme wieder. Insgesamt ist die Tendenz zu erkennen, dass NPO, die das Ziel der Rekrutierung verfolgen, tendenziell mehr in ihr Trainee-Programm investieren, d.h. in der Regel ein höheres Gehalt zahlen, Fort- und Weiterbildungen finanzieren und eine umfassende Betreuung sicherstellen. NPO stehen zunehmend unter dem Druck professionell zu arbeiten sowie ihre Wirtschaftlichkeit und Wirksamkeit unter Beweis zu stellen. Außerdem sehen sich nicht nur Unternehmen, sondern auch NPO mit dem Problem des Fachkräftemangels konfrontiert. Trainee-Programme dienen dazu, hochqualifiziertes Nachwuchspersonal entsprechend der individuellen Bedürfnisse einer Organisation auszubilden und somit die Professionalität der Mitarbeiter/innen zu steigern. Dem Fachkräftemangel kann entgegengewirkt werden, indem die Trainees durch ein ansprechendes Programm mit angemessener Vergütung und Entwicklungsmöglichkeiten an die Organisation gebunden werden.

Ein Vergleich der abgefragten Erwartungen potentieller Trainees des Dritten Sektors mit den Fallstudien ist nur bedingt möglich. Die Fragen der Untersuchung waren hypothetisch gestellt und so ist es möglich, dass die Befragten andere Antworten geben würden, wenn es sich um das Trainee-Programm einer konkreten NPO handeln würde. Trotz der Schwierigkeiten lassen sich jedoch auch an dieser Stelle einige Rückschlüsse ziehen.

Die Zielvorstellungen der befragten Studierenden, wie etwa eine dauerhafte Anstellung in der Organisation zu bekommen und die eigenen Fähigkeiten zu verbessern, decken sich insbesondere mit den Zielsetzungen der großen NPO, denen es ebenfalls primär um die Qualifizierung von Nachwuchsführungskräften geht. Hinsichtlich der gewünschten Art des Trainee-Programmes wurde am häufigsten ein ressortübergreifendes Programm angegeben, was ebenfalls ausschließlich in der Kategorie der großen NPO angeboten wird. Die meisten Befragten wünschen sich eine Programmdauer von einem Jahr; dies wird lediglich von zwei kleinen NPO so umgesetzt. Es ist jedoch möglich, dass Hochschulabsolventen unter der Voraussetzung einer Vergütung von beispielsweise 3.000 Euro eine längere Programmlaufzeit befürworten würden. Feedbackgespräche, intensive Betreuung durch einen Mentor, eigene Verantwortungsbereiche und die Möglichkeit zur Weiterbildung würden sich die meisten der befragten Studierenden von einem Trainee-Programm wünschen und liegen damit ganz im Bereich dessen, was die untersuchten NPO bereits anbieten. Die Gehaltsvorstellungen der Studierenden, die zum Großteil zwischen 1.500 und 2.000 Euro liegen, entsprechen ziemlich genau dem durchschnittlichen Gehalt der Trainee-Programme in den befragten NPO, das bei rund 1.850 Euro liegt.

Zusammenfassend lässt sich festhalten, dass die untersuchten Trainee-Programme attraktive Möglichkeiten zur fachlichen und persönlichen Qualifizierung von Hochschulabsolventen bieten und als Trittbrett für den Karriereweg dienen können. Die Angaben der Studierenden hinsichtlich der Zielsetzung, der Art des Trainee-Programmes und der Vergütung zeigen, dass sich ihre Wünsche am ehesten mit den Angeboten großer NPO decken. Kleine NPO haben geringere finanzielle Mittel zur Verfügung und können deshalb u. U. nur niedrigere Gehälter zahlen, sie haben nicht die Organisationsstruktur um ein ressortübergreifendes Programm anzubieten und sie können dem Trainee keine anschließende Einstellung garantieren. Hinsichtlich der Professionalisierung des Dritten Sektors und des Fachkräftemangels stehen jedoch alle NPO, trotz unterschiedlicher Voraussetzungen, in Konkurrenz miteinander, um gutes Personal zu gewinnen und zu halten. So stehen die Organisationen bei der Konzeption eines Trainee-Programms vor einer großen Herausforderung, nicht nur im Personalmanagement, denn ein gutes Trainee-Programm berührt letztendlich viele Funktionsbereiche.

## Literatur

Kienbaum Management Consultants GmbH (2003). *Trainee-Studie 2003.* Gummersbach.

Nesemann, K. (2012). *Talentmanagement durch Trainee-Programme. Auswirkungen der Gestaltungsmerkmale auf den Programmerfolg* (Dissertation). Wiesbaden.

Thom, N.; Nesemann, K. (2010). *Talententwicklung durch Trainee-Programme.* Wiesbaden.

# A COLLECTIVE RESEARCH PROJECT

Gesa Birnkraut and the 3rd semester of the Master NPO 2011, Osnabrück

*Abstract*

To teach topics in methodology in a way that the students learn for themselves and yet still have fun in the process is not always easy. In a seminar of a master's program for non-profit management, a new method was tested and had an interesting result, not only for teaching purposes, but also for research. 24 students with 13 different nationalities took on the challenge to each conduct an interview with a leader from a non-profit institution on one special topic. The result is a collaborative paper from all 24 students providing a very interesting overview of the international landscape of NPOs and their future trajectories in the six researched areas. The researched areas are: personnel development, finance, corporate culture, sustainability, networking, and knowledge management. The article was presented at the 10$^{th}$ conference of the International Society of Third Sector Research. The article here is the short version of the results that was presented on the conference.

# EIN GEMEINSCHAFTLICHES FORSCHUNGSPROJEKT

Gesa Birnkraut und das 3. Semester des Master NPO 2011, Osnabrück

*Zusammenfassung*

Methodologische Ansätze zu unterrichten, so dass Studierende eigenständig lernen und dazu noch Spaß an der Sache haben, ist nicht immer einfach. In einem Seminar des Masterstudienganges Management für Nonprofit-Organisationen haben wir eine neue Methode getestet, die ein interessantes Ergebnis nicht nur in Bezug auf die Unterrichtsmethode, sondern auch auf das Forschungsergebnis gab. 24 Studierende aus 13 verschiedenen Ländern haben jeweils einen leitenden Manager au seiner NPO ihrer Wahl interviewt zu einem von sechs untersuchten Themenbereichen. Das Ergebnis ist ein gemeinsamer Forschungsartikel von 24 Studierenden, der einen guten Überblick über aktuelle Themen und Herausforderungen gibt. Die untersuchten Themen sind Personalentwicklung, Finanzierung, Unternehmenskultur, Nachhaltigkeit, Netzwerken und Wissensmanagement. Der Artikel wurde auf der 10. Konferenz der International Society of Third Sector Research vorgestellt, der vorliegende Artikel ist die Zusammenfassung, die auch auf der Konferenz vorgestellt wurde.

## 1. Introduction

As a component of the M.A. study program Management in Non-Profit Organizations, 26 students from 13 different countries conducted a collective research project in the context of the seminar "Fields of Action." The objectives of the seminar were twofold. Firstly, to build practice-oriented, scientific research skills – here in the form of structured interviews. Secondly, to interview leaders from a wide range of non-profit organizations regarding a variety of subject areas. The students strove to establish the correlation between their formulated hypotheses and reality.

The seminar began with the setting of these collective goals and the defining of the different topics of interest. A brainstorming session yielded the following six foci: Organizational culture, sustainability, finance, networking, personnel development, and scientific management.

In the next step, the students discussed which research methods to employ, based on text and literature research. In result, the group opted for standardized structured interviews, with a maximum of six questions.

The students divided themselves into groups according to the selected topics and developed their own research questions / hypotheses and interview guidelines. The results were then tested with the other groups.

Each student sought an organization and an appropriate contact to interview. After the interviews were carried out, the groups analyzed their results and presented them in the seminar. Presentations were supplemented with written summaries of the general trends and the students' recommendations.

The results are presented in the following article. It is self-evident that the findings are not way meant to be representative, but rather trends to be discussed, potentially leading to further research. In this report, selected research questions and their respective evaluations are summarized. The article in its entirety can be gladly furnished upon request.

# 2. Organizational Culture

## 2.1 Introduction of the Participating Organizations and Interviewees

Proyecto Mosaico e. V. is a German NPO based in Manheim and Granada, Nicaragua and was founded in 2003. A foreign aid institution, it is active in Central America in the areas education, social welfare, gender equality, and environment by pursuing volunteer work and organizational support. The organization employs three salaried staff and a variable number of volunteers and interns. The interview was carried out with Sabrina Heinrich, director of the field office in Nicaragua.

The second institution, an anonymous foundation, is part of an international association that is also active in sustainable international development in Latin America as well as Asia and Africa. The association is composed of 45 partner organizations. The foundation is active in fundraising and grant distribution since 1996 and currently employs 12 salaried staff, six full-time interns, and 37 active volunteers. The director of marketing and communications at this German foundation offered to participate as interviewee.

The third institution, GIZ Pakistan, is the implementing organization of the German Federal Ministry for Economic Cooperation and Development in Pakistan. The GIZ began work in Pakistan in 1972. It is technically a German, public institution that works together with the Pakistani government in a supporting role. On location, they are active in the areas education, health, renewable energies, energy efficiency, and good governance. The main office is located in Islamabad. Most branch offices are found in the Pukhtunkhwa region. Around 34 staff members are employed in the main office and around 450 in the branch offices. The interviewee, Ali Ibrahim, has been the GIZ Pakistan Education Coordinator for two years.

## 2.2 Research Questions

In this paper the question is posed to what extent a correlation exists between an organization's size and the manifestation of its organizational culture. The hypothesis is that size of an institution influences whether the organizational culture is strongly or weakly manifested. The manifestation will be assessed according to the indicators presence, pervasiveness, intensity, and stability. If the correlation is established, the hypothesis could then be expanded: There exists a negative causal relationship between the size of an organization and the manifestation of its organizational culture, so that the larger an organization, the weaker the manifestation of its organizational culture.

## 2.3 Summary and Recommendations

The hypothesis proposed above could only be partially verified upon analysis of the interviews. It was discernible that the size of the organization influenced select aspects of the manifestation of organizational culture. In regard to these particular aspects, it was furthermore possible to confirm the expanded hypothesis, that the strength of the manifestation of organizational culture correlated negatively with the size of the organization. However, the size of the organization had no influence on the other indicators.

It should be clarified that all three interviewees are aware of the existence of the organizational cultures in their respective institutions, and that the cultures are perceptible in the daily work and employee interactions of all three institutions. Therefore, the size of an organization does not determine the existence of perceptible behavior patterns nor whether collective values and particular beliefs are advanced. Similarly, an organization's size has no impact on the content of its culture.

In terms of a culture's presence, both the smallest as well as the largest institution have clear conceptions of what welcome and unwelcome behavioral patterns are. Here is compliance with the given values and norms the major factor. The largest institution possesses even a handbook to clarify desired conduct. In contrast, in the middle-sized organization, the topic is not explicitly addressed, and there are no incentives to comply with the values and norms. All three institutions have formulated mission statements that mirror their organizational cultures. Consequently, it is not possible to establish a correlation between the size of an organization and the presence of its organizational culture.

On the basis of the data gleaned from the interviews, the intensity of organizational culture seems to be greater in smaller organizations compared to the larger. All institutions confirmed that values and norms have a heavy impact on their daily activities. However, upon closer inspection of individual activities of daily routine, a highly anchored culture was discernible only in the smaller organizations.

If a strongly anchored organizational culture is worth aspiring to, then particularly large organizations must make a greater effort to establish one. However, a too conspicuous takeover and inflexible anchoring of organizational culture can have counterproductive effects on the organization's actual key tasks. This is why it is necessary to establish follow-up evaluations that link culture intensity with the realization of organizational goals.

Although a highly pervasive organizational culture is generally recognizable in both the small as well as the large organizations, upon closer observation, a greater percentage of staff in the smaller organizations share in their organizational culture. However, the top-down implementation of organizational culture is significantly stricter in larger institutions. In the smaller organizations, there is a higher probability that the organizational culture is passed on due to inner conviction rather than external enforcement. This supports the statement above regarding the different levels of intensity of organizational culture between large and small institutions. Based on the data, it is recommended that larger institutions work on spreading their organizational culture more ardently in comparison to smaller institutions – given the fundamental premise that a pervasive culture is desirable in the first place. Here are follow-up evaluations also necessary to establish what degree of pervasiveness is productive and therefore desirable.

With regard to the stability of an organizational culture, it can be derived from the given data that it is important to both the small institutions as well as the large for core values to remain stable. Nevertheless, a flexible adaptation to new circumstances seems possible regardless of organizational size.

Concerning this aspect, it can be recommended that a flexible adaptation does take place, in concert with due reflection, especially in growing institutions in order to avoid the danger of a gradual erosion of core values.

A further characteristic of the large organizations is a lack of communication between different projects. Mutual learning from the work of other teams is not possible. Work experience, problems, and solutions are not shared with staff members outside of the team. This communication would be essential in overcoming unnecessary obstructions and misunderstandings.

As a basic principle, an earnest and genuine organizational culture contributes to the operational success of an institution. Leadership must live by example as role models in order to demonstrate the authenticity and importance of the values and norms. The larger an organization, the more worthwhile are activities that point to and reestablish collective values and norms. Equally worthwhile is the transfer of organizational culture to new members, for example through particular rituals or trainings/courses. However, it should be minded to not pursue values and norms close-mindedly. Rather, they must be pursued flexibly and in a manner open to the environment, which can improve the capability to innovate.

# 3. Sustainability

## 3.1 Introduction

The concept sustainability has been a part of the development discourse for almost 30 years. In our time, sustainability has developed into a very multifaceted term, often applied in scientific literature in a variety of contexts. To date, no consistent or universal definition has emerged. Moreover, sustainability cannot be limited to non-profit organizations and political institutions, for it has also become a tenet of both private business and our daily vocabulary. In addition, the concept sustainability is associated not only with a multifaceted approach, but also with future orientation and trend setting.1

In the field of international development in particular, sustainability has already long played a deciding role. Since the Brundtland Report "Our Collective Future" (*Unsere gemeinsame Zukunft*), published in 1987, the topic sustainability has been increasingly pushed into the limelight of the international debate on environment and development policies. "Sustainable development is growth that meets the needs of the current generation without threatening the ability of future generations to meet their needs or to choose their way of life."2 Consequently, the concept of sustainability calls for an early and increased focus on cooperation in international development in order to achieve sustainable growth. The strong connection between sustainability and international development has resulted not only in sustainability becoming a prerequisite for funding, but also becoming associated with the effectiveness of a given development effort.3

From this perspective, questions arise regarding to what extent sustainability is practiced comprehensively, and what meaning the issue is being currently ac-

[1] Vgl. Stephan, P. (2002): S. 112f. In: E+Z - Entwicklung und Zusammenarbeit.
[2] Brundtland-Bericht 1987, zitiert nach Nuscheler, F. (2005): S. 383.
[3] Vgl. Stephan, P. (2002): S. 112f. In: E+Z - Entwicklung und Zusammenarbeit.

corded in international development organizations. A comprehensive approach to sustainability includes on the one hand its various dimensions, including the social, economic, ecological, and political dimensions, and on the other hand an extensive permeation of the concept within the individual organization. Extensive permeation of the concept entails sustainability being supported by the organization's workers and all its areas of activity. It also entails the incorporation of sustainability principles in all projects. Additionally, a comprehensive approach to sustainability must embrace measurement and evaluation tools. Based on the above understanding of comprehensive sustainability policy, the interview focused on the following areas: The conceptual meaning of sustainability, its codification in organizational documentation, its range of manifestations, its implementation, and its safeguarding in the organization. The goal of the analysis is to ascertain to what extent organizations active in the international development field operate in a comprehensively sustainable fashion. A further goal of the interview is to collect testimonies on how the concept of sustainability is applied in international development work.

## 3.2 Methods and Interviewees

In order to answer these questions in a practice-oriented manner, representatives of four different organizations from the international development field were interviewed with a semi-structured questionnaire. With this method, interviewees should have the opportunity to express their opinions regarding the relevant topics of sustainability and be able expand on important aspects as freely as possible. In order to achieve a high level of comparability, interviewees were selected from internationally active development organizations that operate both nationally as well as abroad. Furthermore, all interviewees have obtained project-oriented work experience in the international development field. These represent the selection criteria of the organizations.

The following representatives of international organizations were interviewed, all from the international development field: Martin van de Locht, Division Manager of International Programs at World Vision Germany, a Christian development and advocacy organization for children; Mike Bonke, head of the Caritas International office in Indonesia; Klaus Müller-Reimann, Program Specialist for Southeast Asia at the children's charity organization Terre des Hommes; Albert Recknagel, director of the Children's Rights department, also from Terre des Hommes; and lastly, Thomas Vogel, director of the Projects and Programs division of the Austrian development agency Horizont 3000.

### 3.3 Discussion

It became clear that perceptions of the concept sustainability were very complex. The following three important aspects were made evident:

Themes: The themes pertaining to sustainability were overarching and could tie into ecological, economic, institutional, legal (Children's rights, human rights), and social issue areas. Such a multifaceted understanding of sustainability shows how diversely the topic can be identified with.

Effects of sustainability: The effects of sustainability were a central point to all interviewed organizations. This alludes to a results-oriented treatment of the subject.

Time and money factor: Upon completion, local institutions or community members should take over and carry on development projects established by the donor, or be capable of doing so.

As a result of this three-dimensionality, the sphere of sustainability is characterized by very complex structures in the field of international development. It should be noted that organizations engaged in similar work might have very different conceptions of sustainability. The risk is run that, on the part of the locals on site, an understanding of sustainability goals and a motivation to achieve them are hereby made more difficult. More attention could be given to the target group in how they themselves define sustainability and which priorities they hold in relation to it.

Along with the disadvantages named above, in the variety of definitions of sustainability there is also great potential. All organizations hereby have the chance to contribute to the development of a universal understanding of comprehensive sustainability. This, in turn, would make possible qualitative as well as quantitative comparison for meaningful and broad evaluation. All of the organizations observed are already utilizing quantitative aspects of various forms. An increased use of external (objective) evaluation according to broad and qualitative criteria would ultimately raise the sustainability and therefore the effectiveness of development work.

Furthermore, the results show that sustainability was always mentioned in connection with evaluation. From this is can be concluded that sustainability is apparently legitimized through commensurate evaluation.

Also made clear during the interviews, sustainability has been an important topic to the organizations and in international development work for many years. But, it was also clear that the particulars of sustainability are very different in the individual organizations. This was also apparent in the various understandings of sustainability in the individual organizations. Thus, in regard to sustainability, the work of the organizations is not very comparable. The effectiveness of sustainability plays an important role in all the organizations. The goal is that projects sustain themselves by the end of their project period. Here are the financial as well as the self-dependence aspects of the projects particularly in focus. In all organizations, so-called ownership plays a deciding roll and is prioritized as a central element for sustainability in international development work. Ownership is the social dimension of sustainability in relation to the beneficiary on location. So in this case, the main focus of sustainability is consequently placed on local project management.

Based on the conception of comprehensive sustainability laid out at the start, it can be deduced from analysis of the interviews that sustainability is not yet being practiced comprehensively in the international development field. In all the organizations, the design and integration of sustainability take very different shape.

But, it was made very clear that sustainability is highly valued in all the organizations and has already become an important criterion in many operative and strategic areas in international development. It is notable that all the organizations nevertheless exhibit deficits in the area of measurability. This problem was explicit in all the organizations. Here there is potential for new and extensive research, which as a next step should take on the measurability of sustainability and engage in the search for appropriate dependent variables. Further research could also assess the acceptance of the target population and how they might be increasingly integrated into the sustainability processes.

In closing, a complete analysis of the topic sustainability in the international development field with significantly more concise conclusions would necessitate expanded interview methods with new and developed questions. For an in-depth analysis, an increased number of interviews with more organizations are needed, and more focused questions regarding specific aspects of sustainability would be more meaningful. For example, an expansion of the topic to include social sustainability is sensible. A further possibility would be to limit a study of sustainability to a certain sector, for example the water industry or education system. Along with these notions to expand and deepen the sustainability subject matter, it can also be concluded that all the organizations are on their way to incorporating comprehensive conceptions of sustainability, whereby this process is currently in various stages of development and is associated with different foci in the individual organizations. It is recommendable for organizations in the international development field to arrange workshops and discussions among themselves in order to exchange positive and negative aspects regarding the implementation of their sustainability projects, to learn from one another, and to pass on examples of best practices whenever possible, particularly in relation to evaluation and effectiveness measurement.

For organizations in international development work, sustainability will play an important or increasingly important role in the future. Consequently, all organizations active in this field should consult experts and advisers to further educate their staff on the topic sustainability, follow developments and trends in the field attentively, or even prioritize sustainability so that they can become leaders in the field. In the future, with ever increasing competition for funding and donations, and in times of budget cuts, aspects of comprehensive sustainability, and consequently the long-term survival of the organization, could be more decisive when accepting or refusing funds. Along these lines, a comprehensive implementation of sustainability will carry increasing weight in organizations working in international development.

## 4. Fundraising

### 4.1 Goal of the Interviews and Research Questions

The interviews were carried out with the goal of obtaining a basic overview of fundraising in non-profit organizations (NPOs), and to establish similarities and differences between the organizations in the process. To this end, it was particularly important to the researchers for a variety of different organizations to be interviewed in order to illustrate the diversity of fundraising models.

Proceeding from the basic research question, "How does fundraising work in non-profit organizations?" seven central questions were developed.

The interviews were based on the following topics, the current and future financing mix, the donor structure and partnerships, and the generation and assurance of funding. In addition, the institutions were requested to evaluate the efficiency of their financing model.

## 4.2 Introduction of the Institutions

The Goethe-Institut was founded in 1951 and currently has a total of 2,871 employees. Its central office is located in Munich. The Goethe-Institut is a registered NPO. The interview was carried out with Dr. Joachim Umlauf, director of the Goethe-Institut Paris.

In 2003, the Duisburg and Essen Universities completed a merger to form the Duisburg-Essen University (UDE). This university is a public institution and, combined with an associated foundation, employs 4,269 staff. Herr Matthias Johannes Bauer made himself available for the interview.

Kindernothilfe Association is a non-governmental, non-profit organization founded in 1959 by Christians. It employs between 140 and 150 staff, and its central office can be found in Duisburg. Herr Jörg Scharper was interviewed.

The Diaconia Pforzheim hearkens back to an association founded in 1926 and is a public institution. The Diaconia employs 55 career staff. For the interview, Frau Sabine Jost was won, managing director of the Diaconia Pforzheim.

Intervida is a Spanish children's rights organization and was founded in 1993. The central office is located in Barcelona. In total, Intervida has 145 employees, 135 of which are stationed in Barcelona. Mr. Joan Fàbrege made himself available for the interview.

## 4.3 Results and Outlook

The time and effort spent on seeking funding differed between the individual organizations irrespective of being funded primarily by donations or public sources. In this case, "seeking funding" takes place primarily in the form of fundraising. The Duisburg-Essen University is very active in terms of fundraising, despite the institution being predominantly state funded. In contrast, Intervida is an organization financed by donations, but utilizes only a few fundraising tools. Therefore, there exists no significant interdependence between donations and the numbers or kinds of fundraising tools or efforts. Whatever the case, personal contacts appear to be significant to the success of professional fundraising. The majority of interviewees named personal relationships as a tool to acquiring and maintaining long-term connections with donors.

This leads to the secondary hypothesis:

The more an institution looks after its donors in a personalized manner, the higher the prospects of success in regard to fundraising and the establishment of long-term relationships with the donors.

The institutions classify small-scale donors as significant financers. For this reason, it was not possible to distinguish between the fundraising tools applicable particularly to small- or large-scale donors. Therefore, at this point, no practical recommendations can be given. There is a need for further research here in order to be able to elaborate more clearly on this topic. It appears, however, that small-scale donors can be reached successfully through the means already in use. The ratio of resources applied to donations generated is difficult to estimate. There is no prevailing consensus regarding the necessary performance figures. For this reason, the answers to the interview questions on this topic can only be considered as anecdotal and should not be compared to one another. Otherwise, it would be necessary to reach a consensus on consistent definitions for the performance figures to be measured. This situation gives rise to the development of an appropriate fundraising evaluation process.

Ultimately, it was made clear that a majority of the institutions desire to expand and strengthen their fundraising activities in the future. This desire was stated by Intervida, the Duisburg-Essen University, and the Diaconia Pforzheim.

This leads to the hypothesis:

The greater the competition for financial resources, the higher the level of professionalization of fundraising within non-profit organizations.

This is directly related to the following time-oriented hypothesis:

The greater the competition for donors, the more important the relationship to donors becomes for fundraising.

The outlook for fundraising in non-profit organizations is therefore that it will be an increasingly competitive field. At the same time, it will become increasingly professionalized through the addition of employees and the adoption of various fundraising tools. It is recommended that adequate resources be allotted to enable institutions to position themselves in the face of increasing competition and in doing so to secure their future. However, these funds should not be appropriated indiscriminately, but rather individually and according to the needs of the institution. As a second step, grants should be subject to review through a commensurate evaluation process, based on performance figures encompassing cost effectiveness as well as overall effectiveness. Indiscriminate distribution of funds could lead to a loss of trust.

This recommendation applies equally for publicly as well as donation-funded institutions. In order to cope with the growing competition for donations, it is also recommended that every organization devote more attention to their fundraising system. This could result in a higher level of financial stability in the future.

## 5. Networking

### 5.1 Introduction of the Organizations

The interviewed organizations are all internationally active non-profit organizations (NPOs). The common reference point is international development work. However, the legal forms of organization, levels of professionalization, and locations all vary between the institutions. Equally divergent are their reasons for existence. Not only fundraising organizations are represented in the results, but also NPOs providing services, strategic partnerships, and umbrella organizations. Each interviewee was selected with questions in mind topical to networking and networking strategies.

*Goethe-Institut: Culture and Development Initiative*

Size (Employees and locations): 5 employees in Germany specifically for initiatives in Asia, Sub-Saharan Africa, and Middle East.

Goal of the organization: In the context of the "Culture and Development" initiative, the Goethe-Institut supports cultural, media, and societal actors through targeted educational and promotional programs, particularly in developing and under-developed countries. These programs focus on vocational qualifications, advice and support for network development, and the creation of cultural and civil society platforms.

*Masifunde Learner Development*

Size (Employees and locations): in South Africa: 16 Employees plus volunteers. In Germany: 75+ volunteers (Programs support around 300 children in the Walmer Township).

Goal of the organization: Masifunde LD is an accredited NPO and "Section 21" NGO in Port Elizabeth, South Africa. The organization supports disadvantaged children and teenagers in Walmer Township, Port Elizabeth through academic and extracurricular educational programs. Target groups are families that for financial and social reasons cannot provide their children with an adequate education. In Germany there exists a partner association, the Masifunde Bildungsförderung Association.

*Weitblick ("Vision") Association*

Size (Employees and locations): Germany: 15 offices, with 55 projects worldwide.

Goal of the organization: Weitblick is a German student initiative that advocates for fair access to education. Weitblick wants to offer students of all disciplines the chance to apply their knowledge, talents, and abilities to social projects. The basic principles of the association are, facilitate, support, and educate. Every Weitblick office oversees and supports educational projects on location and internationally. The projects are funded by donations.

*European Academy for Business in Society (EABIS)*

Size (Employees and locations): 120 businesses, think tanks, and universities.

Goal of the organization: EABIS is comprised of leading universities, research institutions, and business firms that are highly committed to sustainable leadership of business and fulfilling their responsibilities to society. EABIS supports and makes possible new partnerships between businesses and the sciences.

*Emergency Capacity Building Project (ECB)*

Size (Employees and locations): 11 employees.

Goal of the organization: The goal of the Emergency Capacity Building (ECB) project is to improve the speed, quality, and effectiveness of humanitarian aid in crisis situations. The improvement of social welfare and the protection of human rights in these situations are also main goals of the umbrella project, to which in total belong six organizations.

*World Vision Uganda (WVU)*

Size (Employees and locations): World Vision: represented in 96 countries.

WVU: Reaches around 10 million people with its projects.

Goal of the organization: World Vision is a Christian development and advocacy organization for children with the main foci of sustainable international development, humanitarian aid, and the advocacy of development policy. WV supports children, families, and their communities in the war on poverty and inequity. World Vision Uganda is part of the worldwide WV network, which is active in just under 100 countries.

## 5.2 Introduction to Theme

The interviews were intended to shed light on the benefits of networking. For this purpose, an initial hypothesis was posed:

*Non-profit organizations require a networking strategy in order to be able to make the most possible use of their networks.*

This working group made the assumption that the majority of NPOs are either not familiar with the topic of networking or have human resources structures that are too weak to be able to structure their efforts professionally. For this reason, the hypothesis was reformulated as:

*NPOs do not pursue a networking strategy and for this reason cannot realize the full potential of networking.*

In this study, "networking" is understood as the process of making contacts and establishing ties.[4] According to Wirtschaftslexikon (a German business language dictionary), strategy is defined as a fundamental, long-term behavioral pattern (combination of measures) of a business (or organization) and its relevant departments in a given environment for the purpose of realizing its long-term goals.[5] Borrowing from this definition, strategy will be understood as the recognition of the need to improve or optimize a present situation and a consequent setting of mid- to long-term plans of actions to achieve this.

For the concluding evaluation of the hypothesis, the interview questions will be matched with indicators, which will be introduced in the questionnaires[6] and in the following analysis.

---

[4] A broader definition emerged upon assessment of the interviews and will be presented in the analysis section.

[5] Wirtschaftslexikon online: [http://wirtschaftslexikon.gabler.de/Definition/strategie.html] (05.01. 2012)

[6] Because some of the selected organizations are based abroad, half of the interviews will be conducted using an English questionnaire. Both the German and English versions can be found in the appendix.

## 5.3 Analysis

In contrast to the initial definition of networking, it became clear in the course of the interviews that networks are understood in a more all-encompassing way. Many interviewees considered networking primarily as the nurturing of already existent ties.

In response to the first question, all organizations could substantiate why their networks are meaningful and which specific *benefits* they generate. However, the partially random *selection of networking partners* suggests a lack of strategic direction in the individual fields of cooperation. In practice, networks can emerge from seemingly random personal contacts. Strategic networking, however, is characterized by controlled and planned measures to reach targeted goals in networking, building ties, and establishing partnerships. Such a strategic approach was clearly articulated in only about half of the interviews. However, it should be noted that two organizations attached great importance to detailed procedures in the selection of cooperation partners and to the consequent avoidance of potential problems and minimization of conflicts of interests when collaborating. The level of *investments in networking* of most NPOs suggests the organizations recognize that the allocation of select or all workers to networking and their education on the subject are vital to an effective realization of networking potential. Here refer investments not only to the financial sort, but also to contributions of personnel and time. All organizations, with exception of the two associations, pursue professional networking *structures*. Fully developed systems can be found primarily in the NPOs that are larger and are active worldwide. Nevertheless, in all the organizations is *networking potential* present. This, among other things, was summed up by the organizations themselves in their *outlook*, that networking should be expanded geographically as well as in scope, done in higher quality, or carried out more efficiently.

A key indicator of lacking professionalism and strategic direction is faulty or sporadic *evaluation of benefit* that is reflected in the conducted interviews. Methodical surveying and analysis are fundamental to further planning and development of strategy. Some of the interviewed NPOs were aware of this, but a lack of time, knowledge, and short-term benefits hinder their methodical and long-term implementation. Although, external factors, such as the environment of an organization, could also contribute to the failure of networking activities. Outside the realm of formal planning, gut instincts of networkers seem to play a role in the selection of partners. This is then all the more plausible if there is a lack of accountability institutionally and/ or to a third party and/ or partnerships are based on mutual trust. Furthermore, a sharing of *mutual values* is also relevant to partnerships. The values represented by the interviewees were discernible through various buzzwords. However, these values could be more clearly defined and matched with indicators, which will be addressed in greater detail in the following section covering recommended courses of action.

In respect to the hypothesis, these findings underscore the initial prediction: networking strategies in NPOs are lacking or undeveloped. Almost all interviewees made clear in their responses that there is underutilized potential in the area, which can be recognized, but not (yet) exploited. Exactly how strongly strategy correlates with benefit, however, is difficult to determine. For an accurate and conclusive interpretation and summation of networking strategies of the individual organizations, a self-assessment would have been helpful.

## 5.4 Recommendations

The group's recommendations align with a statement given by the Goethe-Institut, that NPOs should recognize the benefits of networking and focus more on it.[7] To this end, organizations should either develop an individual networking strategy or assess how existing strategy could be adapted. In view of the determining of values/ interests, which was mentioned by all the organizations, it is recommended to find indicators that can be matched to them. With the help of these indicators, it could be more concretely pursued and evaluated whether networking partners and organizations are compatible in terms of values and interests. It may then be possible to develop specific guidelines useful in the long-term.

A cause-effect diagram specific to networking could help to recognize the benefits of networking and its overarching and indirect effects. This could appear as the following.

[7] Cf. interview with E. Wetzel, Goethe-Institut.

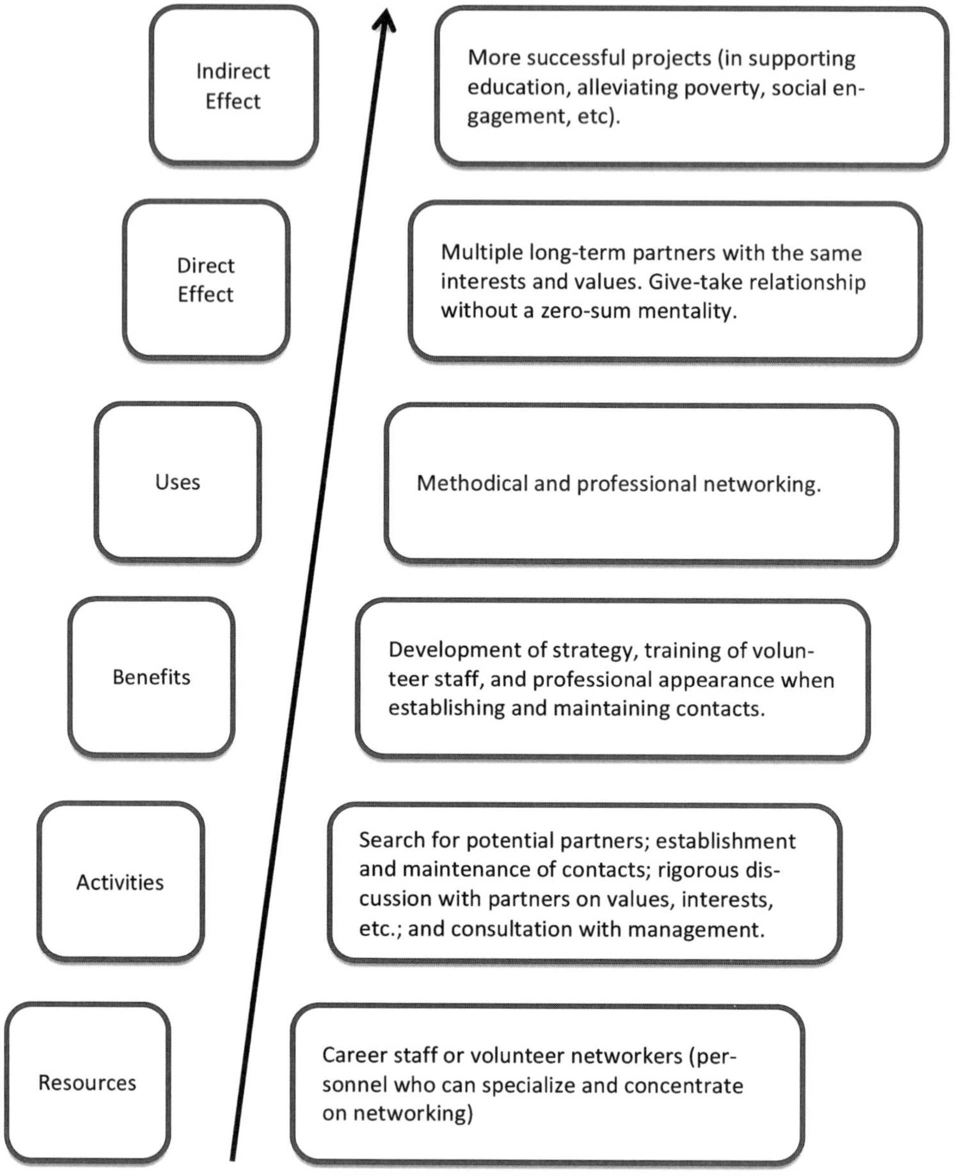


It is further recommended that organizations link up and exchange more among each other regarding networking and networking strategies. Using theory direct from literature or learning by doing might also be helpful in the establishment or advancement of networking, but exactly the type of active interchange between institutions in linking up and exchanging on the topic of *networking* itself helps facilitate the development of these individualized and successful strategies.

## 6. Personnel Development

### 6.1 Introduction of the Organizations and Interviewees

In this study, six different organizations were interviewed regarding their personnel development. They are introduced briefly below.

The Osnabrück Bürgerstiftung (Community Foundation) engages in a variety of social projects located in the city of Osnabrück. The foundation has existed for eleven years, works exclusively at the local level, employs two career staff, and is coincidentally therewith the smallest organization we interviewed. The organization's chairman, Dr. Klaus Lang, made himself available for the interview.

The Hannover Freiwilligenzentrum (Volunteer Center) is the city's central contact for everything volunteering related. They have in total nine career staff and 30 volunteer staff. The interview was carried out with the organization's managing director, Ingrid Ehrhard.

United Nations Convention to Combat Desertification is an organization of the UN and was founded in 1994 with the goal of pursuing the fight against desertification and incidence of drought. The UNCCD has approximately 70 employees. The interview was carried out in the organization's Bonn office with Ms. Gallo, who is responsible for personnel recruitment and management.

The German association AFS Intercultural Programs is a non-profit organization and is an accredited provider of youth welfare services. The organization is comprised of 100 career staff and a multitude of volunteer staff, and they view themselves as mediator between cultures. The organization's managing director, Mr. Mick Petersmann, made himself available for the interview.

The gemeinnützige GmbH für hörgeschädigte Menschen (Non-Profit LLC for the Hearing Impaired) views itself as a service provider for deaf, deafened, and those hard of hearing (with or without any additional disabilities). There are in total 320 staff active in this association, whereby all who receive support are counted because this organization is a kind of sheltered workshop. The interview was carried out with the project leader Mr. Frank Averwerser.

The Federal Agency for Technical Relief (THW) is an organization with 665 local chapters active in disaster and civil protection. The institution is a federal agency, located within the Ministry of the Interior. In Osnabrück's local chapter, 300 helpers are active. Mr. Friedhelm Bensmann, Osnabrück Chapter Local Representative of the THW, made himself available for the interview.

## 6.2 Research Question

The interviews with the organizations named above were carried out with the following overarching question, "How does personnel management differ between large and small non-profit organizations?" In preparation, the hypothesis was formulated that in the non-profit sector, a discrepancy exists between large and small organizations in how they structure their personnel management. This hypothesis should ultimately be proven or disproven. For this purpose, the interviewed organizations were categorized in such a way that only "large" and "small" organizations will be referred to for the remainder of this study. The organizations interviewed with large workforces include the THW, the Non-Profit LLC for the Hearing Impaired, AFS Intercultural Programs, and UNCCD Bonn. The Osnabrück Community Foundation and the Hannover Volunteer Center, both with fewer than 10 staff members, belong to the small organization category. The classification of large and small organizations is thus based on the number of total staff. It was purposefully disregarded whether staffs are career or volunteer.

## 6.3 Testing the Hypothesis

The previously proposed hypothesis, that a discrepancy exists in how large and small organizations structure their personnel management, could only be partially verified.

It should be noted that all six of the interviewed organization are aware of the important roll personnel management plays in their institutions. However, it cannot be proven that the structure of a "professional" personnel management correlates to the size of the organization. There are indeed differences between the previously defined groups of organizations, however, these differences are limited to specific areas and seem to be partially determined by whether the organization is regionally or supra-regionally active.

In general, all of the organizations have relatively similar recruitment instruments, and in practice there are only marginally discernible differences, often idiosyncratic to the particular organization. Nevertheless, the organizations seem to emphasize different aspects in the implementation of recruitment instruments for the purpose of winning career and volunteer staff. Here, the Volunteer Center's use of external personnel services is a notable example.

Regarding the level of professionalization in the recruitment of new staff, it appears that this is not dependent on the size of the institution. Only one organization belonging to the small category has turned to an outside personnel service in the recruitment of new staff – the Volunteer Center.

In the examination of personnel development tools, it is clear that the larger organizations, with exception of the non-profit LLC, tend to make use of a structured continuing education program. The smaller organizations explained that continuing education in contrast plays a secondary role in their institutions and that it takes place spontaneously and selectively, at least with career staff. Only the Hannover Volunteer Center has developed a training program for its volunteer staff, for the purpose of training these workers for their volunteer positions in advance.

In the design of continuing education programs, a certain discrepancy between large and small organizations was present. In the Osnabrück Community Foundation, continuing education plays no roll. In this organization, continuing education takes place only at the request of volunteer or career staff and with agreement of the Board of Directors. A continuing education strategy is not present.

The Volunteer Center has a continuing education program very broad in scope. However, it still takes place "only" on an individual, case-by-case basis.

In contrast, the large organizations, such as the THW, AFS, and the UNCCD, are more strongly committed to continuing education programs. The UNCCD can fall back on UN program structures, and the THW even has its own schools in Germany for the purpose of further educating its staff. Both organizations are therefore strategically oriented towards the advancement of their staffs' qualifications.

Differences were discernible in the engagement of staff, which seem contingent on the workforce structure. Organizations whose workforces are composed primarily of volunteers proceed like the THW. The Volunteer Center and the Community Foundation focus more on the intrinsic motivation of their staff and try to bond them to the organization through a sense of team, association with each other, and the work atmosphere. In contrast, the organizations AFS and UNCDD see continuing education as a potential tool to tie staff to their organization. The Non-Profit LLC for the Hearing Impaired even mentioned explicitly tools to tie staff to the organization, but did not elaborate on the topic. Here, again, work atmosphere and teamwork play a meaningful roll.

## 6.4 Outlook/Recommendations

Room for improvement was identified very differently among the various organizations. It is therefore not possible to give a general recommendation. Nevertheless, all organizations consciously desire to improve their recruitment processes. This could take place in cooperation with schools and universities, businesses, or local volunteer agencies. Because all the organizations have very tight budgets, personnel marketing strategies of the private sector come seldom in question. They must therefore resort to alternate, but equally effective tools. Addressing potential volunteers in a targeted way could here provide relief. Good quality collaboration between businesses and organizations might provide chances to win volunteers from the workforce. A presence on the Internet, for example, could address this target group.

Further action is needed in terms of continuing education and qualification of workforces. Here, again, costs often play a deciding role. Small organizations in particular seldom have access to professional personnel methods and must therefore resort to external programs, which are very expensive. Continuing education could also continue to take place on the job. Nevertheless, it is sensible to develop a structured plan for the orientation and training of new workers. Logically, differences can emerge here between volunteer and career staff. If applicable, a type of mentoring program is also an option, so that a specific contact is at the side of new staff to address questions. This would also be a realistic option in smaller organizations. In case of deficient facilities, cooperation with businesses is an option as well. If a business is active in terms of CSR or makes employees available for "volunteer days," it is here worthwhile to inquire after the availability of any required facilities, such as meeting rooms.

For instance, the Community Foundation was able to hold a board meeting at KME, a large business in Osnabrück.

# 7. Knowledge Management in the Non-Profit Sector

## 7.1 Introduction

To secure knowledge for its expansion and circulation was and is a challenge for every organization. Today – and in the foreseeable future – this challenge has gained a new dimension: Knowledge is absolutely critical to an organization's success. There are multiple reasons for this, however, here will three central factors be elaborated upon:

First of all is the exponential growth of new knowledge in all areas of society, the steadily increasing complexity of societal and business structures, and, as a result of demographic change, the necessity to transfer informal knowledge from the retiring generation to a numerically smaller successive generation. In this study, challenges specific to the non-profit sector will be examined.

## 7.2 Research Questions and Methods

The central question is how knowledge in non-profit organizations is retained and to what extent organizations in the non-profit sector employ institutional knowledge management systems. In the process, it should also be clarified how the term scientific management is understood and what pertinent challenges are to be expected in the non-profit sector in the future.

To determine this information, semi-structured interviews were carried out. The interview guidelines were comprised of five main open-ended questions, each containing a various number of follow-up questions. The interviews were carried out in person or by telephone, and each was fully transcribed.

## 7.3 Who did we interview?

In the selection of the organizations to be interviewed, the goal was to represent the widest possible spectrum of organizations, both in regard to their fields of activity and their size.

The association AWO Bezirksverband Weser-Ems (a district association of the Arbeiterwohlfahrt, a national workers' welfare association responsible for the Weser-Ems administrative district) was the largest interviewed organization with approximately 3000 career staff and an annual budget of 126 million Euros. With 20 nursing home facilities and claiming half the annual budget, assistance for the elderly is the association's most important field of activity. A further focus is child, adolescent, and family assistance, which lays claim to about a quarter of the total budget. The interview partner was Ms. Hanna Naber, one of three managing directors of the AWO Bezirksverband Weser-Ems.

The Lebenshilfe Kempten/Allgäu association (a regional assisted living center for the mentally handicapped) is a considerably smaller organization and was second to be interviewed. The Lebenshilfe association employs in total 330 staff in, among other activities, running a school for the purpose of supporting mentally handicapped children and adolescents, and in maintaining six residential facilities in the city of Kempten (Allgäu) and in the greater area of Oberallgäu. The interview was carried out with the Administrative Director, Ms. Christine Lüddeman.

The third organization to be interviewed was the educational association ARBEIT UND LEBEN Niedersachsen (Work and Life Lower Saxony), which is active in the fields of vocational training and continuing education. The interview was carried out with the Director of the Osnabrück office, Mr. Heiko Schlatermund. Three staff members are employed in the Osnabrück office of Work and Life.

Lastly, an interview was held with the Culture Association[8], a communal organization active with adolescents and culture. The association employs seven staff members, and the director of the culture department made himself available for the interview.

[8] The association requested to remain anonymous, and therefore "Culture Association" will be used to represent this organization for the remainder of this work.

This spectrum of organizations makes it possible to examine a multifaceted snapshot of how knowledge management is understood and practiced in the non-profit sector. At the same time, the limited number of interviews does not provide grounds for universal validity of the results.

## 7.4 Conclusion

It is apparent that there is great variation in the way even the term knowledge management is understood. At the same time it is possible to establish a correlation between the size of the organization and degree of institutionalization. Different stages of development correlate presumably to the availability of resources. On the other hand, it can be assumed that larger and more complex organizations suffer the repercussions of an inadequate knowledge management system to a considerably greater degree, and are therefore under higher pressure to act. The smaller organizations, such as Work and Life and above all Culture Association, are rather inclined to understand knowledge management superficially and as the accumulation of data, which takes place mostly in disorganized ways with little direction. That the topic of knowledge management is awarded no particular priority in the smaller organizations is surely related to the fact that, in contrast to the larger organizations, they have not so far been placed under no pressure to do so. In contrast, Lebenshilfe and AWO have recognized the importance of an organized knowledge management system and have developed a sophisticated understanding of it. The AWO in particular understands the handling of knowledge as a critically important success factor, whereby the necessity of knowledge management is recognized not only on a strategic level, somewhat in relation to succession planning, but on a functional level as well.

An organization's field of activity seems to have an influence on its level of professionalization in knowledge management as well. It is apparent that the organizations offering services in circumstances demanding a high level of institutionalization and legitimization, such as care of the elderly or handicapped, employ more advanced knowledge management systems. This can to some extent be explained by how the culture sector is indeed under great external pressure, but even so still enjoys a considerable degree of discretion in the structuring of their services compared to standardized social services. Particularly in the culture sector, the key to success lays in individuality, what the implementation of a knowledge management system makes more difficult, especially regarding personal knowledge.

It should of course not be neglected that large organizations are to some extent forced to run their knowledge management systems more formally. On the contrary, small organizations are more in the position to secure knowledge for the organization and to pass it on in more informal ways, which is by all means an acceptable practice. However, in doing so it is ignored that these informal methods are not self-sustaining, but are rather applicable methods – even if not technology-based – that must be implemented and maintained in a systematic and structured fashion.

The introduction of a professional and institutionalized knowledge management system can bring change as well. Change generates anxiety, which in turn could lead to failure in a worst-case scenario. A success-oriented institutionalization of knowledge management must therefore have the goal of enabling the highest level of acceptance possible in order to minimize resistance. In doing so, it is important to include staff early on in the process. It is also essential to cater the specifics of the knowledge management system to the particular needs and structures of the organization – this takes both the workforce as well as the organizational context into consideration. Here it is important, that the instruments are easy to implement and usable for everyone, as also emphasized by Ms. Lüddemann from Lebenshilfe.

Knowledge management is a significant challenge for all organizations in the non-profit sector, and will remain so in the future. Here play expected shortages in skilled labor and the upcoming generational change particularly important rolls. Notably, the handling of volunteer staff should hold an important place in knowledge management. The exchange of information between career and volunteer staff presents a challenge, which can be overcome with the help of an adequate knowledge management system.

The documentation, accumulation, and transition of technical, procedural, and network knowledge, in addition to idiosyncratic organizational knowledge, belong to the central future challenges. In the process, the principle "the more the better" should not be applied, neither qualitatively nor quantitatively. Rather, the effort should be commensurate to the benefit. A minimum level of institutionalization in knowledge management is, however, sensible and worth pursuing in any case.

## 8. Closing Remarks

The outcome points to a successful collective research project, distinguished by its examination of the most different subject areas through the use of the interview as research method. In the process, students did not simply benefit in the development of their thematic knowledge, which was advanced through the interviewing and through an analytical view into their thematic field. But, learning by doing, they additionally gained insight into what it takes to reach a consensus on research questions and guidelines as well as to carry out the interviews in the context of a team.

Owing to the time limitation of a single semester, the articles lack exhaustive examinations in the respective theory sections. The seminar being more concerned with research questions than theoretical foundations, this shortcoming was consciously accepted.

As a further goal, it can be noted how new subject topics were defined in the different areas, which are worth further scrutiny and research.

In the analytical presentation of the results during the seminar, challenges und variations were discussed that had arisen throughout the whole process.

Overall, there is a need to thank the seminar's students for their agreement to this experiment and for their considerable dedication, resulting in quality output. A further thanks goes to the interview contacts from each organization that took the time to support this project with their expertise.

*Research groups by topic*

Organizational Culture – Sofia Khan, Karin Linnerkamp, Eva-Maria Schröder

Sustainability – Steffi Albert, Yuni Alberta, Jan Steglich, Pauline Missling

Fundraising – Therese Schedifka, Lara Vanessa Wimmershoff, Friederike Stemmer, Silas Ewuntomah, Kiry Kosal

Networking – Monica Aguti, Anne-Catrin Hummel, Simon Karunia, Murali Nair Rajendran, Elisabeth Schwerdtfeger, Karen Elena Suarez Acvedo

Personnel Development – Raphael Rieder, Andrew Matsiko, Yasser Kosper, Umer Khayyam, Simon Harenbrock, Boubacar Sokona

Knowledge Management – Knud Hendricks, Patricia Menzel

The seminar was led and supervised in winter semester 2011/2012 by Prof. Dr. Gesa Birnkraut in the context of the M.A. program Management in Non-Profit Organizations at the University of Applied Sciences Osnabrück.

## Sources

Nuscheler, F. (2005). *Entwicklungspolitik. Eine grundlegende Einführung in die zentralen entwicklungspolitischen Themenfelder Globalisierung, Staatsversagen, Hunger, Bevölkerung, Wirtschaft und Umwelt.* 6. Auflage. Bonn: Dietz Verlag.

Stephan, P. (2002). Nachhaltigkeit: ein semantisches Chamäleon. In: *E+Z - Entwicklung und Zusammenarbeit*, Nr. 4, S. 112-113.

# Zwischen Gemeinschaft und Organisation – Nonprofit-Organisationen und der Risikodiskurs der Moderne

Iris Thye

*Zusammenfassung*

Im theoriearchitektonischen Governance-Dreieck zwischen Markt und Staat lässt sich ein Großteil von Nonprofit Organisationen (NPO) auf dem dritten, dem gesellschaftlichen Pol der Gemeinschaft verorten. Als basisnahe Organisationen sind ihre Genese und ihr Selbstverständnis eng verbunden mit dem Risikodiskurs der Moderne. Dieser führt von der Frühmoderne mit ihrer Unterscheidung zwischen Risiko und Sicherheit über die entfaltete Moderne, in der der Glaube an das „Weltmodell der Wahrscheinlichkeit" (Bonß) erodierte, hin zur heutigen Spätmoderne als einer funktional differenzierten Gesellschaft, deren Risiken sich nicht mehr auf den Hochtechnologiebereich beschränken. Stattdessen ist von ubiquitären Risiken auszugehen als Resultat entkoppelter Funktionssysteme, die ihrer je eigenen Logik von Wachstum und Optionssteigerung folgen. Gemeinschaftsnahe NPO gründen sich als Reaktion gegen diese gesellschaftlich strukturell bedingten Risiken. Ihnen setzen sie eine Wertorientierung entgegen, die um Nachhaltigkeit, Hilfe, Solidarität und Identität kreist, was zugleich erklärt, weshalb sie sich betriebswirtschaftlicher Steuerungslogik und ökonomischer Rationalität verweigern. Zunächst als Gruppen ohne formelle Mitgliedschaft gegründet, bilden sie jedoch oftmals einen organisationellen Kern aus, um ihre Resonanz in der Gesellschaft zu effektivieren. Basisnahe NPO kennzeichnet somit eine grundsätzliche Ambivalenz, die sich aus der Spannung zwischen sinnstiftender Gemeinschaft und formalisiertem Organisationsmanagement speist.

# Between Society and Organization – Non-Profit Organizations and the Modern Debate on Risk

*Abstract*

With the market and the state at two corners of the theoretical governance triangle, many non-profit organizations (NPO) can be placed in the third corner, society. Being organizations in close contact with their base, their creation and self-conception are tightly connected with the modern debate on risk. This begins in the early modern, with its differentiation between risk and certainty, then passes over the developed modern, where belief in the "world model of probability" (Bonß) erodes, and heads toward contemporary late modern as a functionally differentiated society, whose risks are no longer limited to the high-tech sector. Instead, ubiquitous risks can be assumed as result of decoupled functional systems, which each approach growth and option escalation according to their own logic. NPOs close to society establish themselves as a reaction to these society and structurally contingent risks. They position themselves in opposition, drawing on values of sustainability, aid, solidarity, and identity. This also explains why they reject business steering principles and economic rationality. Initially founded as groups without formal membership, they often cultivate an organizational core to increase their societal impact. NPOs close to their base indicate a fundamental ambivalence, which stems from the tension between meaningful society and formalized organizational management.

# 0. Einführung

Salamon attestierte den Nonprofit-Organisationen bereits 1987„voluntary failures" und „philanthropic amateurism" und Seibel (1992) spricht von „funktionalem Dilettantismus", der sich aus Missmanagement, fehlender Effizienz und mangelnder Responsivität speise. Seitdem zählen „organizational failures" zu den Strukturdefiziten von Nonprofit-Organisationen. Doch dies oft beschriebene und beklagte Phänomen der betrieblichen Untersteuerung von Nonprofit-Organisationen (NPO) erfüllt zum einen die Funktion, die für NPO essentielle Wertorientierung gegen ein zweckrationales Kosten-Nutzen-Kalkül aufrechtzuerhalten. Zum anderen sperren sich Personalisierungstendenz, Egalitätsneigung, Harmoniepräferenz und Informalitätstendenz als typische Handlungsmuster von NPO (vgl. Zauner 2007: 150 f.) gegen eine ökonomische Rationalität, weil dies ihrer eigenen gesellschaftsstrukturellen Genese widerspräche.

Die Abwehr des betriebswirtschaftlichen Effizienz- und Effektivitätsdenkens ist somit nicht als Folge eines risikolosen Daseins in geschützten ökonomischen Nischen dank staatlicher Subventionierung und Unterstützung zu werten.[1] Sie lediglich als Konsequenz einer diffus-obskuren Solidaritäts- und Gemeinschaftssehnsucht der NPO-Mitglieder zu beurteilen, die sich irrational der zweckrationalen Moderne entziehen wollen, übersieht, dass gemeinschaftsorientierte NPO und Nichtregierungsorganisationen (non-governmental organizations, NGO) ihre Genese gesellschaftlichen Strukturen verdanken, die sie zudem zu harmonisierenden, emotionalisierten und nicht kognitiven Formen des wechselseitigen Umgangs greifen lassen.

Am Risikodiskurs der Moderne soll dies im folgenden Text exemplarisch aufgezeigt werden. Indem die Moderne sich als eine Risikogesellschaft beschreiben lässt, liefert sie die strukturelle Begründung, weshalb die ihr entsprungenen und weiterhin entspringenden mitgliedschafts- bzw. basisnahen NPO und NGO sich betriebswirtschaftlichem Kalkül verweigern müssen (sic!). Denn ihre Genese und Existenz ist mit der technologisch bedingten Entwicklung einer strukturell riskanten Gesellschaft eng verbunden – zu nennen sind so namhafte Nonprofit-Organisationen aus dem Umwelt- und Naturschutzbereich wie Greenpeace, BUND, WWF und zahlreiche Anti-AKW-Organisationen, weiter Verbraucherschutzorganisationen wie die Stiftung Warentest und Foodwatch sowie NGO wie Attac und neuerdings die Occupy-Bewegung.

---

[1] Diesen Befund teilt Zauner 2007: 141, seine Begründung setzt freilich andere Akzente.

Der Gang der Thesendarlegung, -erläuterung und -begründung beginnt mit einer allgemeinen Definition von Nonprofit-Organisationen, um sie einzugrenzen auf den Untersuchungsbereich der mitgliedschafts- bzw. basisnahen NPO, die im theoriearchitektonischen Governance-Dreieck von Markt und Staat auf dem dritten, dem gesellschaftlichen Pol der Gemeinschaft anzusiedeln sind (1). Es folgt eine Bestimmung des Risikobegriffs, gepaart mit einer knappen Darstellung der Vormoderne, die noch keine Risiken kannte, um von ihr die sich sukzessiv entwickelnde Risikogesellschaft zu unterscheiden (2). Es schließen sich Beobachtungen an, die die Veränderungen des Risikodiskurses im Laufe der letzten beiden Jahrhunderte erläutern: Die alten, als technisch berechenbar und damit als beherrschbar taxierten Risiken der Frühmoderne wurden im Schematismus von Risiko und Sicherheit wahrgenommen und beschrieben (3). Mit dem Übergang zur entfalteten Moderne mit ihren hyperkomplexen Großtechnologien lassen sich die mit ihr verbundenen neuen evolutionären Risiken jedoch nur noch dann angemessen beschreiben, wenn man die Unterscheidung von Risiko und Gefahr zugrunde legt (4). Der Risikobegriff der Spätmoderne kann sich nicht mehr auf die Großtechnologien beschränken, er muss vielmehr ausgeweitet werden und gilt nun ubiquitär für eine funktional differenzierte Gesellschaft, die in ihren Strukturen Risiken allerortens erzeugt – sei es in der Politik, der Finanz- oder der Realwirtschaft (5). Es sind die technisch bedingte Risikogesellschaft der Moderne und die ihr folgende ubiquitäre Risikogesellschaft der Spätmoderne, gegen die sich als Reaktion mitgliedschafts- bzw. basisnahe Nonprofit-Organisationen gründen. Ihr Ursprung, sich gegen die Gefahren der Moderne zur Wehr zu setzen, erklärt neben der gemeinschaftlichen Gründungsidee, weshalb sie betriebswirtschaftlichen Steuerungslogiken und ökonomischen Rationalitätsannahmen eher skeptisch bis ablehnend gegenüberstehen (6).

## 1. Definition: Nonprofit-Organisationen und Gemeinschaft

Um Nonprofit-Organisationen von ihrem Gegenstück – den not for profit Organisationen – abzugrenzen, werden zu ihnen im folgenden Organisationen gezählt, die jene fünf Unterscheidungsmerkmale aufweisen, die von Salamon/Anheier (1992) im Rahmen des Johns Hopkins Comparative Nonprofit Sector Project entwickelt wurden mit dem Ziel, für diese international vergleichende Studie über trennscharfe Zuordnungskriterien zu verfügen. Zum Nonprofit-Sektor werden demnach Organisationen gerechnet, „die formal organisiert sind im Sinne einer feststellbaren institutionellen Dauerhaftigkeit, selbstverwaltet sind, nicht-gewinnorientiert arbeiten, nicht formal-rechtlich Teil der Hoheitsverwaltung sind (...) und in deren (...) Mitgliedschaft dem Prinzip der Freiwilligkeit eine entscheidende Rolle zugewiesen ist“ (Salamon/Anheier 1992: 45, vgl. auch Anheier 1995, Salamon/Anheier 1997).

Der klassischen Definition zufolge können zwar auch öffentlich-rechtliche Anstalten dem Nonprofit-Bereich zugeordnet werden, wenn sie institutionell mehrheitlich außerhalb der staatlichen Kontrolle angesiedelt sind, doch das „Prinzip der Freiwilligkeit“ bleibt merkwürdig unterbelichtet. Es schließt lediglich aus, dass Zwangskorporationen mit ihren Pflichtmitgliedschaften – wie in Deutschland etwa bei den Kammern und Versicherungen der Fall – zu den Nonprofit-Organisationen zählen.

Doch gerade die Freiwilligkeit der Mitglieder stellt ein entscheidendes Abgrenzungsmerkmal dar, durch das sich Nonprofit-Organisationen auszeichnen. Dies spiegelt sich nicht nur in der freiwilligen Entscheidung, als Mitglied in eine NPO oder NGO einzutreten, ferner in deren Mitfinanzierung durch Beiträge und Spenden, sondern auch und vor allem in der internen Willensbildung, die demokratisch-partizipativ über Organisationstrukturen und Kompetenzen entscheidet, sowie in der ehrenamtlichen und freiwilligen Mitarbeit der Mitglieder.

Tragender Pfeiler des „Prinzips der Freiwilligkeit“ ist die ideelle Zielsetzung von Nonprofit-Organisationen, ihre Mission, ihre Werteorientierung.[2] Sie konditioniert und motiviert die Mitgliedschaft und die hohe Identifikation mit der Organisation ebenso wie Spendenbereitschaft, ehrenamtliches Engagement und freiwillige Dienste. Eben dieser konstitutiven Werteorientierung, gepaart mit einem diffusen Gemeinschafts- und Solidaritätsgefühl, verdanken viele Nonprofit-Organisationen ihre Genese und Existenz, aber auch ihre eigentümliche Widerständigkeit gegen betriebswirtschaftliche Effizienz- und Steuerungslogiken.

Das konstitutive Prinzip der Freiwilligkeit und Werteorientierung wird auch vernachlässigt, wenn NPO mit Etzioni (1973) unterschiedslos im „third sector“ angesiedelt werden. Denn diese theoriearchitektonische Ortsbestimmung zwi-

---

[2] James und Rose-Ackermann haben schon früh auf die konstitutive Rolle von Ideologien für die Gründung von Nonprofit-Organisationen hingewiesen, auch wenn sie dabei – entsprechend der angloamerikanischen Orientierung am innovativen Unternehmer – die moralische Unternehmerpersönlichkeit im Blick hatten: „ We believe that a key feature of non-profit-production is ideology. This may stem from religious faith, from a secular vision of a just society, from a belief in a particular theory of education or child development, to name just a few possible resources.” (James/Rose-Ackermann 1986: 51).

schen den Governanceformen Staat und Markt lässt das dritte, das NPO-Handlungsfeld nahezu unbestimmt, indem lediglich negativ ausgegrenzt wird (Nonprofit und Non-Governmental). Zauner schlägt stattdessen vor, „als dritten Bezugspunkt jenen gesellschaftlichen Pol hinzuzufügen, aus dem traditionell und gleichsam naturwüchsig immer schon Organisationen erwachsen sind – soziale Bewegungen oder etwas traditioneller: Gemeinschaft" (Zauner 2007: 146).[3] Damit wird ein Wirkungsfeld von Nonprofit-Organisationen umrissen, in dem es um (zivil)gesellschaftliches Engagement, um Eigeninitiative, politische und kulturelle Mitsprache geht, vor allem aber auch um Protest gegen die Risiken der Moderne wie Umweltverschmutzung, Lebensraumzerstörung, Klimawandel, Lebensmittelskandale, Pandemien, Finanz-, Wirtschafts- und Staatenkrisen.

Die Genese dieser gemeinschafts- oder basisorientierten NPO und NGO ist verbunden mit den unberechenbaren Risiken, die eine hyperkomplexe, technologisierte und funktional differenzierte Moderne produziert.

## 2. Risikobegriff und Vormoderne

Wirtschafts-, Finanz- und Euro-Krisen als Folgen entkoppelter Finanzmärkte und staatlich angehäufter Schuldenberge, Orkane, Dürreperioden und Überschwemmungen als Folgen des selbstbewirkten Klimawandels, die jüngste Reaktorkatastrophe in Fukushima sind die Insignien einer Gesellschaft, die gekennzeichnet ist von Risiken, selbstproduzierten Krisen und Katastrophen. Die Soziologie hat dafür eigens den Begriff der Risikogesellschaft geschaffen. Das gleichnamige Buch des Münchener Soziologen Ulrich Beck erschien 1986, einige Wochen vor (!) dem Reaktorunfall in Tschernobyl.

Ein Risiko liegt vor, „wenn sich aus gegenwärtigen Handlungen mögliche Gefahren in der Zukunft ergeben könnten" (Nassehi 1997: 254). Risiken – ob bewusst oder unbewusst – werden eingegangen durch Entscheidungen, die unter Unsicherheitsbedingungen erfolgen, weil man in der Gegenwart nicht wissen kann, welche Folgen eine Entscheidung in der Zukunft haben wird. Riskante Entscheidungen sind zurechenbar auf einzelne oder korporative Akteure.

Doch das ist noch ein sehr allgemeiner Risikobegriff, wie Nassehi (1997: 254 f.) weiter ausführt, der das Risiko im technisch-operativen Bereich von Handlun-

[3] Zur Governanceform Gemeinschaft s. Wiesenthal 2005, Gläser 2007.

gen und Entscheidungen oder im Kontext versicherungswirtschaftlicher Kalkulationen belässt. Die soziologisch relevante Frage, unter welchen Bedingungen etwas als Risiko eingestuft wird und unter welchen nicht, wie mithin die soziale Wirklichkeit mit dem Schematismus von Risiko und Sicherheit beobachtet und damit immer auch erzeugt wird, bleibt unbeantwortet. Der Risikobegriff muss demnach sowohl „den *objektiven* Aspekt – *was* an Schadensrelevantem geschieht – als auch (..) den *konstruktivistischen* Aspekt (..) – *wie* es sozial erzeugt und bearbeitet wird“ reflektieren (Nassehi 1997: 257). Er muss eine Beobachtung erster und zweiter Ordnung formulieren, wie dies in Luhmanns Risikodefinition der Fall ist: „Von Risiko kann man (…) nur sprechen, wenn man voraussetzt, daß derjenige, der ein Risiko wahrnimmt und sich eventuell darauf einläßt, bestimmte Unterscheidungen macht, nämlich die Unterscheidung von guten und schlechten Ergebnissen, Vorteilen und Nachteilen, Gewinnen und Verlusten sowie die Unterscheidung von Wahrscheinlichkeit und Unwahrscheinlichkeit ihres Eintreffens. Jemand, der sich riskant verhält, (…) mag dies zwar als Beobachter erster Ordnung tun. Sobald er überlegt, ob er sich auf ein Risiko einlassen soll, beobachtet er sich selbst aus der Position eines Beobachters zweiter Ordnung; und erst dann kann man eigentlich von Risikobewußtsein oder Risikokommunikation sprechen“ (Luhmann 1991: 135).

Das Wissen um die eigenen riskanten Entscheidungen, somit Risikobewusstsein und Kommunikation über Risiken haben sich zum strukturellen Begleitphänomen der modernen Gesellschaft entwickelt. Dies wird deutlich, wenn man weiß, dass menschliches Handeln nicht immer schon unter Risikogesichtspunkten beobachtet wurde. Was eine Gesellschaft als Risiko einstuft und wie sie damit umgeht, hat sich vielmehr in den letzten 200 bis 300 Jahren grundlegend verändert (vgl. Bechmann 1993, Beck 1986, 1991, 2007, Bonß 1991, 1995, Japp 1990, Krohn/Krücken 1993, Nassehi 1996, 1997, Luhmann 1986, 1990, 1991).

An diesen Veränderungen im gesellschaftlichen Risikodiskurs lässt sich zum einen zeigen, was es heißt, moderne Gesellschaften als Risikogesellschaften zu beschreiben, die sich selbst sowohl ökologisch als auch sozial gefährden. Zum anderen lässt sich plausibilisieren, weshalb eben diese Risikogesellschaft der Geburtsort vieler mitgliedschaftsnaher Nonprofit-Organisationen ist samt ihrer grundlegenden Werteorientierungen und ihrer Abwehr ökonomischer Managementtools.

In vormodernen Zeiten – etwa dem Mittelalter – gab es noch kein Risiko im Sinne zurechenbarer Entscheidungen unter Unsicherheitsbedingungen.[4] Es war

[4] Zum Folgenden s. Nassehi 1997: 258 ff.

nicht vorstellbar, einzelnen Menschen ihre Taten zuzurechnen und diese als riskant oder nicht riskant wahrzunehmen. Der Mensch als Individuum, als Subjekt war noch nicht geboren, der Einzelne vielmehr eingefügt in das hierarchisch-normative Gefüge einer ständischen Gesellschaftsordnung, die in einer Subsistenzwirtschaft auf Reziprozität und Versorgung beruhte. Krisen und Katastrophen – wie etwa Epidemien, Unfälle, Naturkatastrophen oder Kriegsfolgen – wurden in vormodernen Gesellschaften entsprechend nicht als Risiken wahrgenommen, sondern als hinzunehmendes Schicksal, dem man ebenso machtlos ausgeliefert war wie der Macht der Kirche und der Fürsten, dem Glauben und der Tradition.

Erst mit der Entwicklung des Fernhandels kam auch das individuelle Risiko in den Blick: Stürme, Piraterie, Krankheiten an Bord, Verlust oder Beschädigung der Ware wurden als Risikofaktoren gewertet und Entscheidungen wie die, Waren zu verschiffen, erstmals abgewogen. Die Unwägbarkeiten des Transportes wurden nicht mehr als Fatum erlebt, sondern als zu kalkulierende Risiken.

Beim Fernhandel blieb es jedoch bei einem zeitlich und individuell begrenzten Risiko. Die Gesellschaft als Ganzes sah sich noch nicht aufgefordert, kollektive Sicherungen einzuführen. Die Kaufleute als Gruppe nahmen jedoch vorweg, was später die Gesellschaft als Wohlfahrtsstaat entwickelte: Sie organisierten in Form der Hanse ein kollektives Schutz- und Sicherheitsbündnis gegen die Risiken des Fernhandels.

## 3. Frühmoderne: Risiko und Sicherheit

Erst mit der sich industrialisierenden Gesellschaft entwickelte sich eine Semantik des Risikos, das heißt: mit der Moderne kam das Risiko. Der Begriff des Risikos verband sich zunächst mit negativen Lebenslagen wie Krankheit und Invalidität, deren Eintreten jedoch noch nicht individuellen oder korporativen Entscheidungen zugerechnet wurde. Zunächst nahm man sie als einen persönlichen Schicksalsschlag wahr, das Neue war jedoch, dass es sich nun um individuelle, auf den Einzelnen zurechenbare Lebenslagen handelte. Denn durch den radikalen Wandel von der bäuerlichen und handwerklichen Subsistenzwirtschaft hin zur fabrikmäßigen industriellen Produktion waren die Menschen massenhaft aus ihren feudalen, großbäuerlichen oder zunftmäßigen Sicherungs- und Versorgungsstrukturen freigesetzt worden, sie erlebten eine Enttraditionalisierung ihrer Lebensformen, die fortan jeden Einzelnen zwang, sich individuell auf dem Arbeitsmarkt zu verdingen.

Entsprechend entwickelte sich eine auf den Einzelnen bezogene Perspektive. Lebenslagen wurden erstmals individuell und damit als riskant wahrgenommen: Krankheit, Invalidität, Alter und Arbeitslosigkeit stellten fortan individuelle Risiken dar, weil die früher schützende und stützende Gruppe nun weder Rückhalt noch Sicherheit bot. Diese individuellen Risikolagen stellten zugleich kollektive Risiken dar, da es sich kein Gemeinwesen auf Dauer leisten konnte, das komplette Bevölkerungsgruppen durch Krankheit oder Invalidität ausfielen – was bei den verheerenden Arbeitsbedingungen des Frühkapitalismus eine ernst zu nehmende Gefahr darstellte.

Der neue soziale Tatbestand der riskanten Lebenslage ließ einen Risikodiskurs der Frühmoderne entstehen, der geprägt war durch seinen Gegenbegriff: den Begriff der Sicherheit. Die industriell-wohlfahrtsstaatliche Lösung, mit Risiken umzugehen, wurde folgerichtig in der Versicherung gefunden. Ihr Ziel ist bis heute, individuelle Risikolagen gegenüber einer ungewissen Zukunft kollektiv aufzufangen, indem mit Hilfe des Umlageprinzips das statistisch gegebene individuelle Risiko eines Schadens oder einer Störung über das Kollektiv abgesichert wird.

Versicherungen arbeiten nach dem „Weltmodell der *Wahrscheinlichkeit*“, wie es der Risikoforscher Wolfgang Bonß (1991: 267) ausdrückt. Es ist der Glaube der sich entwickelnden wissenschaftlich-technischen Zivilisation, dass sich Risiken mit Hilfe ausgeklügelter mathematischer Formeln berechnen lassen, indem sie die Wahrscheinlichkeit eines Schadenseintritts verlässlich kalkulieren. Das Credo der Moderne lautet fortan: Risiken, die sich berechnen lassen, lassen sich auch beherrschen, womit das Risiko gewissermaßen sein Risiko verliert.

Der Schematismus von berechenbarem Risiko und Sicherheit leitet nicht nur den Risikodiskurs im Versicherungswesen, sondern vor allem auch den in der Technologie. Der technologische Fortschrittsglaube meint mit dem Begriff der Kausalität ein technisches Kalkül an der Hand zu haben, wonach sich mögliche Schäden in der Zukunft kausal-linear aus der Gegenwart ableiten lassen. Auch diese Berechnungen beruhen auf dem Modell der Wahrscheinlichkeit eines möglichen Störfalls. Die Kalkulation der Schadenswahrscheinlichkeit einer Technik bildet folgerichtig die Grundlage für die Berechnung der einzusetzenden Technik. So werden im Auto zwei Bremskreisläufe eingebaut, Transatlantikflüge dürfen nur mit Flugzeugen durchgeführt werden, die mindestens drei Triebwerke besitzen, Atomkraftwerke werden mit mehreren unabhängig voneinander arbeitenden Kühlsystemen ausgestattet.

## 4. Entfaltete Moderne: Risiko und Gefahr

Die Beinahe-Katastrophe im AKW Three Mile Island bei Harrisburg, Pennsylvania, im Frühjahr 1979, der Super-GAU im damals noch sowjetischen Tschernobyl im Jahre 1986, die Reaktorkatastrophe im japanischen Fukushima Anfang 2011 – was vormals undenkbar war, ist eingetreten: die Kernschmelze. Trotz Wahrscheinlichkeitsrechnung, technischem Kalkül und Kausalität ist eine Gegenwart eingetreten, die man auch mit physikalischer, chemischer, elektronischer und geophysischer Expertise nicht hat antizipieren können. Mit diesen Katastrophen wurde deutlich: Die neuen großtechnologischen Risiken lassen sich nicht mehr berechnen, das „Weltmodell der *Wahrscheinlichkeit*" hat ausgedient.

Die großtechnischen Anlagen weisen heute eine Komplexität auf, derer man durch Berechnung nicht mehr habhaft werden kann. Störungen lassen sich nicht mehr monokausal auf menschliches Versagen, defekte Technik oder fehlerhafte Computerprogramme zurückführen, dafür sind die Prozesse viel zu komplex: Es mischen und überlagern sich technisch automatisierte Abläufe mit hyperkomplexen Computerprogrammen und zwischengeschalteten menschlichen Entscheidungen. Diese Abläufe lassen sich nicht mehr linear-kausal beobachten, eindeutige Ursache-Folge-Zurechnungen sind nicht mehr möglich. Die Kausalität als Beobachtungsschema mit ihren Kausalattributionen, die sich nacheinander auf einem Zeitstrahl anordnen lassen, versagt angesichts der Gleichzeitigkeit vieler linearer Ereignisfolgen, die komplex interagieren, d. h. sich wechselseitig bedingen, beeinflussen und verstärken. Die Simultaneität der interagierenden Ereignisketten liquidiert die Kausalität als Beobachtungsschema und damit jenes Kalkül, das bislang Risiken als berechenbar erscheinen ließ.

Daraus folgt: In der heutigen, der entfalteten Moderne mit ihren weltweiten technologischen, finanzpolitischen und sozialen Risiken muss sich der Risikodiskurs umstellen. Denn diese neuen evolutionären Risiken lassen sich nicht mehr in toto berechnen und damit beherrschen, sie sind kaum mehr versicherbar, statt dessen muss mit Folgendem gerechnet werden:

- mit den Nebenfolgen, den nichtintendierten Folgen und den Folgen der Nebenfolgen.
- mit einer Vielzahl von Wirkungen und Wirkungswirkungen, die nicht linear ableitbar sind, wie beim berühmten Schmetterlings-Effekt mit seinen multiplizierten und multilateralen Wirkungen
- mit kollektiven Effekten vieler individueller Entscheidungen, bei denen der durch eine Einzelhandlung verursachte Schaden relativ gering sein mag, der in der Summe mit anderen sich jedoch zu immensen Schäden addiert ($CO_2$-Ausstoß, Klimawandel)
- mit globalen Effekten lokaler riskanter Entscheidungen. Von Ulrich Beck stammt das bekannte Diktum: „*Not ist hierarchisch, Smog ist demokratisch*" (Beck 1986: 48). Nach einem Reaktorunfall kann die radioaktive Wolke – je nach Wetter und Wind – potentiell jeden treffen.
- Großschäden wie die von Fukushima oder am Golf von Mexiko (Explosion der BP-Bohrplattform *Deepwater Horizon*) sind kaum noch monetär auszugleichen, da Umwelt- und Gesundheitsschäden sich der finanziellen Logik entziehen. Die Multifaktorialität, die Überlagerung vieler Ebenen, die in ihren Wechselwirkungen zu Risikophänomenen führen, die sich nicht mehr eindeutig kausal zuordnen lassen, machen eine juristische und politische Bearbeitung fast unmöglich.
- Das kulturelle Selbstverständnis der Moderne wird erschüttert: die Utopie eines linearen Fortschritts und immer besseren Lebens.

Risikoverursachung und Risikobetroffenheit fallen heute auseinander. Entsprechend muss der Risikobegriff neu gefasst werden. So schlägt Luhmann (1990) vor, den Schematismus von Risiko und Sicherheit, der in der Frühmoderne an der Beobachtung (erster Ordnung) einer faktischen Wahrscheinlichkeit eines Schadenseintritts ansetzt, zu ersetzen durch den Schematismus von Risiko und Gefahr, der „per Beobachtung zweiter Ordnung darauf abstellt, wie Schadenserwartungen von wem beobachtet werden" (Nassehi 1997: 267).

Unterscheidet man mit Luhmann zwischen Risiko und Gefahr, dann geht es um Attributionsvorgänge, um Beobachtungen, wie Schadenserwartungen von wem erlebt werden. Es geht mithin um „Zurechnung/Nichtzurechnung auf Entscheidungen" (Luhmann 1990: 137), die Risiken darstellen und möglicherweise Schäden bewirken können. Als riskant wird eine Handlung erlebt, die man selbst entscheidet angesichts möglicher negativer Wirkungen in einer ungewissen Zukunft. Als Gefahr wird hingegen die Entscheidung anderer erlebt, der man ausgesetzt ist, obwohl man es nicht selbst entschieden hat. Was für den Handelnden ein Risiko darstellt, stellt für alle anderen eine Gefahr dar; entsprechend lässt sich die kleine Gruppe der Entscheider unterscheiden von der großen Gruppe der Betroffenen.

Diese Unterscheidung Risiko – Gefahr markiert die Veränderung des Risikodiskurses von der Frühmoderne zur entfalteten Moderne, den Übergang von den alten, (vermeintlich) berechenbaren und damit beherrschbaren Risiken hin zu den neuen evolutionären Risiken der Großtechnologie mit ihren hyperkomplexen, simultan interagierenden, nichtlinearen Ereignisketten, die weder kalkulierbar noch kontrollierbar sind.

Der Schematismus Entscheider und Betroffene markiert dabei genau jenen gesellschaftlichen Umbruch, der soziale Gruppen entstehen lässt, die sich als Betroffene gegen die Gefahren der Großtechnologie zur Wehr setzen. Die Risiken werden zum Konfliktgegenstand zwischen Entscheidern und Betroffenen (vgl. Lau 1989).

## 5. Spätmoderne: ubiquitäre Risiken

Die basisnahen Organisationen, im Bezugsdreieck von Markt und Staat am dritten Pol der Gemeinschaft angesiedelt, verdanken ihre Genese jedoch nicht nur den Gefährdungen und der „neuen Unübersichtlichkeit" (Habermas) als Resultat nichtbeherrschbarer Großtechnologien mit ihren immensen Selbstzerstörungspotentialen. Ihr Entstehen ist vielmehr auch eine Reaktion auf die Logik der Moderne: In einer funktional differenzierten Gesellschaft folgen die Funktionssysteme wie Wirtschaft, Politik, Recht, Wissenschaft, Erziehung, Gesundheit, Religion und Kunst – eingebunden in ihre je spezifischen institutionellen Rahmen- und Erfolgsbedingungen – ihren je eigenen Reflexionstheorien und Erwartungsstilen. Voneinander entkoppelt, agieren sie entsprechend ihren je spezifischen internen Eigen- und Handlungslogiken, sodass sich weiteres Wachsenmüssen und der Zwang zur Optionssteigerung kaum mehr stoppen, geschweige denn politisch kontrollieren lassen. So schreibt Japp: „Der in die sozialen Funktionssysteme eingebaute Zwang, Optionen zu realisieren, weil der Verzicht als Risiko erscheint, führt im Kontext ökologischer Risikotechnologien zu Fällen von Unbeherrschbarkeit mit Katastrophenpotential: nachhaltig gestörte Ökosysteme, 'normal accidents' im Hochtechnologiebereich." (Japp 1990: 51 f.)

Japp stellt auf die risikogenerierenden Strukturen funktional differenzierter Gesellschaften ab, die aufgrund eines immens gesteigerten Innovationsdrucks und

Optionsspielraums „erst durch den entscheidungsbedingten Kontingenzdruck zu 'Risikogesellschaften'" (Japp 1990: 37) werden.[5] Innovationstempo, Optionsvielfalt und entkoppelte Eigenlogiken der Systeme erzeugen die heutigen Risiko- und Katastrophenpotentiale der Großtechnologie wie sie zugleich die Zeit für Rationalität extrem verknappen.

Japps Ausführungen verweisen auf die gesellschaftlichen Antezedenzbedingungen, die eben jene Risikogesellschaft der Moderne generieren, gegen die basisnahe Nonprofit-Organisationen opponieren. Dabei muss Japps auf ökologische Risikotechnologien zielender Risikobegriff heute erweitert werden um die Risiken entfesselter Finanzmärkte, staatlicher Schuldenberge, verunsicherter Währungen und globalisierter, transnationaler Ökonomien. Denn nichtkalkulierbare, nichtbeherrschbare Hyperkomplexität gilt nicht mehr nur für großtechnische Anlagen, sondern auch für Staaten und Gesellschaften mit ihren voneinander entkoppelten Funktionssystemen: Hier die Finanzwirtschaft mit ihren undurchschaubaren Finanzprodukten, mit ihren Derivaten, Credit Default Swaps, Leerverkäufen und Termingeschäften, mit ihren Aktienindices, Eurobonds und Triple-A, die ebenso komplex interagieren, wie sie sich wechselseitig in ihren Wirkungen bedingen, blockieren und verstärken. Dort die Eigenlogiken der nationalen und transnationalen Realwirtschaften sowie die Territorialstaaten mit ihren abhängig-unabhängig voneinander agierenden politischen Akteuren, die eingebunden sind in unterschiedlichste institutionelle und soziale Regime.

Bei der Risikogesellschaft der Spätmoderne[6] handelt es sich mithin um ein hyperkomplexes Wechselwirkungsgefüge, gepaart mit dem Innovationstempo einer funktional differenzierten Gesellschaft, in der jedes System der je eigenen Logik von Wachstum und Optionssteigerung folgt, sowie angetrieben durch die Medien und die äußerst schnellen, omnipräsenten Kommunikationstechnologien wie Web 2.0, Google und Smartphones, die zu einer ungeheuren Beschleunigung und Entfesselung der Zeit führen.

Mit Rosa lässt sich resümieren: „das konstitutive Moment der Moderne ist ihre unaufhebbare und unhintergehbare Steigerungslogik", die sich in „Wachstum, Beschleunigung und Innovationsverdichtung" manifestiert, sodass sich „die ausdifferenzierten Bereiche (...) nur dynamisch zu stabilisieren vermögen"

---

[5] Vgl. auch Nassehi 1997: 273 f.

[6] Zum m. E. unfruchtbaren Streit, ob man sie nun Spät-, Nach- , End- oder Postmoderne nennen will, vgl. Assheuer, Thomas, Nassehi , Armin und Rosa, Hartmut in : DIE ZEIT, 2012, Nr. 32, 33, 34.

(Rosa 2012b: 52).[7] Der Entscheidungsdruck wird derart erhöht und forciert, dass sowohl in sachlicher als auch in zeitlicher und sozialer Hinsicht die Möglichkeit für Rationalität im Sinne berechnenden Beherrschens der Zukunft nicht mehr gegeben ist. Auch mit Kausalprogrammen und Konditionalverordnungen, den typischen Instrumenten der Politik, lässt Ordnung sich nicht mehr herstellen, denn in einer funktional differenzierten Gesellschaft, in der die Systeme ihren je internen Logiken und Optionssteigerungsimperativen folgen, gibt es keine Spitze, kein Zentrum mehr, von dem aus eine Koordinierung und Steuerung noch möglich wäre. Entsprechend jagt ein Euro-Gipfel den nächsten in Brüssel, Berlin, Paris oder anderswo.

Was dies für eine sich als demokratisch beschreibende Gesellschaft bedeutet, beschreibt Münkler treffend: Es gelingt derzeit nicht mehr, „die Temporalität wirtschaftlicher Prozesse und die Eigenrhythmik des politischen Systems zu synchronisieren: Börsen und Banken bestimmen das Tempo der Entscheidungen, und die Parlamente humpeln hinterher. Dabei sind es keineswegs nur die Folgen der Globalisierung, sondern auch die Beschleunigungseffekte der modernen Kommunikations- und Informationstechnologie, in deren Folge die Politik derart unter Zeitdruck geraten ist, dass die Regierung das Parlament permanent vor vollendete Tatsachen stellt. Das Parlament nickt nur noch ab, was von der Exekutive unter dem Druck der Börsen und Rating-Agenturen verkündet worden ist.“ (Münkler 2012: 101).

## 6. NPO: Zwischen Gemeinschaft und Organisation

Diese – soziologisch begriffenen – Risiken der fortgeschrittenen und der Spätmoderne sind Ursprung vieler mitgliedschafts- bzw. basisnaher Nonprofit-Organisationen. Sie entstanden just in der Zeit, in der sich die Gesellschaft ihrer selbstproduzierten hyperkomplexen, großtechnologischen Risiken bewusst wurde, die sich durch berechnende Kalkulationen in Wahrscheinlichkeitsparametern nicht mehr beherrschen lassen. Gemeinschaftsorientierte NPO und NGO entste-

[7] Vgl. auch Rosa 2005, 2012a. Weshalb Rosa seine Beschreibung der beschleunigten Spätmoderne allerdings als Gegenentwurf zum systemtheoretischen Theorem der funktionalen Differenzierung stilisiert, bleibt sein Geheimnis. Seine Kritik, dass das Moderneverständnis der Systemtheorie „im Grunde vollkommen statisch ist“ (Rosa 2012b: 52) verfehlt diese im Kern, denn es war Luhmann, der erstmals aufzeigte und theoretisch begründete, dass Systeme ihre Stabilität nur ihrer Dynamik verdanken. Luhmann nennt es „dynamische Stabilität“ (Luhmann 1984: 79).

hen heute weiter, wenn der Risikobegriff ausgedehnt werden muss auf Gesellschaften in toto, in denen funktional differenzierte Strukturen mit ihren entkoppelten Funktionslogiken ubiquitär riskante Lebenslagen produzieren – seien es genmanipulierte Nahrungsmittel oder Erdbeben und Orkane aufgrund des Klimawandels, seien es Pandemien aufgrund von Vogelgrippe oder Schweinegrippe oder gar Verarmungsprozesse und sozialer Absturz ganzer Bevölkerungsgruppen aufgrund von Bankenkrisen, Staatsverschuldung und Immobilienblasen.

Die Gründungen vieler NPO und NGO sind als Reaktion zu werten auf diese Krisen, Katastrophen und Gefährdungen, die zutiefst in die Strukturen der Spätmoderne eingelassen sind. Sie sind eine Reaktion auf einen Modernisierungsprozess, der durch Steigerung von Komplexität, Beschleunigung und Innovationsverdichtung gekennzeichnet ist und somit zu allererst Unübersichtlichkeit, Unsicherheit, Kontingenz und Ungewissheit produziert. Ihr widersetzen sich basisnahe NPO, indem sie sich zusammenschließen, um im Kollektiv mit anderen ein gemeinsames Ziel zu verfolgen.

Mitgliedschaftsnahe Nonprofit-Organisationen besitzen demnach ihre jeweilige Gründungsidee und ihren sozialen Zusammenhalt in einer Gemeinschaft, die ein resonanzfähiges Ziel – sei es gesellschafts- oder umweltpolitisch, sei es sozial oder kulturell motiviert – erreichen will, indem sie sich organisiert. Wie Zauner richtig unterstreicht: „Die Gründung der NPO dient (...) der funktionalen Bewältigung des **Problems der Flüchtigkeit**, das Gruppen und sozialen Prozessen anhaftet, die auf die Unmittelbarkeit direkter Kommunikation zum einen und des gemeinschaftlichen Handelns zum anderen aufbauen." (Zauner 2007: 147)[8] Mit Hilfe von Organisation wird das flüchtige Engagement der Individuen verstetigt, die Zusammenlegung ihrer Ressourcen Engagement, Zeit, Wissen und Geld soll sicherstellen, dass das gemeinsame Ziel auf Dauer wirkmächtig verfolgt werden kann.[9]

---

[8] So zählt Zauner (2007: 149 f.) zu den mitgliedschafts- bzw. basisnahen NPOs das traditionelle lokale Vereinswesen mit seinem weiten Spektrum, das von der Kultur über Soziales bis hin zur Freizeitorientierung reicht, ferner karitative Vereinigungen, Solidaritätsgruppen und politische Vereinigungen sowie vielfach junge Organisationen, die aus Gruppen mit idealistischen Zielen oder sozialen Bewegungen hervorgegangen sind.

[9] Coleman nennt diese Organisationen, die von unten konstituiert werden und sich eine gemeinsame Satzung geben, in denen demokratisch polyarchisch entschieden wird und die Motivation der Mitglieder mit dem Zweck der Organisation sich identifiziert, Inte-

Damit ist der Übergang markiert, der NPO und NGO, die im theoriearchitektonischen Dreieck zwischen Markt und Staat auf dem dritten, dem gesellschaftlichen Pol der Gemeinschaft angesiedelt sind, erhebliche Probleme bereitet: die Differenz zwischen Gruppe und Organisation.[10]

Die Gruppe als Gemeinschaft bildet sowohl den Ursprungszusammenhang vieler NPO und NGO wie sie zugleich den „Attraktor" (Luhmann) darstellt, der bei den Mitgliedern und Anhängern laufend für Motive, commitment und Bindungen sorgt. Dieser speist sich nicht nur aus den offiziellen, simplifizierten und damit resonanzfähigen Zielen und Scripts der Gruppe, sondern vor allem auch aus dem sozialen Sinn des Zusammenseins, der „sich für die Teilnehmer aus höchst individuellen Problemen der »Sinnsuche« und »Selbstverwirklichung«" (Luhmann 1997: 851) zusammensetzt.

Die Organisationen hingegen, die von den Gruppen/Gemeinschaften gegründet werden, ihnen gleichsam entwachsen, um ihr kollektives Handeln zu institutionalisieren, sind gekennzeichnet von hierarchischen Strukturen, geordneten Kommunikations- und Entscheidungswegen, Programmen, Stellen und Positionen.

Es ist dieser Bruch zwischen der informellen, personenbezogenen, werteorientierten, sinnstiftenden Gruppe und der formalisierten, zweckrationalen Organisation, der den mitgliedschaftsnahen NPO und NGO zu schaffen macht: Einerseits bedürfen sie der effektiven Organisation zwecks rationaler Zielverfolgung, andererseits verharren sie in der empathischen, identitätsstiftenden, wirbezogenen Gruppe.

Diese Ambivalenz spiegelt sich genau in jener Personalisierungstendenz, Egalitätsneigung, Harmoniepräferenz und Informalitätstendenz, die NPO und NGO als Korporationen aus betriebswirtschaftlicher Organisationsperspektive zum Vorwurf gemacht wird. Das Changieren zwischen einem gemeinschaftlichen Ursprung, der sich strukturell den Risiken der Spätmoderne verdankt, und einer management-geführten, entscheidungsbasierten Organisation (etwa Greenpeace) zeigt sich zudem am Festhalten der Mitglieder an einer diffusen Solidarität. Denn bei Solidarität handelt es sich nach Willke um eine vormoderne, gemeinschaftliche Form der Koordination. In verbliebenen Winkeln der Lebenswelt gäbe es zwar noch jene „herzerfrischende Irrationalität altruisti-

ressensorganisationen, um sie abzugrenzen von ihrem Gegenteil: den bürokratisch strukturierten Arbeitsorganisationen. Vgl. Coleman 1974, dazu Schimank 2002.

[10] Grundsätzliches zum sozialen System der Gruppe findet sich bei Schimank 2007.

scher, sorgender, beschützender und bisweilen aufopfernder Handlungsmuster, die einer rationalistischen oder ökonomistischen Sichtweise unbegreiflich bleiben müssen“ (Willke 1995: 91), doch Organisationen als korporative Akteure könnten nicht einfach miteinander reden „als wären sie per Du“ (Willke 1995: 94).

Damit markiert Willke eine weitere Notwendigkeit, weshalb ziel- und werteorientierte Gruppen sich als NPO oder NGO institutionalisieren müssen. Organisationen sind die einzigen Sozialsysteme, die adressierbar, damit kommunikativ erreichbar sind. Nur Organisationen können im eigenen Namen sprechen, informelle Gruppen und Gemeinschaften können dies nicht. So heißt es bei Luhmann süffisant: Protestbewegungen „sondern (..)»Organisation« nur ab, um Restprobleme zu lösen. Ohne Organisation einer »Vertretung« der Bewegung könnte diese nur agieren, nur dasein, nicht aber nach außen kommunizieren.“ (Luhmann 1997: 850)

Gemeinschaften, zu denen ja gerade auch die dem Risikodiskurs der Spätmoderne entspringenden Protestbewegungen zählen, müssen auf der einen Seite einen straff geführten organisationellen Kern institutionalisieren (und auch finanzieren), der Entscheidungen organisiert. Dieses organisationelle Zentrum steht ökonomischer Rationalität und betriebswirtschaftlichen Steuerungslogiken durchaus aufgeschlossen gegenüber.

Ihm steht auf der anderen Seite wie in einem konzentrischen Ring die große Zahl der Mitglieder und Anhänger gegenüber, die sich weniger den organisationellen Strukturen als dem Ursprung in gemeinsamen Zielen und geteilten Wertvorstellungen verpflichtet fühlen. Sie lehnen formalisierte Strukturen, straffes Management und Controlling als ihren persönlichen Zielen, die sie mit „ihrer“ NPO oder NGO verbinden, widerstreitend ab. Stattdessen bleiben sie der solidarischen Gruppe und Gemeinschaft verhaftet samt ihrem Versprechen des sinnstiftenden sozialen Zusammenhalts.

Aus Sicht des organisierten Kerns gilt es jedoch, diese organisationsrenitenten Mitglieder zu mobilisieren, zu aktivieren und zu rekrutieren – sei es, um Spenden zu sammeln, sei es für freiwillige Dienste, für Demonstrationen und Protest.

Nonprofit-Organisationen, die sich als Reaktion auf die gesellschaftlich strukturell bedingten Risiken der Spätmoderne gründen, um sich gegen Umweltzerstörung, digitalen Datenraub, Staats-, Banken- und Währungskrisen etc. zu widersetzen, sind von einem grundlegenden Widerspruch zwischen sinnstiftender Gemeinschaft und zweckrationaler Organisation gekennzeichnet. Die Ambivalenzen ihrer Genese, dass sie als Gruppen einen organisationellen Kern institutionalisieren müssen, um ihre Ziele wirkmächtig zu verfolgen, bewirken laufend strukturelle Spannungen, die sich aus identitätsstiftender Basisnähe und organisatorischen Imperativen ergeben. Sie erklären für einen Großteil von NPO und NGO, weshalb Werteorientierung, Egalität und Konsens zu den präferierten Verhaltensmustern und Umgangsformen gehören, die betriebswirtschaftliches Management und zweckrationales Kalkül als mit dem Prinzip der Freiwilligkeit und Mitgliedschaftsnähe nicht vereinbar erscheinen lassen.

Lösbar ist dieser Widerspruch ebenso wenig wie sich Risiken, Kontingenz und Ungewissheit in der Spätmoderne vermeiden lassen. Es bleiben nur das Wissen um die Dynamik eines instabilen Gleichgewichts zwischen Gemeinschaft und Organisation sowie die Gewissheit, dass man in riskanten Gesellschaften das Unerwartete erwarten muss.

## Literatur

Adam, Barbara; Beck, Ulrich; van Loon, Joost (Hg.). *The Risk Society and Beyond: Critical Issues for Social Theory*. London.

Anheier, Helmut K.; Salamon, Lester M. (1992). Genese und Schwerpunkte internationaler Forschung zum Nonprofit Sektor. Von der Filer-Kommission zum Johns Hopkins Projekt. In: *Forschungsjournal Neue Soziale Bewegungen*, Nr. 4, S. 40-58.

Anheier, Helmut K. (1995). Vergleichende Forschung zum Nonprofit-Sektor: Vier Fragestellungen. In: Schauer, Reinbert; Anheier, Helmut K.; Blümle, Ernst-Bernd (Hg.): *Nonprofit-Organisation (NPO) – dritte Kraft zwischen Markt und Staat? Ergebnisse einer Bestandsaufnahme über den Stand der NPO-Forschung im deutschsprachigen Raum. Eine Dokumentation.* Linz, S. 17-39.

Anheier, Helmut K.; Priller, Eckhard; Seibel, Wolfgang; Zimmer, Annette (Hg.) (1997). *Der Dritte Sektor in Deutschland. Organisationen zwischen Staat und Markt im gesellschaftlichen Wandel.* Berlin.

Bechmann, Gotthard (1993). Risiko als Schlüsselkategorie der Gesellschaftstheorie. In: ders. (Hg.): *Risiko und Gesellschaft. Grundlagen und Ergebnisse interdisziplinärer Risikoforschung.* Opladen, S. 237-276.

Beck, Ulrich (1986). *Risikogesellschaft. Auf dem Weg in eine andere Moderne.* Frankfurt/Main.

Beck, Ulrich (1991). *Politik in der Risikogesellschaft.* Frankfurt/Main.

Beck, Ulrich (2007). *Weltrisikogesellschaft. Auf der Suche nach der verlorenen Sicherheit.* Frankfurt/Main.

Bonß, Wolfgang (1991). Unsicherheit und Gesellschaft – Argumente für eine soziologische Risikoforschung. In: *Soziale Welt*, 42, S. 258-277.

Bonß, Wolfgang (1995). *Vom Risiko: Unsicherheit und Ungewissheit in der Moderne.* Hamburg.

Boyne, Roy (2003). *Risk.* Buckingham: Open University Press.

Coleman, James S. (1974). *Power and the Structure of Society*. New York.

Coleman, James S. (1986). *Die asymmetrische Gesellschaft. Vom Aufwachsen in unpersönlichen Systemen*. Weinheim und Basel.

Coleman, James S. (1990). *Foundation of Social Theory*. Cambridge/London.

Daase, Christopher; Feske, Susanne; Peters, Ingo (Hg.) (2002). *Internationale Risikopolitik*. Baden-Baden.

Douglas, Mary (1986). *Risk Acceptability in the Social Sciences*. London.

Etzioni, Amitai (1973). The Third Sector and Domestic Mission. In: *Public Administration Review*, S. 314-323.

Evers, Adalbert (1993). Umgang mit Unsicherheit. Zur sozialwissenschaftlichen Problematisierung einer sozialen Herausforderung. In: Bechmann, Gotthard (Hg.): *Risiko und Gesellschaft. Grundlagen und Ergebnisse interdisziplinärer Risikoforschung*. Opladen, S. 229-374.

Gläser, Jochen (2007). Gemeinschaft. In: Benz, Arthur et al. (Hg.): *Handbuch Governance. Theoretische Grundlagen und empirische Anwendungsfelder*. Wiesbaden, S. 82-92.

Hahn, Alois et al. (1992). Aids: Risiko oder Gefahr? In: *Soziale Welt*, 43 (4), 400-421.

Halfmann, Jost; Japp, Klaus P. (Hg.) (1990). *Riskante Entscheidungen und Katastrophenpotentiale*. Opladen.

James, Estelle; Rose-Ackermann, Susan (1995). *The Nonprofit Enterprise in Market Economics*. London.

Japp, Klaus P. (1990). Das Risiko der Rationalität für technisch-ökologische Systeme. In: Halfmann, Jost; Japp, Klaus P. (Hg.): *Riskante Entscheidungen und Katastrophenpotentiale. Elemente einer soziologischen Risikoforschung*. Opladen, S. 34-60.

Japp, Klaus P. (1992). Selbstverstärkungseffekte riskanter Entscheidungen. In: *Zeitschrift für Soziologie*, S. 33-50.

Kaufmann, Franz-Xaver (1970). *Sicherheit als soziologisches und sozialpolitisches Problem.* Stuttgart.

Kern, Thomas (2008). *Soziale Bewegungen. Ursachen, Wirkungen, Mechanismen.* Wiesbaden.

Krohn, Wolfgang; Krücken, Georg (1993). Risiko als Konstruktion und Wirklichkeit. Eine Einführung in die sozialwissenschaftliche Risikoforschung. In: dies. (Hg.): *Riskante Technologien: Reflexion und Regulation. Einführung in die sozialwissenschaftliche Risikoforschung.* Frankfurt/Main, S. 9-44.

Lau, Christoph (1989). Risikodiskurse. Gesellschaftliche Auseinandersetzungen und die Definition von Risiken. In: *Soziale Welt*, 40, S. 418-436.

Luhmann, Niklas (1984). *Soziale Systeme. Grundriss einer allgemeinen Theorie.* Frankfurt/Main.

Luhmann, Niklas (1986). *Ökologische Kommunikation. Kann die moderne Gesellschaft sich auf ökologische Gefährdungen einstellen?* Opladen.

Luhmann, Niklas (1990). Risiko und Gefahr. In: ders.: *Soziologische Aufklärung 5*, Opladen, S. 131-169.

Luhmann, Niklas (1991). *Soziologie des Risikos.* Berlin/New York.

Luhmann, Niklas (1996). *Protest. Systemtheorie und soziale Bewegungen*, hrsg. von Kai-Uwe Hellmann. Frankfurt/Main.

Luhmann, Niklas (1997). *Die Gesellschaft der Gesellschaft.* Frankfurt/Main, Bd. 2, S. 847-865.

May, Stefan (2007). *Neue Risiken – Neue Regeln.* Frankfurt/New York.

Münch, Richard (1996). *Risikopolitik.* Frankfurt/Main.

Münkler, Herfried (2012). Die rasenden Politiker: Vom absehbaren Ende der parlamentarischen Demokratie. In: *Der Spiegel*, 29, S. 100 f.

Nassehi, Armin (1996). Das Problem der Optionssteigerung. Überlegungen zur Risikokultur der Moderne. In: *Berliner Journal für Soziologie*, 6.

Nassehi, Armin (1997). Risikogesellschaft. In: Kneer, Georg; Nassehi, Armin; Schroer, Markus (Hg.): *Soziologische Gesellschaftsbegriffe. Konzepte moderner Zeitdiagnosen*. München, S. 252-279.

Nassehi, Armin (2012). Das „goldene Zeitalter" ist vorbei. In: *DIE ZEIT*, Nr. 32, S. 50.

Perrow, Charles (1989). *Normale Katastrophen. Die unvermeidbaren Risiken der Großtechnik.* Frankfurt/Main/New York.

Rosa, Hartmut (2005). *Die Veränderung der Zeitstrukturen in der Moderne.* Frankfurt/Main.

Rosa, Hartmut (2012a). *Weltbeziehungen im Zeitalter der Beschleunigung. Umrisse einer neuen Gesellschaftskritik*. Frankfurt/Main.

Rosa, Hartmut (2012b). Das neue Lebensgefühl. In: *DIE ZEIT*, Nr. 34, S. 52.

Salamon, Lester M. (1987). Partners in Public Service: The Scope and Theory of Government - Nonprofit Relations. In: Powell, Walter W. (Hg.): *The Nonprofit Sector. A Research Handbook*. New Haven, S. 99-117

Salamon, Lester; Anheier, Helmut K. (1992). In Search of the Nonprofit Sector I: The Question of Definitions. In: *Working Papers of the Johns Hopkins Comparative Nonprofit Sector Project*, No. 2.

Salamon, Lester; Anheier, Helmut K. (1997). Der Nonfprofit-Sektor: Ein theoretischer Versuch. In: Anheier, Helmut K.; Priller, Eckhard; Seibel, Wolfgang; Zimmer, Annette (Hg.): *Der Dritte Sektor in Deutschland. Organisationen zwischen Staat und Markt im gesellschaftlichen Wandel*. Berlin, S. 211-246.

Schimank, Uwe (2002). Organisationen: Akteurkonstellationen – korporative Akteure – Sozialsysteme. In: Almendinger, Jutta; Hinz, Thomas (Hg.): *Organisationssoziologie*. Wiesbaden, S. 29-54 (= *Kölner Zeitschrift für Soziologie und Sozialpsychologie*, Sonderheft 42/2002).

Schimank, Uwe (2007). Gruppen und Organisationen. In: Joas, Hans (Hg.): *Lehrbuch der Soziologie.* 3., überarbeitete und erweiterte Auflage. Frankfurt/Main, S. 217-239.

Seibel, Wolfgang (1992). *Funktionaler Dilettantismus. Erfolgreich scheiternde Organisationen im „Dritten Sektor" zwischen Markt und Staat*. Baden-Baden.

Watson, Sean; Moran, Anthony (Hg.) (2005). *Trust, Risk and Uncertainty*. New York.

Wiesenthal, Helmut (2005). Markt, Organisation und Gemeinschaft als »zweitbeste« Verfahren sozialer Konstruktion. In: Jäger, Wieland; Schimank, Uwe (Hg.): *Organisationsgesellschaft. Facetten und Perspektiven*. Wiesbaden, S. 223-264.

Willke, Helmut (1995). *Systemtheorie III: Steuerungstheorie*. Stuttgart/Jena.

Zauner, Andreas (2007). Über Solidarität zu Wissen. Ein systemtheoretischer Zugang zu Nonprofit-Organisationen. In: Badelt, Christoph et al. (Hg.): *Handbuch der Nonprofit-Organisation. Strukturen und Management*. 4., überarbeitete Auflage. Stuttgart, S. 141-166.

# Neuere Literatur zum Bürgerschaftlichen Engagement, zum Dritten Sektor und neue Managementansätze für NPOs – ein kritischer Literaturbericht

Rolf Wortmann

Folgt man der öffentlichen Meinung, dann erfreuen sich gegenwärtig nur wenige Themen in Politik, Wirtschaft und Gesellschaft solcher Beliebtheit wie bürgerschaftliches Engagement, Freiwilligenarbeit und Ehrenamt sowie Bürger- bzw. Zivilgesellschaft. Die Sphäre zwischen Staat, Markt und Familie, für die sich mittlerweile die Begriffe Dritter Sektor und Zivilgesellschaft eingebürgert haben, wächst weltweit und erlebt eine zunehmende politische und gesellschaftliche Bedeutung. Die Entwicklung der Zivilgesellschaft gilt international als Gradmesser gesellschaftlicher Entwicklung und als relevanter Faktor für „gutes Regieren" – oder wie es im Wissenschaftsjargon auch heißt: „Good Governance". Non-Governmental Organizations (NGO) sind heute selbstverständliche Akteure bei internationalen Konferenzen. Auch auf nationaler, regionaler und kommunaler Ebene wird der Zivilgesellschaft und ihren Organisationen eine immer stärkere Bedeutung bei der Lösung gesellschaftlicher Probleme zugewiesen.

## 1. Empirie, Bedeutung und theoretische Probleme des bürgerschaftlichen Engagements

Ein sichtbarer Ausdruck dieser steigenden Bedeutung ist auf dem Buchmarkt ein im letzten Jahr erschienenes „Handbuch Bürgerschaftliches Engagement" (Olk & Hartnuß 2011). Auf 843 Seiten finden sich in sieben Themenfelder gegliedert über sechzig Beiträge von jeweils zehn bis fünfzehn Seiten, verfasst von den kompetentesten Autoren, die man derweil in Deutschland für die vielfältigen Thematiken finden kann. Es ist eine gut sortierte Orientierung für alle, die sich in dem zunehmend unübersichtlicher werdenden Themengeflecht rund um das Bürgerschaftliche Engagement zurechtfinden wollen.

Die nach Stichworten geordneten Beiträge geben durchweg einen knappen und präzisen Überblick zum jeweiligen Thema mit Angabe zusätzlicher, vertiefender Literatur. Behandelt werden theoretische Grundlagenfragen betreffende Begriffe wie z.B. „Zivilgesellschaft“ oder „Sozialkapital“ ebenso wie für Rechtsfragen (Vereins- und Stiftungsrecht) oder Formen und Felder des bürgerschaftlichen Engagements bis hin zu den Organisationsformen. Die Aufnahme der „Genossenschaften“ verdient besondere Erwähnung, da diese scheinbar ausgestorbene Form der Gemeinwirtschaft offenbar eine Renaissance erlebt und das Spektrum der Organisationsformen im Dritten Sektor erweitert.

Verdienstvoll ist auch, dass der Forschung ein eigenes Kapitel mit Beiträgen gewidmet wird. Seit der Errichtung der Enquete-Kommission des Deutschen Bundestages „Zukunft des Bürgerschaftlichen Engagements“ im Jahre 1998 und deren Abschlussbericht im Jahre 2002 erhielt die empirische Forschung zum bürgerschaftlichen Engagement wesentliche Impulse. Seit 1999 wird nun unter der Federführung des Bundesministeriums für Familie, Senioren, Frauen und Jugend (BMFSFJ) alle fünf Jahre ein *„Freiwilligensurvey“* in Auftrag gegeben, der die umfangreichste Datenerhebung zum Themenfeld Engagement darstellt und nach 1999 und 2004 nun für 2009 zum dritten Mal der Öffentlichkeit präsentiert wurde (Gensicke & Geiss 2010). Zwar gibt es noch weitere empirische Untersuchungen zum Bürgerschaftlichen Engagement, aber gemessen am Umfang (das betrifft sowohl die Menge der Befragten als auch die erfragten Themen) ragt diese Untersuchung doch heraus. Deshalb sollen einige für das Thema besonders wichtige Befunde kurz in Erinnerung gerufen werden.

## 1.1 Wandel des Engagements

Der *Freiwilligensurve*y kommt bei der Engagementquote (d. i. der Anteil der Engagierten an der Wohnbevölkerung in Deutschland) gegenüber anderen Erhebungen insgesamt zu einem mittleren Wert von 36 % aller in Deutschland lebenden Menschen über 14 Jahre. Im Vergleich zu der Erhebung von 2004 kann eine zuvor erhebliche Steigerung des Engagements für den vorangehenden Fünf-Jahres-Zeitraum nicht mehr registriert werden. Die deutsche Gesellschaft ist dreigeteilt. Ein Drittel engagiert sich gar nicht, ein Drittel sind sympathisierende Zuschauer (passive Vereinsmitglieder etc.) mit teilweise erheblichem Engagementpotenzial und ein Drittel sind die Aktivisten. Bei diesen sind die Männer insgesamt dominanter, aber je nach Tätigkeitsfeld variiert der Anteil nach Geschlechtern. Da der Bereich „Sport/Bewegung“ insgesamt mit 10 % das größte Tätigkeitsfeld bildet, gefolgt von „Kirche/Religion“ und „Schule/Kindergarten“ mit jeweils ca. 7 %, liegt hier ein Grund für den höheren Anteil der Männer.

Im Altersverlauf sind Männer in der Phase zwischen 35 und 50 Jahren am aktivsten, während sich bei Frauen eine Wellenform des Engagements abzeichnet. Zwischen dem zwanzigsten und vierzigsten Lebensjahr sinkt das vorherige hohe Engagement etwas ab und steigt dann von 55 bis 65 wieder an. Hervorzuheben ist, dass sich die Menge und die Dauer des Engagements älterer Menschen mit nachrückenden Jahrgangskohorten erhöhen. Menschen mit höherer formaler Bildung und Qualifikation sind stärker engagiert als geringer qualifizierte und Arbeitslose. Die Projektgruppe Zivilengagement vom WZB spricht präzisierend wegen des deutlichen Übergewichts weiterer typischer Merkmale sogar von einem „Mittelschichtsbias“ des Engagements (Dathe 2011: 46 f.).

Der größte Teil des ermittelten Engagements findet in formalen Organisationen, insbesondere Vereinen und Verbänden, statt. Gleichwohl wird davon ausgegangen, dass der schwerer zu erfassende informelle Teil des Engagements in Netzwerken, Selbsthilfegruppen, Nachbarschaftshilfen und familiennahen Unterstützungen zunimmt. Indiz für Veränderungen in den Feldern des Engagements ist auch die rasante Zunahme der Vereine in den letzten vierzig und insbesondere zwanzig Jahren (seit fünf Jahren allerdings leicht rückläufig). Die Veränderungen signalisieren eine Umverteilung des Engagements von den großen Organisationen zu kleineren Gruppen. In diesen Daten reflektiert sich ein seit den achtziger Jahren vertrautes Phänomen der sinkenden Attraktivität großer Organisationen zugunsten kleinerer überschaubarer und passgenauerer Organisationen. Parallel dazu sinken – wie andere Studien ergeben - die Mitgliedszahlen bei den großen Organisationen in dem Zeitraum von 1991 bis 2007: bei den Gewerkschaften um fast 50 %, Parteien 35 % und Kirchen 12 % (Zimmer 2011: 183).

Der seit den achtziger Jahren in Erscheinung tretende Veränderungsprozess betrifft insbesondere Form und Motive des Engagements. Mit nahezu jeder nachrückenden Jahrgangskohorte steigt seit dieser Zeit der Trend zu einem kurzfristigen, projekthaften Engagement von überschaubarer und begrenzter oder begrenzbarer Dauer. Längsschnittanalysen mit dem Sozio-oekonomischen Panel (SOEP) haben ergeben, dass „das Gros des Engagements nur von kurzer Dauer ist.“ (Ehrhardt 2009: 197 f.) Dazu gesellt sich ein Wandel der Motivation. Im Verbund mit dem semantischen Niedergang des Begriffes Ehrenamt in der Selbstbeschreibung der (jüngeren) Engagierten tritt an die Stelle einer Verpflichtung für eine Gemeinschaft der Faktor Spaß. In der Wertewandelforschung hat man darin den Übergang von Pflichtwerten zu Selbstverwirklichungswerten gesehen. Was zunächst – in den achtziger Jahren deutlich in Erscheinung tretend – als Individualisierung (so Ulrich Beck 1986 in seinem Buch *Risikogesellschaft*) und Distanz zu den klassischen Großorganisationen gesehen und dann häufig als Egoismus interpretiert wurde, entpuppt sich als ein langfristiger Wandel, der nun von jeder Alterskohorte in immer größerer Ausprägung fortgesetzt wird. Die Individualisierung bewirkt eine Erosion klassischer Milieus, ist aber keine Abkehr vom Engagement, das sich vielmehr grundlegend verändert.

Wichtige Motive für Engagement werden die Faktoren Spaß und Geselligkeit, die Orientierung am Gemeinwohl ist zwar weiterhin wichtig, aber für sich kein ausreichendes Motiv. Bei Jüngeren treten ergänzend persönliche Gewinne wie Erlangung beruflich relevanter Qualifikationen und „soft-skills" hinzu. Heutige Studierende wissen längst, dass sich Engagement – deshalb auch vermehrt der Wunsch nach Zertifizierung – bei Bewerbungen als Beweis sozialer Kompetenz auszahlen kann. Dadurch erworbene Zusatzqualifikationen sind nicht nur Nebeneffekt, sondern werden auch zum Grund eines kalkulierten Engagements. Programmatisch eingebunden wird dieses Interesse in ein Projekt vom Stifterverband für die Deutsche Wissenschaft und der Stiftung Mercator, das unter dem Titel „Mission Gesellschaft" (Berthold et al. 2010) der gesellschaftlichen Verantwortung der Hochschulen durch Förderung des Engagements gerecht werden soll.

Das Bundesministerium für Familie, Senioren, Frauen und Jugend (BMFSFJ) hat ergänzend zum *Freiwilligensurvey* der Projektgruppe Zivilgesellschaft beim Wissenschaftszentrum Berlin den *Bericht zur Lage des bürgerschaftlichen Engagements in Deutschland* (WZB 2009) in Auftrag gegeben. Dieser Studie liegen keine Primärdaten zu Grunde, sie vergleicht und analysiert die verschiedenen Studien und Erhebungen. Die von Eckhard Priller geleitete Forschergruppe widmet sich der Weiterentwicklung der Forschung zum bürgerschaftlichen Engagement und hat dazu unter dem Titel *Zivilengagement. Herausforderung für Gesellschaft, Politik und Wissenschaft* einen umfangreichen und instruktiven Sammelband (Priller et al. 2011) vorgelegt.

Ein offenkundiges Problem bei der Erforschung des bürgerschaftlichen Engagements sind die enormen Differenzen verschiedener Studien zur Engagementquote. Hier variieren die Ermittlungen zwischen 18 bis 52 Prozent (siehe Priller 2011: 26 ff. sowie Dathe 2011: 45). Die Gründe für diese erheblichen Abweichungen sehen die Forscher zum einen in weiterhin bestehenden Datenlücken. So lassen sich beispielsweise informelle Formen des Engagements wie Nachbarschaftshilfen, Selbsthilfegruppen etc. nur sehr schwer erfassen. Fragen und Probleme ergeben sich bei der empirischen Ermittlung des Engagements offensichtlich aber vor allem auf der begrifflichen Ebene. In seltener Klarheit tritt hier ein methodisches Kernproblem zu Tage: Was als Engagement gemessen wird, hängt entscheidend davon ab, was als Engagement begriffen wird. Unter bürgerschaftlichen Engagement wird im weitesten Sinne ein „individuelles Handeln verstanden, das sich durch Freiwilligkeit, fehlende materielle Gewinnabsicht und eine Ausrichtung am Gemeinwohl auszeichnet" (Priller 2010: 199). Aber eine solche Definition beseitigt noch nicht den Mangel an einem gemeinsamen Grundverständnis darüber, was denn bürgerschaftliches Engagement ist (und nicht ist). Und so verwundert es nicht, dass in jeder Studie etwas anderes gemessen wird (Priller 2010: 197 ff. sowie Anheier u.a. 2011: 120 f.). Die Arbeit am Begriff ist keine akademische Selbstbefriedigung, sondern sie ist entscheidend dafür, was dann gemessen wird. Die Notwendigkeit einer stärkeren theoretischen Grundlagenarbeit für die empirische Forschung, deren Ziel die theoretische Integration der Begriffe „Engagement, Zivilgesellschaft, dritter Sektor und soziales Kapital" sein müsste, betont auch Thomas Gensicke, der verantwortliche Leiter des *Freiwilligensurvey* (Gensicke 2011: 154).

Wünschenswert für die weitere Erforschung der Motive und Potenziale des Engagements in ihren vielfältigen Formen wäre auch eine differenzierte Darstellung, welche sozialen Gruppen, Schichten oder Milieus sich wie, wo und aus welchen Gründen engagieren. Ob dafür die Lebensstilanalysen der Sinus-Milieus geeignet sind, wäre eine zu diskutierende Frage. Jedenfalls sollte der große Gewinn an Datenmengen durch die Erhebung des *Freiwilligensurvey* mit einer der Sozialstruktur unserer Gesellschaft angemessenen weiteren Differenzierung verbunden werden.

## 1.2 Krise des Ehrenamtes

Die in den vergangenen Jahrzehnten sich veränderten Motivationen und Engagementformen offenbaren sich in einem Problem, dass sich in den erhobenen empirischen Materialien weniger zeigt als in der Erfahrung der Praxis der NPOs. Der Trend ist so bedeutend, dass vom Strukturwandel des Ehrenamtes oder vom Übergang vom alten zum neuen Ehrenamt nicht nur in den betroffenen Großorganisationen gesprochen wird. Die Rekrutierung ehrenamtlichen

Leitungspersonals erweist sich „zunehmend als eines der zentralen Probleme lokaler gesellschaftlicher Organisationen“ (Zimmer 2011: 185). Daran zeigt sich zunächst, dass es sinnvoll ist, zwischen bürgerschaftlichem Engagement und Ehrenamt mehr als einen semantischen Unterschied zu sehen. Zwar ist das Ehrenamt Teil des bürgerschaftlichen Engagements, aber es unterscheidet sich von den vielfältigen anderen Formen desselben. Beim Ehrenamt handelt es sich in einer begrifflichen Abgrenzung um eine unentgeltliche und freiwillige auf Dauer angelegte Übernahme einer verantwortlichen Position bzw. Aufgabe in zivilgesellschaftlichen Organisationen. (Ein sehr informativer Überblick über das gesamte Spektrum der Bedeutungen und Kontexte des Begriffes Ehrenamt findet sich bei Stricker 2011.)

Das Ehrenamt verlangt offensichtlich andere Motivationen und Ressourcen und zugleich Bedingungen im sozialen Umfeld, die immer knapper werden. Mit Blick auf die veränderten gesellschaftlichen Rahmenbedingungen finden sich Hinweise, die dem Engagement im Allgemeinen und dem Ehrenamt im Besonderen nicht förderlich sind. Zu nennen wären die gestiegenen Anforderungen der Arbeitswelt und auch des Ausbildungssystems. Es sind Arbeitsbedingungen, die gekennzeichnet durch prekäre Beschäftigungsverhältnisse, Mehrfachjobs, zeitliche Flexibilität etc., die das Engagement beeinträchtigen. Hinzu kommen räumliche Mobilitätsanforderungen, die mit Engagement und einem Ehrenamt schon gar nicht zu vereinbaren sind, besonders wenn man bedenkt, dass ca. 80 Prozent des Engagements vor Ort, also kommunal, erfolgt (Roth 2011: 148). All diese nicht einfach zu ermittelnden Faktoren sind mögliche Gründe für erhebliche Restriktionen für kontinuierliches Engagement im Allgemeinen und das Ehrenamt im Speziellen. Daran scheinen auch Bemühungen seitens der Unternehmen in den Bereichen Corporate Social Responsibility (CSR) bzw. Corporate Citizenship (CC) bislang wenig zu ändern, obwohl mit Verweis auf entsprechende empirische Untersuchungen 60 % der befragten Unternehmen angeben, „das ‚ehrenamtliche' Mitarbeiterengagement zu unterstützen, sei es durch die Bereitstellung der betrieblichen Infrastruktur oder durch Freistellung für das Engagement.“ (Backhaus-Maul & Braun 2010: 313)

Probleme ergeben sich für das Ehrenamt noch aus einem anderen Grund. Nicht nur, aber insbesondere im Sozialbereich geraten die Professionalisierungsanforderungen in den Tätigkeiten und der Ökonomisierungsdruck auf die Organisationen in Konflikt zum Engagement ganz allgemein (siehe dazu Evers 2010: 291 ff.). Mindestens seit den 1990er Jahren geriet der Dritte Sektor zunehmend unter diesen Ökonomisierungs- und Professionalisierungsdruck. Der dann einsetzende Prozess einer Managerialisierung ist als Übergang der Nonprofit-

Organisation von der Wertegemeinschaft zum Dienstleistungsunternehmen beschrieben worden. Wie sich dieser Prozess in den verschiedenen Handlungsfeldern und Funktionsbereichen mit welchen Problemen und Konsequenzen bis heute vollzogen hat und welche Professionalisierungsanforderungen sich daraus ergeben, ist Gegenstand eines Sammelbandes zur *Professionalisierung im Nonprofit Management*, den Andreas Langer und Andreas Schröer herausgegeben haben (Langer & Schröer 2011). Ehrenamt und bürgerschaftliches Engagement spielen in diesen Überlegungen allerdings keine Rolle.

Erfahrungen zeigen, dass Professionelle und Ehrenamtliche zunehmend differenten Handlungslogiken folgen, die sich als konfliktreich entpuppen. Effektivitäts- und Effizienzkriterien, die im härter werdenden Wettbewerb an Bedeutung gewinnen, laden allerdings auch nicht zum Engagement mit den oben skizzierten (gewandelten) Motivlagen ein. Wer will schon in seiner Freizeit den gleichen Mechanismen und Regeln unterworfen werden wie im Berufsleben? Aber können die professionalisierten Dienstleister auf das unterstützende Engagement ganz verzichten? „Die Großorganisationen sind erkennbar mit eigenen Modernisierungsanforderungen beschäftigt, deren Bewältigung sich zu einem immer weiter gespreizten Spagat zwischen Professionalisierung und Ökonomisierung ihrer Angebote einerseits, der Förderung bürgerschaftlichen Engagements als wesentlichem Baustein ihres Profils als dem Gemeinwohl verpflichteter Organisationen andererseits zu entwickeln scheint.“ (Lang 2011: 330). Der Engagementförderung, so heißt es weiter, werde in solchen Organisationen keine herausragende Bedeutung mehr beigemessen. Die Erkenntnis, dass Engagement heute mit innerorganisatorischer Demokratie als unerlässlichem Motivationsangebot für die Partizipationsansprüche der Ehrenamtlichen einhergehen müsse, führe zunehmend zu Konflikten mit den Effizienzkriterien des (meist hauptamtlichen) Managements. Und so entsteht die widersprüchliche Situation, dass sich Organisationen heute und künftig zwar mehr um die Engagierten und Ehrenamtlichen mit ihren Wünschen kümmern und bemühen müssen, aber dazu gerade wegen der gesellschaftlichen und wirtschaftlichen Anforderungen immer weniger fähig sind. Paradoxerweise werden so die auf Engagement angewiesenen Organisationen selbst zum Hindernis des Engagements. Die Ökonomisierung wirkt sich auf das Engagement und die Zivilgesellschaft nach Adalbert Evers negativ aus, denn die Signale an die NPOs seien nun „keine Experimente, Abwägen von Aufwand und Ertrag, Operieren mit einem Menschenbild des homo oeconomicus, das auch die Nutzer von Dienstleistungen einschließt“ (Evers 2010: 292). Der aktive Bürger als Koproduzent sozialer Dienste gerät an Stelle des partizipativen Aktivbürgers ins Zentrum des Interesses.

## 2. Engagementpolitik als ein neues Politikfeld

Da dennoch in Gesellschaft und Politik darüber Einigkeit besteht, dass die Förderung des Engagements ein wichtiges Handlungsfeld ist, entsteht so ein neues Politikfeld „Engagementpolitik". Das Paradox beiseite lassend, dass sich Staat und Politik vielleicht zu sehr um die Förderung etc. des „freiwilligen gesellschaftlichen Engagements" kümmern könnten und damit in der Tat die Eigenständigkeit der Zivilgesellschaft zu sehr an die Seite des Staates treiben, erweckt „Engagementpolitik" vielleicht den Eindruck, es gehe Staat und Politik vor allem darum, durch die Ausschöpfung der Ressourcen freiwilliger und unentgeltlicher Arbeit die Knappheit der Staatsfinanzen zu kompensieren. Im Kontext des neuen Politikfeldes hat das Bundeskabinett 2009 die vom „Nationalen Forum für Engagement und Partizipation" (unter der Koordination durch das „Bundesnetzwerk Bürgerschaftliches Engagement" (BBE)) erarbeitete „Nationale Engagementstrategie der Bundesregierung" (Bundesregierung 2010) verabschiedet. Welche Bedeutung und Folgen das für das Handeln der Regierung allerdings hat, ist bislang unklar. Passend und ergänzend zur regierungsamtlichen Feststellung einer aktiven Engagementpolitik liegt mit diesem Titel auch ein umfangreicher Sammelband mit über 600 Seiten vor, der von Thomas Olk, Ansgar Klein und Birger Hartnuß herausgegeben wurde (Olk et al. 2010).

Die drei Herausgeber haben in einem umfassenden Einführungsaufsatz das Politikfeld Engagementpolitik kritisch aufgearbeitet und sich abschließend mit dem Verhältnis der „Bürgergesellschaft" zum Staat auseinandersetzt (Klein, Olk & Hartnuß 2010: 49 f.). Ausgangspunkt der Überlegungen ist das vielbeachtete „Plädoyer für eine bessere (Selbst-)Steuerungs- und Leistungsfähigkeit der Bürgergesellschaft" von Holger Backhaus-Maul, Stefan Nährlich und Rudolf Speth aus dem Frühjahr 2009. Darin formulieren die Autoren das Ziel einer Bürgergesellschaft als unabhängiger dritter Kraft neben Staat und Wirtschaft. Gefährdet sei diese angesichts einer „fatalen Staatsabhängigkeit" der zivilgesellschaftlichen Organisationen wegen der Finanzierung durch den Staat, dem ein zu geringes Spendenaufkommen gegenüber stehe (Backhaus-Maul, Nährlich & Speth 2009: 10). Die daraus sich ergebende Gefahr staatlicher Steuerungsansprüche sowie einer Instrumentalisierung der Bürgergesellschaft durch den Staat soll durch eine unabhängige Vergabekommission begrenzt werden, die über die Verteilung aller in einem „Fonds Bürgergesellschaft" zentrierten Staatsmittel nach leistungsgerechten Kriterien wacht. Keinesfalls verlangen die Autoren einen Verzicht auf staatliche Mittel, als Gefahr erscheinen nur die potenziellen Steuerungs- und Instrumentalisierungsfolgen durch den Staat zu Lasten der Autonomie der Zivil- bzw. Bürgergesellschaft. Im Sinne der Engagementpolitik unterstützen Klein, Olk & Hartnuß dieses Ansinnen im Rahmen eines „aktivierenden“ Staates zwar, sehen dagegen aber kritisch, dass in dem „Plädoyer“ die Mittelvergabe nach Kriterien erfolgen sollte, die eine als problematisch anzusehende „Ausweitung der Marktlogik in der Bürgergesellschaft“ zur Folge hätte (Klein et al. 2010: 50). Erforderlich sei es, den „Eigensinn der Bürgergesellschaft“ auch dort zu behaupten, wo es um die Besonderheiten dieses Bereiches mit seiner eigenen Logik in Abgrenzung der Funktions- und Organisationslogiken von Staat und Markt ginge. (Zur dazu entgegengesetzten Position siehe Kap. 4 des Sammelbandes.)

Über den sehr instruktiven Einführungsaufsatz hinaus bietet der Band umfangreiche und informative ideengeschichtliche und historische Abhandlungen zum Engagement des Bürgertums vom 19. Jahrhundert bis zur Gegenwart, wobei er den Begriff des Bürgerschaftlichen so genau nimmt, dass beispielsweise zivilgesellschaftliche oder bürgerschaftliche Engagements der Arbeiterbewegung leider außerhalb der Betrachtungen bleiben. Einen Abriss der Engagementpolitik liefert Susanne Lang (Lang 2010: 329 ff.); eine übersichtliche Auflistung der Gesetze für die Förderung des Engagements seit 2002 findet sich übrigens in dem Sammelband *Zivilengagement* auch bei Rudolf Speth (2011, 99 ff.). In mehreren Bundesländern gibt es mittlerweile regelmäßige Berichte über den Stand der Engagementpolitik (Schmid 2010: 352 ff.). Von großer praktischer Bedeutung sind die zahlreichen „Freiwilligenagenturen“ auf lokaler Ebene, die eine wichtige Vermittlungsfunktion zwischen den bedürftigen Tätigkeitsfeldern und den zum Engagement bereiten Aktivisten übernehmen (Bogumil & Holtkamp 2010: 382 ff.).

Anknüpfend an die oben genannte „Nationale Engagementstrategie“ (Bundesregierung 2010) wurde am Institut für Politikwissenschaft der Westfälischen Wilhelms-Universität Münster und dem dort ebenfalls angesiedelten Zentrum für Nonprofit-Management ein Forschungsprojekt zur Infrastruktur lokaler Engagementpolitik durchgeführt (Wolf & Zimmer 2012). Die Ergebnisse dieses Forschungsprojektes sind ein bislang einzigartiger Gesamtüberblick über engagementfördernde Infrastrukturen in Deutschland und eine Spezifizierung der Untersuchung in sechs ausgewählten Modellkommunen. Empfohlen wird für die Entwicklung geeigneter Infrastrukturen der Engagementförderung ein Abbau der Unübersichtlichkeit des breit gefächerten Angebotes durch Reduzierung der Einrichtungen und Angebote, deren Vernetzung und Bündelung mit Maßgabe der Nachhaltigkeit und schließlich eine stärkere Verbindung zwischen politischem und sozialem Engagement, um ein gerade auf lokaler Ebene zunehmendes „Auseinanderdriften des politischen und sozialen Engagements“ zu verhindern (Wolf & Zimmer 2012: 168).

## 3. Bürgerliches Engagement und direkte Demokratie – Sozialkapital und soziale Integration

In der empirischen Forschung bleibt zumeist offen, was eigentlich der Zweck oder die Funktion des bürgerschaftlichen Engagements ist bzw. sein sollte. Die Untersuchungen konzentrieren sich stillschweigend auf jene Form des Engagements, die sich primär auf die Koproduktion öffentlicher Güter bezieht und nicht auf die politische Partizipation. Zwar kann man davon ausgehen, dass dies auch die vorherrschende Erwartung seitens der Politik, Wirtschaft und Gesellschaft ist, aber es gibt dennoch unterschiedliche Erwartungen an das Engagement, die es zu differenzieren gilt. Engagement kann als eine Entlastung bzw. Kompensation des (Sozial-)Staates im Sinne eines „schlanken Staates“ mehr oder weniger neoliberaler Provenienz eine ganz andere politische und gesellschaftliche Funktion erfüllen als die ebenfalls im Raum stehende Hoffnung, Engagement sei ein notwendiger Beitrag zum Gemeinsinn, indem verschüttete Bürgertugenden im Sinne der kommunitaristischen Sozialphilosophie revitalisiert werden und so zur sozialen Integration der Gesellschaft beitragen. Davon wiederum unterscheidet sich ein Verständnis von Engagement, das auf politische Partizipation ausgerichtet einen zivilgesellschaftlichen Beitrag zur gelebten Demokratie erbringt (Roth 2011).

Roland Roth setzt in seiner Streitschrift „Bürgermacht“, die als beispielhaft für die Konzentration aller politischen Hoffnungen auf die politische Form gelten kann, ganz auf den partizipierenden Bürger. Indizien für ein solches Verlangen seitens der vermehrten (Wut- oder Mut-)Bürger findet er en masse. Aber er stellt diesem Bedarf auch gescheiterte Partizipationsprojekte wie z. B. die einst insbesondere von der Bertelsmann-Stiftung propagierte und geförderte Bürgerkommune gegenüber, die auf lokaler/kommunaler Ebene den im Neuen Steuerungsmodell erst zum Kunden degradierten Bürger dann als Dienstleistungserbringer auch als partizipierenden Citoyen reaktivieren sollte (Roth 2011: 146 f. und 160 ff.). Die Gründe für das Scheitern sind allerdings nicht allein den Abwehrversuchen der etablierten Politik geschuldet, sie entspringen strukturellen Gewichtsverlagerungen. Die vom Grundgesetz in Art. 28, 2 garantierte „Allzuständigkeit“ der Kommune ist längst durch das Mehrebenensystem von Land, Bund und EU soweit ausgehebelt worden, dass man in Anlehnung an die Erfahrungen in der Entwicklungspolitik auch von einer „Demokratisierung der Machtlosigkeit" (Roth 2011: 147) sprechen kann. Lokale Beteiligungsangebote werden so zu „Niedlichkeitsfallen" und „Treppen ins Nichts".

Roths engagiertem Beitrag zu mehr Bürgerbeteiligung und direkter Demokratie liegen ebenso hoffnungsvolle wie problematische Prämissen zu Grunde. Dass die Bürger mehr mitentscheiden wollen, ist keineswegs so evident wie Roth unterstellt. Wie erklärt sich, dass insbesondere auf kommunaler Ebene (der „Schule der Demokratie") die Wahlbeteiligung so erschreckend sinkt? Auch bei Bürger- oder Volksentscheiden finden sich nicht gerade die Massen an der Wahlurne ein. Und Ergebnisse wie bei Stuttgart 21 offenbaren sogar, dass die aktiven und engagierten Bürger keineswegs die Mehrheit sind und das Opfer direkter Demokratie werden können. Sind die Bürger, die hier so sehr nach Partizipation verlangen, möglicherweise in Analogie zum Engagement die Angehörigen einer bestimmten Schicht und keinesfalls *die* Bürger? Der Ruf nach mehr Partizipation kann im Sinne einer gelebten Demokratie nie falsch sein. Die vielfältigen Protestbewegungen der letzten Zeit, einschließlich der Piratenpartei, demonstrieren bislang überwiegend, dass die von Roth beschworene „Weisheit der Vielen" bei der Formulierung von Alternativen auch nicht viel weiß. Gesunken ist zwar das Vertrauen in die Problemlösungsfähigkeit der etablierten Politik, aber der Unmut bis hin zur resignativen Abkehr von einem sich „alternativlos" gebenden Pragmatismus endet bislang in der Kritik an der Form der politischen Willensbildung und Entscheidungsfindung. Transparenz und mehr Mitbestimmung oder gar direkte Demokratie werden angemahnt, aber daraus folgt nicht, dass eine andere politische Form bessere Inhalte produziert. Man könnte sogar mutmaßen, dass die Konzentration auf die Form vor allem Ausdruck der eigenen Ratlosigkeit ist. Was sich hier aber angesichts der faktischen Machtlosigkeit der Politik gegenüber anderen sozialen Systemen, dem Wirtschaftssystem insbesondere, abzuzeichnen scheint, ist eine (alternativlos) schleichende Krise der parlamentarischen Demokratie, wenn nicht gar der Demokratie selbst. Beim Publikum wächst der Eindruck, die Mächtigen könne man nicht wählen, und die man wählt, haben keine Macht. Die entscheidende Frage ist die nach den Gründen für die Entfremdung der Bürger zum bestehenden politischen System. Spiegelt sich darin eine gesellschaftliche Desintegration, und könnte die durch bürgerschaftliches Engagement und/oder durch Bildung von Gemeinschaftswerten aufgefangen werden?

Daran schließt sich im Diskurs über das bürgerschaftliche Engagement die grundlegende Frage nach dessen gesellschaftlicher Funktion an. Fördert es die gewünschte Stärkung der sozialen Integration? Oft wird das gegenwärtig als evident angesehen. Nimmt man zum Beispiel die enorme Vermehrung der Vereine als Indiz für erhöhtes Engagement, so kann man daran aber auch zeigen, dass mehr Engagement nicht zwangsläufig mehr soziale Integration bedeuten muss (WZB 2009: 18 ff.). Die rasante Vermehrung der Vereine lässt sich auch als Indiz für das Auseinanderfallen unserer Gesellschaft in einen Flickenteppich interpretieren, in dem immer mehr Menschen sich in immer kleineren Kreisen, Szenerien genannt, um sich selbst drehen und als Ganzes nur noch lose miteinander verknüpft sind.

Eine der großen Hoffnungen gemeinschaftsorientierter Teile der Gesellschaft und Politik zielt auf die Bildung von „Sozialkapital" durch bürgerschaftliches Engagement. Es gilt als eine moderne Form soziale Integration und Gemeinsinn, also jene Kraft, die das Ganze zusammenhält, zu erbringen, ohne auf traditionelle Werte oder andere verschüttete Traditionsbestände rekurrieren zu müssen. Die differenten Ursprünge, die Kontexte und die erstaunliche Karriere dieses Begriffes hat Sebastian Braun in einem ausgezeichneten Artikel im *Handbuch Bürgerschaftliches Engagement* einer kritischen Analyse unterzogen. Während Thomas Gensicke das Problem dieses Begriffs darin sieht, dass er als Produkt eines ökonomischen Nutzendenkens den zentralen „sozialen Nutzwert" des Dritten Sektors und der Zivilgesellschaft verkenne, der gerade darin bestehe aus „Privatmenschen öffentliche Menschen" werden zu lassen (Gensicke 2011: 169), entzaubert ihn Sebastian Braun als „einen deutungsoffenen Catch-All-Term", der die Frage aufwirft, ob seine Verwendung „in so vielfältigen Bedeutungszusammenhängen überhaupt sinnvoll ist" (Braun 2011: 61).

Aber über die Brauchbarkeit des Begriffs hinaus stellt sich im Rückgriff auf die von Dietmar Dathe formulierte These vom „Mittelschichtsbias" des Engagements (Dathe 2011: 46 f.) die Frage, ob das faktische Engagement die für die soziale Integration erforderliche Brückenbildung, also Menschen aus unterschiedlichen sozialen Schichten und Milieus zusammenführen, überhaupt leisten kann und will. Gerade die Konzentration des Engagements auf die Mittelschicht führt zu einer Exklusivität und Schließung nach außen. Dadurch entsteht aber lediglich ein diese Schicht bindendes „Sozialkapital" (Dathe 2011: 49). Ob die vielbeschworene „Mitte der Gesellschaft" zu den gewünschten Integrationsleistungen fähig und bereit ist, ist angesichts ihrer eigenen Bedrohungen und Verunsicherungen durch die ökonomische Dauerkrise zumindest fraglich. Die Anforderungen könnten ihre Kapazitäten überdehnen und Solidarität zur knappen Ressource werden lassen. Gegen die Versuchung, die Solidarität mit „denen da unten" aufzukündigen und das Heil woanders zu suchen als in der Sisyphosarbeit des sozialen Zusammenhalts, ist sie nicht gefeit. Soziale Integration ist ohne Engagement der Bürger als Zivilgesellschaft vielleicht nicht möglich, aber daraus folgt nicht zwingend, dass mehr Engagement auch mehr gesellschaftlichen Zusammenhalt bedeutet. Bis wann z. B. politisch motiviertes Engagement gesellschaftliches Klebemittel ist und ab wann es als Konflikt zum Lösungsmittel werden kann, ist eine offene Frage. Wie das Engagement bedarf auch die Zivilgesellschaft einer inhaltlichen, wertenden Begriffsbestimmung, da es durchaus auch Engagement für „unzivile" Ziele in unserer Gesellschaft gibt. Kritiker, die vor einer „normativen Überladung" der Begriffe warnen, gehen an dem eigentlichen Problem vorbei, wie (Gensicke 2011: 157) meint. Gerade die Bestimmung der Zivilgesellschaft kann auf eine normative Fundierung nicht verzichten. Eine rein formale Abgrenzung von Staat, Markt und Familie reicht nicht aus.

## 4. Die Neubestimmung des Dritten Sektors durch „Soziale Investitionen"

Im Diskurs über Zivil- oder Bürgergesellschaft gibt es eine Tendenz, die in der Staatsorientierung allgemein und im Sozialstaat speziell einen Grund für die Schwäche der deutschen Zivilgesellschaft (im Vergleich zu den USA) sieht. Die Autoren der „Mission Gesellschaft" lassen die Antwort auf die Frage, „ob ein starker Sozialstaat das bürgerliche Engagement tatsächlich behindert" (Berthold u.a. 2010: 27) zwar offen, sind sich aber sicher, dass sich der Staat in Zukunft aus ökonomischen und fiskalischen Gründen aus vielen Bereichen zurückzieht und es somit zu einer Neuverteilung der Aufgaben zwischen Staat, Markt und Bürgergesellschaft kommt. Daraus leiten sie eine Annäherung an das amerikanische Zivilgesellschaftsmodell ohne ausgeprägten Wohlfahrtsstaat mit neuen Herausforderungen auch für die Hochschulen und die Ausbildung der künftigen Elite ab. Dagegen macht Adalbert Evers geltend, der Sozialstaat ermögliche erst das Engagement, da „ohne die Ausrichtung an Bürgerrechten, Gleichheit und Schutzgarantien jener globale Wissens-, Absicherungs- und Bildungsschub mit all seinen befreienden Aspekten (…) gar nicht möglich wäre, der heute für Engagement, Eigeninitiative und gemeinsame wie individuelle Mitverantwortung einen ebenso wichtigen wie gefährdeten Rückhalt bildet. Rechtsbürger können auch eher Aktivbürger sein." (Evers 2010: 287) Die zunehmende Ökonomisierung des zivilgesellschaftlichen Bereichs, besonders ausgeprägt bei den sozialen Diensten, in ihren vielfältigen Formen in Erscheinung tretend über Governance, Public-Private-Partnerships bis hin zur Privatisierung von Teilbereichen, die aus

Quasi-Märkten echte Wettbewerbsmärkte entstehen lassen, sieht Evers sehr kritisch, an anderer Stelle wird sie als neue Perspektive gefeiert.

Die sich mittlerweile in Forschung und Praxis einlebenden Begriffe wie Zivilgesellschaft, Nonprofit-Organisationen und Dritter Sektor mit ihren jeweiligen Besonderheiten, unterschiedlichen Fragestellungen und Theoriebezügen werden nun von einem neuen Forschungs- und Praxisansatz in Frage gestellt, der den Begriff der „Sozialen Investition“ in den Mittelpunkt stellt. So lautet auch der Titel eines vom Heidelberger Centrum für soziale Investitionen und Innovationen herausgegebenen Sammelbands (Anheier et al. 2012), der sich als „Kondensat aus theoretischer Reflexion und der Forschungserfahrung der vergangenen vier Jahre“ an dieser Institution versteht (Then, Schröer & Anheier 2012: 14). Der Band beansprucht nicht, schon eine „Theorie sozialer Investition zu formulieren“, sondern er soll zunächst einen „analytischen Bezugsrahmen“ entwickeln, der sich aus „unterschiedlichen Theorietraditionen schöpft, die sich mit privaten (d.h. nicht-öffentlichen) Beiträgen zum Gemeinwohl beschäftigt haben“ (Then, Schröer & Anheier 2012: 7). Die vielfältigen Bezüge zu den verschiedensten Theorietraditionen und -elementen, die in diesem dezidiert interdisziplinär proklamierten Ansatz hergestellt werden, machen eine umfassendere Darstellung hier unmöglich. An dieser Stelle wollen wir uns deshalb auf einige wenige, aber dennoch zentrale Aspekte konzentrieren.[1] Festzuhalten ist lediglich, dass trotz aller Interdisziplinarität und auch vereinzelter Versuche einer soziologischen Einbettung dieses Ansatzes (Schröer & Sigmund 2012: 87 ff.) ökonomische Denkweisen dominieren. Das gilt nicht nur für die Wahl des Zentralbegriffs „soziale Investition“, sondern mehr noch in den Bezugnahmen auf Theorieelemente der Ökonomik wie Institutionen- und Verhaltensökonomie.

Es geht bei diesem Ansatz, der im Gegensatz zu dem oben genannten (Klein et al. 2010: 50) steht, um die bessere Erfassung jener privaten Beiträge zum Gemeinwohl, die nicht aus der Logik des Dritten Sektors (Nonprofit) folgen und von Organisationen erbracht werden, „deren Zielsetzung insgesamt nicht gemeinwohlbezogen oder gar gemeinnützig ist“ (Then, Schröer & Anheier 2012: 8). Was mit diesen Rätselworten gemeint ist, entpuppt sich mit dem Bezug auf so genannte „Hybridorganisationen“: Dies sind „sozial ausgerichtete und gleichzeitig ökonomisch orientierte Akteure“, die jenseits des Sektorenmodells „staatliche, öffentliche, for-profit und non-profit-Elemente“ kombinieren. Als Mix aus Sach- und Marktlogik kreieren sie eine eigene Funktionslogik, die da-

[1] Im Rahmen dieses Literaturberichtes soll lediglich ein erster kurzer Überblick gegeben werden. Eine intensivere Diskussion über die theoretischen Grundlagen sowie die praktischen Konsequenzen soll folgen.

rin bestehen soll, den Eigennutz (individueller materieller Wohlstand) mit der Solidaritätslogik so zu verbinden. So kann „das Wohlergehen aller Beteiligten verfolgt und immaterielle (Gemein-)Güter mit erfasst und eingerechnet werden" (Glänzel & Schmitz 2012: 181). In allgemeiner Form verstehen die Autoren unter dem Begriff sozialer Investition „jedwede Form *privater Beiträge zum Gemeinwohl*, die *freiwillig* getätigt und sowohl von den Investoren als auch von den relevanten sozialen Gruppen bzw. der Gesellschaft als *gemeinwohlbezogen legitimiert* sind" (Then & Kehl 2012: 40).

Mit dieser knappen Darstellung der Ausgangspositionen und Ziele lässt sich grob umschreiben, wohin diese Reise geht. Entscheidend für die soziale Wirkung ist nicht die Form (Nonprofit) oder die Sektorlogik, sondern allein der letztlich entstandene soziale Nutzen (oder soziale Mehrwert), ganz gleich wie er von wem aus welchen Motiven oder Gründen erbracht wird. Dabei kann auf die Unschärfen der Sektoraleinteilung am Beispiel „hybride Organisationen" verwiesen werden. Vorteilhaft gegenüber der bisherigen Betrachtungsweise erscheint den Autoren vor allem die nun offensivere Betonung der ökonomischen Effizienz gegenüber den NPOs. Sie bietet eine Möglichkeit den programmatischen Aufruf des „Plädoyers" (Backhaus-Maul et al. 2009) zu erweitern und mit theoretischer Unterfütterung zu einem neuen Paradigma zu erheben. Der Wirkungsanalyse, deren bisherige Verfahren bei der Analyse von NPOs als „ernüchternd" eingeschätzt werden (Then, Schöer & Anheier 2012: 12), kommt in der Forschung insbesondere unter dem Aspekt des *Social Return on Investment* eine herausragende, wenn nicht entscheidende Bedeutung zu.[2] Problematisch bleibt aber die Antwort auf die Frage nach den Kriterien für das Gemeinwohl. Das kann nach Lage der Dinge kein Markterfolg sein, da es sich hier nicht um reine Märkte, sondern bestenfalls um konstruierte Quasi-Märkte handelt. Es führt wohl kein Weg daran vorbei, entweder ein Verfahren zu finden, das darüber entscheidet, was gemeinwohlfähige Güter und Dienste sind, oder das Gemeinwohl vom Ergebnis her zu definieren. Dieser Weg wird beschritten, wenn „Soziale Investitionen" seitens privater Akteure dann ein Beitrag zum Gemeinwohl sind, wenn er von relevanten sozialen Gruppen (wer ist das?) bzw. der Gesellschaft als solcher akzeptiert wird. Das könnte man Ergebnislegitimation nennen. Methodisch drängt sich dabei eine Parallele zu Governance-Prozessen auf. Auch stellt sich die Frage, wie werden Entscheidungsprozesse unter Einbeziehung privater und zivilgesellschaftlicher Akteure demokratietheoretisch legitimiert? Die Antwort lautet auch hier Ergebnislegitimität; die Legitimität ergibt sich durch die Akzeptanz des Outputs und nicht durch das Zustandekommen der Entscheidungen.

---

[2] Siehe Beitrag von Buchholz/Lasar in diesem Jahrbuch.

Der Ansatz „Soziale Investition" stärkt die Rolle von Stiftungen. Er erweitert das Spektrum zivilgesellschaftlicher Akteure (Anheier 2012: 33) und verschiebt so den Begriff der Zivilgesellschaft in noch nicht definierbare Sphären. Schließlich setzt man nicht nur auf normative Veränderungen, sondern vor allem auf die normative Kraft des Faktischen. Das entscheidende Faktum, das die politischen Rahmenbedingungen verändere, sei die chronische Finanzkrise des Staates. Sie bewirke eine Verlagerung von der bisherigen Staatsorientierung weiter Teile der Zivilgesellschaft zum Markt. Public-Private-Partnerships, neue soziale Bewegungen und andere Entwicklungen führten zu neuen Modellierungen der herkömmlichen Sektorenlogiken (Then & Kehl 2012: 45).

Dieser in Deutschland noch relativ neue Ansatz nimmt viele Diskussionen und Erfahrungen aus den USA auf. Die Leistungsfähigkeit des Investitionsbegriffs ist noch einer umfassenderen Analyse zu unterziehen und daraufhin zu testen, welchen analytischen Erkenntnisgewinn er wirklich bringt und welchen normativen Zielen er dienlich ist. Erkennbar scheint aber, dass der Ansatz „Soziale Investition" wegen seiner Nähe zu liberalen Konzepten der sozialen Marktwirtschaft in seiner gesellschaftspolitischen Ausrichtung als sehr einflussreich einzuschätzen ist, da er ein interessantes Modell einer nicht staatsorientierten Zivilgesellschaft entwickelt. Die stärkere Konzentration auf Stiftungen und die Einschmelzung der bisherigen Grenzen von For-Profit- und Nonprofit-Organisationen eröffnet Spielräume, die es noch auszuloten gilt.

## 5. Leadership und Management

Wirft man abschließend einen kurzen Blick auf das operative Geschäft, also auf die Managementliteratur zum Dritten Sektor und NPOs, dann fällt die Betonung der Eigenständigkeit und Sonderrolle des Managements im Dritten Sektor auf, unabhängig von der Marktnähe der Organisationen. Diese Besonderheit hebt auch ein Sammelband zur *Professionalisierung im Nonprofit Management* hervor (Langer & Schröer 2011), der in der Buchreihe zum Projekt „Soziale Investition" des oben genannten Heidelberger Centrums für Soziale Investitionen erschien. In einem Beitrag dieses Sammelbandes wird interessanterweise vor zu viel Management gewarnt (Meyer & Leitner 2011: 89 ff.). Dies gelingt den Autoren im Rückgriff auf Niklas Luhmanns Systemtheorie, die im Diskurs über NPOs, Dritten Sektor und Zivilgesellschaft fast gar nicht anzutreffen ist. Der sehr komprimierte Beitrag von Meyer und Leitner lässt sich in aller Kürze so zusammenfassen: Managerialismus wird als Form von Zweckrationalität begriffen, die für sich reklamiert, durch professionelles Management auch NPOs zu effizienterem Ressourceneinsatz zu verhelfen. NPOs, so die systemtheoretische Verortung der NPOs, erfüllen drei gesellschaftliche Funktionen: Die Produktion von Dienstleistungen, Interessenvertretung und Gemeinschaftsbildung. Gestützt auf zahlreiche empirische Untersuchungen (überwiegend aus den USA) kommen die Autoren eingedenk des „chronischen Problems der Operationalisierung von Effizienz in NPOs“ (Meyer & Leitner 2011: 93) zu dem Ergebnis, dass bestimmte Managementmethoden die Effizienz tendenziell erhöhen, aber nicht generell; bei der Dienstleistungsproduktion eher mehr als bei den anderen Funktionen. Andererseits schmälert der Managerialismus das freiwillige Engagement und damit die Gemeinschaftsbildung. Tendenziell werden sowohl die Dienstleistungen als auch die Interessenvertretungen mit weniger Freiwilligen betrieben. Schließlich weisen die Autoren auf in der Organisationstheorie schon seit längerem bekanntes paradoxes Ergebnis hin: „Ineffizienz kann zu mehr Innovation führen, kurzfristige Effizienzkalküle können also nachhaltige organisationale Effektivität verhindern.“ (Meyer & Leitner 2011: 99) Der Grund: Überhängende Ressourcen (als Folge von Ineffizienz) können langfristig optimaler genutzt werden. Die Autoren verweisen aber darauf, dass noch sehr viele Forschungslücken zu schließen sind, um zu gesicherten Aussagen zu gelangen. Auffallend erscheint ihnen dagegen, dass es in der quantitativen NPO-Forschung eine „managerialistische“ Blickverengung auf Effizienz gibt.

Speziell für soziale Organisationen bringen Johannes Eurich und Alexander Brink das Konzept Leadership gegen das Managementkonzept als diesem Bereich angemessen in Stellung, denn hier sind „Führungsqualitäten erforderlich, die über erworbenes Managementwissen hinausgehen und nicht losgelöst von persönlichen Eigenschaften betrachtet werden können.“ (Eurich & Brink 2009a: 10) Was Leadership über die Persönlichkeitsanforderungen an die Führungspersonen hinaus verlangt, sind die „spezifischen Anforderungen des zivilgesellschaftlichen Sektors zu verstehen, gesellschaftliche Entwicklungen richtig zu deuten und adäquate Antworten in der Ausrichtung der Organisation zu finden.“ (Eurich & Brink 2009a: 10 f.) Dieser hier abschließend nur zu erwähnenden praktischen Aufgabe widmet sich ein interessanter Sammelband, den die beiden Autoren schon 2009 herausgegeben haben (Eurich & Brink 2009), welcher zwar an soziale Organisationen adressiert ist, aber auch für andere NPOs von Gewinn sein könnte.

## 6. Fazit

Die relativ bescheidene Literaturauswahl konzentriert sich auf einige zentrale Fragestellungen. Viele erwähnenswerte und diskussionswürdige Veröffentlichungen (auch in Zeitschriften) zu Spezialfragen des NPO-Managements im Allgemeinen und Besonderen sowie zu etlichen Handlungsfeldern mit eigenen Problemen und Themen (Sozialbereich, Kultur etc.) bleiben unberücksichtigt. An dieser Stelle erfolgte bewusst eine Konzentration auf Grundlagenliteratur, die neue praktische und theoretische Ansätze diskutiert und entwickelt. Aus Gründen der Aktualität und wegen ihrer politischen und gesellschaftlichen, aber auch der bleibenden Relevanz für NPOs erhielten die Themen Ehrenamt und bürgerschaftliches Engagement ein besonderes Gewicht. Wenn die veröffentlichte Literatur zu einem Sachthema ein Seismograph für die gesellschaftliche Bedeutung einer Sache ist, dann ist es um die Sache der Zivilgesellschaft, des bürgerschaftlichen Engagements und des Dritten Sektors gut bestellt.

## Literatur


Anheier, H. K.; Kehl, K.; Mildenberger, G.; Spengler, N. (2011). Zivilgesellschafts- und Engagementforschung: Bilanz, Forschungsagenden und Perspektiven. In: Priller, Eckhard et al. (Hg.): *Zivilengagement. Herausforderungen für Gesellschaft, Politik und Wissenschaft.* Berlin: LIT-Verlag, S. 119-133.

Anheier, Helmut K.; Schröer, Andreas; Then, Volker (Hg.) (2012). *Soziale Investitionen. Interdisziplinäre Perspektiven.* Wiesbaden: VS Verlag.

Anheier, Helmut K. (2012). Von Non-Profit-Organisatonen und Phlanthropie zu sozialen Investitionen – Auf dem Weg zu einer neuen Forschungs-Agenda. In: Anheier, Helmut K.; Schröer, Andreas; Then, Volker (Hg.): *Soziale Investitionen. Interdisziplinäre Perspektiven.* Wiesbaden: VS Verlag, S. 17-38.

Backhaus-Maul, Holger; Nährlich, Stefan; Speth, Rudolf (2009). In eigener Regie! Plädoyer für eine bessere (Selbst-)Steuerungs- und Leistungsfähigkeit der Bürgergesellschaft. Berlin. [http://www.aktive-buergerschaft.de/vab/informationen/denkschrift]

Backhaus-Maul, Holger; Braun, Sebastian (2010). Gesellschaftliches Engagement von Unternehmen in Deutschland. Theoretische Überlegungen, empirische Befunde und engagementpolitische Perspektiven. In: Olk, Thomas et al. (Hg.): *Engagementpolitik. Die Entwicklung der Zivilgesellschaft als politische Aufgabe.* Wiesbaden: VS Verlag, S. 303-326.

Berthold, Christian; Meyer-Guckel, Volker; Rohe, Wolfgang (2010). *Mission Gesellschaft. Engagement und Selbstverständnis der Hochschulen. Ziele, Konzepte, internationale Praxis.* Essen.

Bogumil, J.; Holtkamp, L. (2010). Die kommunale Ebene. In: Olk, Thomas et al. (Hg.): *Engagementpolitik. Die Entwicklung der Zivilgesellschaft als politische Aufgabe.* Wiesbaden: VS Verlag, S. 382-403.

Braun, Sebastian (2011). Sozialkapital. In: Olk, Thomas; Hartnuß, Birger (Hg.): *Handbuch Bürgerschaftliches Engagement.* Weinheim und Basel: Verlag Beltz Juventa, S. 53-64.

Bundesregierung (2010). Nationale Engagementstrategie der Bundesregierung. [http://www.bmi.bund.de/SharedDocs/Downloads/DE/Themen/Politik_Gesellschaft/GeselZusammenhalt/engagementstrategie.pdf?__blob=publicationFile]

Dathe, Dietmar (2011). Engagement: Unbegrenzte Ressource für die Zivilgesellschaft? In: Priller, Eckhard et al. (Hg.): *Zivilengagement. Herausforderungen für Gesellschaft, Politik und Wissenschaft.* Berlin: LIT-Verlag, S. 41-56.

Ehrhardt, J. (2009). *Ehrenamt. Formen, Dauer und kulturelle Grundlagen des Engagements*. Frankfurt/New York: Campus.

Eurich, Johannes; Brink, Alexander (Hg.) (2009). *Leadership in sozialen Organisationen.* Wiesbaden: VS Verlag.

Eurich, Johannes & Brink, Alexander (2009a). Zur Aktualität des Leadership-Diskurses. In: Eurich, Johannes; Brink, Alexander (Hg.): *Leadership in sozialen Organisationen.* Wiesbaden: VS Verlag, S. 9-18.

Evers, Adalbert (2010). Zivilgesellschaft, Engagement und soziale Dienste. In: Olk, Thomas et al. (Hg.): *Engagementpolitik. Die Entwicklung der Zivilgesellschaft als politische Aufgabe.* Wiesbaden: VS Verlag, S. 282-303.

Evers, Adalbert (2011). Der Bezugsrahmen „Zivilgesellschaft". Unterschiedliche Definitionen und ihre Konsequenzen für Konzepte der Engagementforschung. In: Priller, Eckhard et al. (Hg.): *Zivilengagement. Herausforderungen für Gesellschaft, Politik und Wissenschaft.* Berlin: LIT-Verlag, S. 135-151.

Gensicke, Thomas; Geiss, Sabine (2010). *Hauptbericht des Freiwilligensurveys 2009. Zivilgesellschaft, soziales Kapital und freiwilliges Engagement in Deutschland 1999 – 2004 – 2009; Ergebnisse der repräsentativen Trenderhebung zu Ehrenamt, Freiwilligenarbeit und Bürgerschaftliche Engagement.* München: TNS Infratest Sozialforschung.

Gensicke, Thomas (2011). Notwendigkeit einer integrierten Theorie für die Beschreibung der Zivilgesellschaft. In: Priller, Eckhard et al. (Hg.): *Zivilengagement. Herausforderungen für Gesellschaft, Politik und Wissenschaft.* Berlin: LIT-Verlag, S. 153-177.

Glänzel, Gunnar; Schmitz, Björn (2012). Hybride Organisationen – Spezial- oder Regelfall. In: Anheier, Helmut K.; Schröer, Andreas; Then, Volker (Hg.): *Soziale Investitionen. Interdisziplinäre Perspektiven.* Wiesbaden: VS Verlag, S. 181-203.

Klein, Ansgar; Olk, Thomas; Hartnuß, Birger (2010). Engagementpolitik als Politikfeld: Entwicklungserfordernisse und Perspektiven. In: Olk, Thomas et al. (Hg.): *Engagementpolitik. Die Entwicklung der Zivilgesellschaft als politische Aufgabe.* Wiesbaden: VS Verlag, S. 24-62.

Lang, S. (2010). Und sie bewegt sich doch…. Eine Dekade der Engagementpolitik auf Bundesebene. In: Olk, Thomas et al. (Hg.): *Engagementpolitik. Die Entwicklung der Zivilgesellschaft als politische Aufgabe.* Wiesbaden: VS Verlag, S. 329-351.

Langer; Andreas; Schröer; Andreas (Hg.) (2011). *Professionalisierung im Nonprofit Management.* Wiesbaden: VS Verlag.

Liebig, Reinhard; Rauschenbach, Thomas (2010). Die engagementpolitische Rolle von Akteuren des Dritten Sektors. In: Olk, Thomas et al. (Hg.): *Engagementpolitik. Die Entwicklung der Zivilgesellschaft als politische Aufgabe.* Wiesbaden: VS Verlag, S. 260-281.

Meyer, Michael; Leitner, Johannes (2011). Warnung: Zuviel Management kann ihre NPO zerstören. Managerialismus und seinen Folgen in NPO. In: Langer, Andreas; Schröer, Andreas (Hg.): *Professionalisierung im Nonprofit Management.* Wiesbaden: VS Verlag, S. 87-104.

Münscher, Robert (2012). Marktnahe Strategien für Soziale Investoren: ein Weg zur Schaffung nachhaltiger sozialer Wirkungen. In: Anheier, Helmut K.; Schröer, Andreas; Then, Volker (Hg.): *Soziale Investitionen. Interdisziplinäre Perspektiven.* Wiesbaden: VS Verlag, S. 225-255.

Olk, Thomas; Klein, Ansgar; Hartnuß, Birger (Hg.) (2010). *Engagementpolitik. Die Entwicklung der Zivilgesellschaft als politische Aufgabe.* Wiesbaden: VS Verlag.

Olk, Thomas; Hartnuß, Birger (Hg.) (2011). *Handbuch Bürgerschaftliches Engagement.* Weinheim und Basel: Verlag Beltz Juventa.

Priller, Eckhard (2010). Stichwort: Vom Ehrenamt zum zivilgesellschaftlichen Engagement. *Zeitschrift für Erziehungswissenschaften*, 13 (2), 195-213.

Priller, Eckhard; Alscher, Mareike; Dathe, Dietmar; Speth, Rudolf (Hg.) (2011). *Zivilengagement. Herausforderungen für Gesellschaft, Politik und Wissenschaft.* Münster: LIT-Verlag.

Roth, Roland (2011). *Bürgermacht. Eine Streitschrift für mehr Partizipation.* Hamburg: Edition Körber-Stiftung.

Schmid, Josef (unter Mitarbeit von Christine Brickenstein) (2010). Engagementpolitik auf Landesebene – Genese und Strukturierung eines Politikfeldes. In: Olk, Thomas et al. (Hg.): *Engagementpolitik. Die Entwicklung der Zivilgesellschaft als politische Aufgabe.* Wiesbaden: VS Verlag, S. 352-381.

Schröer, Andreas; Sigmund, Steffen (2012). Soziale Investitionen – zur Multidimensionalität eines ökonomischen Konzepts. In: Anheier, Helmut K.; Schröer, Andreas; Then, Volker (Hg.): *Soziale Investitionen. Interdisziplinäre Perspektiven.* Wiesbaden: VS Verlag, S. 87-114.

Speth, R. (2011). Engagementpolitik und Engagementforschung. In: Priller, Eckhard et al. (Hg.): *Zivilengagement. Herausforderungen für Gesellschaft, Politik und Wissenschaft.* Berlin: LIT-Verlag, S. 91-115.

Stricker, Michael (2011). Ehrenamt. In: Olk, Thomas; Hartnuß, Birger (Hg.): *Handbuch Bürgerschaftliches Engagement.* Weinheim und Basel: Verlag Beltz Juventa, S. 163-171.

Then,Volker; Schröer, Andreas; Anheier, Helmut K. (2012). Soziale Investitionen – Einleitung. In: Anheier, Helmut K.; Schröer, Andreas; Then, Volker (Hg.): *Soziale Investitionen. Interdisziplinäre Perspektiven.* Wiesbaden: VS Verlag, S. 7-14.

Then, Volker; Kehl, Konstantin (2012). Soziale Investitionen: ein konzeptioneller Entwurf. In: Anheier, Helmut K.; Schröer, Andreas; Then, Volker (Hg.): *Soziale Investitionen. Interdisziplinäre Perspektiven.* Wiesbaden: VS Verlag, S. 39-86.

Wissenschaftszentrum Berlin (WZB) Projektgruppe Zivilengagement (2009). *Bericht zur Lage und zu den Perspektiven des bürgerschaftlichen Engagements in Deutschland.* Hrsg. Bundesministerium für Familie, Senioren, Frauen und Jugend (BMFSFJ) Berlin.

Wolf, André Christian; Zimmer, Annette (2012). *Lokale Engagementförderung. Kritik und Perspektiven.* Wiesbaden: Springer VS.

Zimmer, A. (2011). Zivilgesellschaftsorganisationen – eine vernachlässigte Kategorie der Engagementforschung. In: Priller, Eckhard et al. (Hg.): *Zivilengagement. Herausforderungen für Gesellschaft, Politik und Wissenschaft.* Berlin: LIT-Verlag, S. 179-194.

# AUTORENVERZEICHNIS

GESA BIRNKRAUT, PROF. DR., studierte Betriebswirtschaftslehre, Kulturmanagement und promovierte zum Thema: „Ehrenamt in kulturellen Institutionen m Vergleich USA und Deutschland". Sie hat eine Professur für strategisches Management im Non Profit Bereich an der Hochschule Osnabrück und ist die geschäftsführende Gesellschafterin der Kulturmanagementberatung BIRNKRAUT|PARTNER und die Vorstandsvorsitzende des Institut für Kulturkonzepte Hamburg e.V..

GABRIELE BUCHHOLZ, PROF. DR., ist Professorin für Öffentliche Betriebswirtschaftslehre, insbesondere Management und Controlling, an der Hochschule Osnabrück. Sie ist Leiterin des Studiengangs „Öffentliche Verwaltung" an der Hochschule Osnabrück. Ihre Schwerpunkte in Lehre und Forschung sind Verwaltungs- und Organisationsmanagement. Vor ihrer Tätigkeit als Professorin war sie 10 Jahre Beigeordnete in der Funktion der Stadtkämmerin in Minden und Schwerte und damit verbunden Geschäftsführerin diverser städtischer Gesellschaften. Von 1998 bis 2000 war sie Referatsleiterin in der Haushaltsabteilung des Sächsischen Staatsministeriums der Finanzen.

REBECCA FINKE ist Sport- und Fitnesskauffrau (IHK), studierte Public Management (B.A.) an der HWR und HTW Berlin und absolvierte den Masterstudiengang Nonprofit-Management und Public Governance an der HWR und HTW Berlin. Ihre Masterthesis beschäftigt sich mit Möglichkeiten und Grenzen des netzwerkbasierten Grassroots Fundraising für Nonprofit Organisationen.

KAI FISCHER ist Partner bei Mission-Based Consulting | Fischer, Kulschewski und Partner in Hamburg. Er berät seit mehr als fünfzehn Jahren Nonprofit-Organisationen in Fragen von Fundraising und Marketing. Er ist Lehrbeauftragter an der HWR Berlin mit dem Themen „Businessplanning für Nonprofit-Organisation" und „Marketing/Fundraising". Regelmäßig hält er Vorträge zu unterschiedlichen Möglichkeiten des Fundraising und war mehrfach Referent auf Fundraising-Kongressen. Kai Fischer hat vier Fachbücher (darunter „10 Mythen im Fundraising") und mehr als 60 Beiträge für Fachzeitschriften und Sammelbänden geschrieben bzw. herausgegeben. Im Deutschen Fundraising Verband leitet er gemeinsam mit Gitta Roselius die Regionalgruppe Hamburg und war vier Jahre Mitglied im Ausschuss für Standards der guten, ethischen Fundraising-Praxis, den er zwei Jahre geleitet hat.

LINDA HEBERLING studierte Kulturwissenschaften (B.A.) an der Europa-Universität Viadrina in Frankfurt/Oder und Nonprofit-Management und Public Governance (M.A.) an der HWR und HTW Berlin. Sie schreibt ihre Masterarbeit zu Möglichkeiten und Grenzen der Wirkungsmessung am Beispiel von Integrationsunternehmen.

VERA HENNEFELD, DR., Soziologin, Geschäftsführerin des Centrums für Evaluation und Koordinatorin des Arbeitsbereichs Bildung und Kultur, Dozentin im Masterstudiengang Evaluation der Universität des Saarlandes und Gründungsmitglied sowie Sprecherin des Arbeitskreises Evaluation von Kultur und Kulturpolitik der DeGEval – Gesellschaft für Evaluation. Forschungsschwerpunkte: Evaluationsforschung, Methoden der empirischen Sozialforschung, Bildungspolitik sowie (Auswärtige) Kulturpolitik.

BETTINA HOHN, PROF. DR., lehrt Public und Nonprofit-Management an der HWR Berlin und ist Studiengangsleiterin des Masters „Nonprofit-Management und Public Governance“.

WENFENG HUANG is the director-general at NPI Shenzhen, lecturer at Dongguan University of Technology (China). He has a Master of Arts degree from the University of Applied Sciences in Osnabrück (Germany) and focuses his work on NGO consulting.

TINA JANSEN hat 2009 den Master Management in Nonprofit-Organisationen an der Hochschule Osnabrück abgeschlossen. In ihrer Masterarbeit beleuchtete sie am Beispiel der Sinus-Milieustudie U27 Chancen und Grenzen zielgruppenorientierten Nonprofit-Marketings. Nach ersten Projekterfahrungen im Stiftungssektor (u. a. Bertelsmann Stiftung) arbeitet sie seit Anfang 2011 als Referentin im Bundesministerium für Familie, Senioren, Frauen und Jugend.

ANDREAS LASAR, PROF. DR. ist Professor für Öffentliche Betriebswirtschaftslehre, insbesondere Rechnungswesen und Controlling, an der Hochschule Osnabrück. Er ist Leiter des Studienprogramms Master of Business Administration Public Management und Leiter des Kompetenzzentrums für Verwaltungsmanagement an der Hochschule Osnabrück. Seine Schwerpunkte in Lehre und Forschung sind das neue öffentliche Rechnungswesen und die Steuerung von Verwaltungen und NPOs. Er war vor seiner Tätigkeit als Professor Leiter des zentralen Immobilienmanagements einer Kommune und kaufmännischer Geschäftsführer einer kommunalen Gesellschaft.

RAINER LISOWSKI, DR. is visiting Professor at the University of Applied Sciences in Osnabrück (Germany) in the field of Public Management. He focusses his work on Public and NPO-Marketing.

ALEXANDER SCHIRM studierte Betriebswirtschaft (B.A.) in Wismar an der Hochschule für Technik, Wirtschaft und Gestaltung und Nonprofit-Management und Public Governance (M.A.) an der HWR und HTW Berlin. In seiner Abschlussarbeit beschäftigt er sich mit Einflussfaktoren auf die Spendenhöhe im Rahmen von Cause-related Marketing.

IRIS THYE, PROF. DR., ist Professorin für Sozialwissenschaften an der Hochschule Osnabrück. Sie lehrt dort u. a. in dem Masterstudiengang Management für Nonprofit-Organisationen sowie in den Bachelorstudiengängen Öffentliches Management und Öffentliche Verwaltung. Als Soziologin liegen ihre Forschungsschwerpunkte primär in der Gesellschaftstheorie, der Kommunikations- und Mediensoziologie sowie der Organisationssoziologie.

HANIKA TJOKROPRAJITNO is a Program Officer at the Institute for Peace and Democracy (Indonesia). She is currently working on democracy issues for countries in Asia and Pacific.

STEFANIE WESSELMANN, PROF. DR., ist Professorin für Öffentliches Marketing an der Fakultät Wirtschafts- und Sozialwissenschaften der Hochschule Osnabrück. Sie lehrt u.a. Marketing und Fundraising im Masterstudiengang Management in Nonprofit-Organisationen. Zu ihren Forschungsschwerpunkten gehören Stadtmarketing, Stadtentwicklung in der Wissensgesellschaft und Social Media in NPO.

ROLF WORTMANN, PROF. DR., gelernter Versicherungskaufmann, absolvierte den Zweiten Bildungsweg, Studium der Wirtschafts- und Sozialwissenschaften in Hamburg und Osnabrück. Promotion zum Dr. rer. pol., wissenschaftlicher Mitarbeiter und Hochschulassistent an der Universität Osnabrück für Politikwissenschaft und seit 1998 Prof. für Politikwissenschaft und Public Management an der Hochschule Osnabrück, leitet dort den Masterstudiengang „Management in Non-Profit-Organisationen“. Arbeitsschwerpunkte Politische Ideengeschichte, Internationale Beziehungen und Entwicklungspolitik, Soziologie, Zivilgesellschaft und Bürgerschaftliches Engagement.